Anna Zadorozhnaya

LANDSCHAFTEN AQUARELLIEREN

Mit den neuen **supergranulierenden** Aquarellfarben für erstaunliche Strukturen

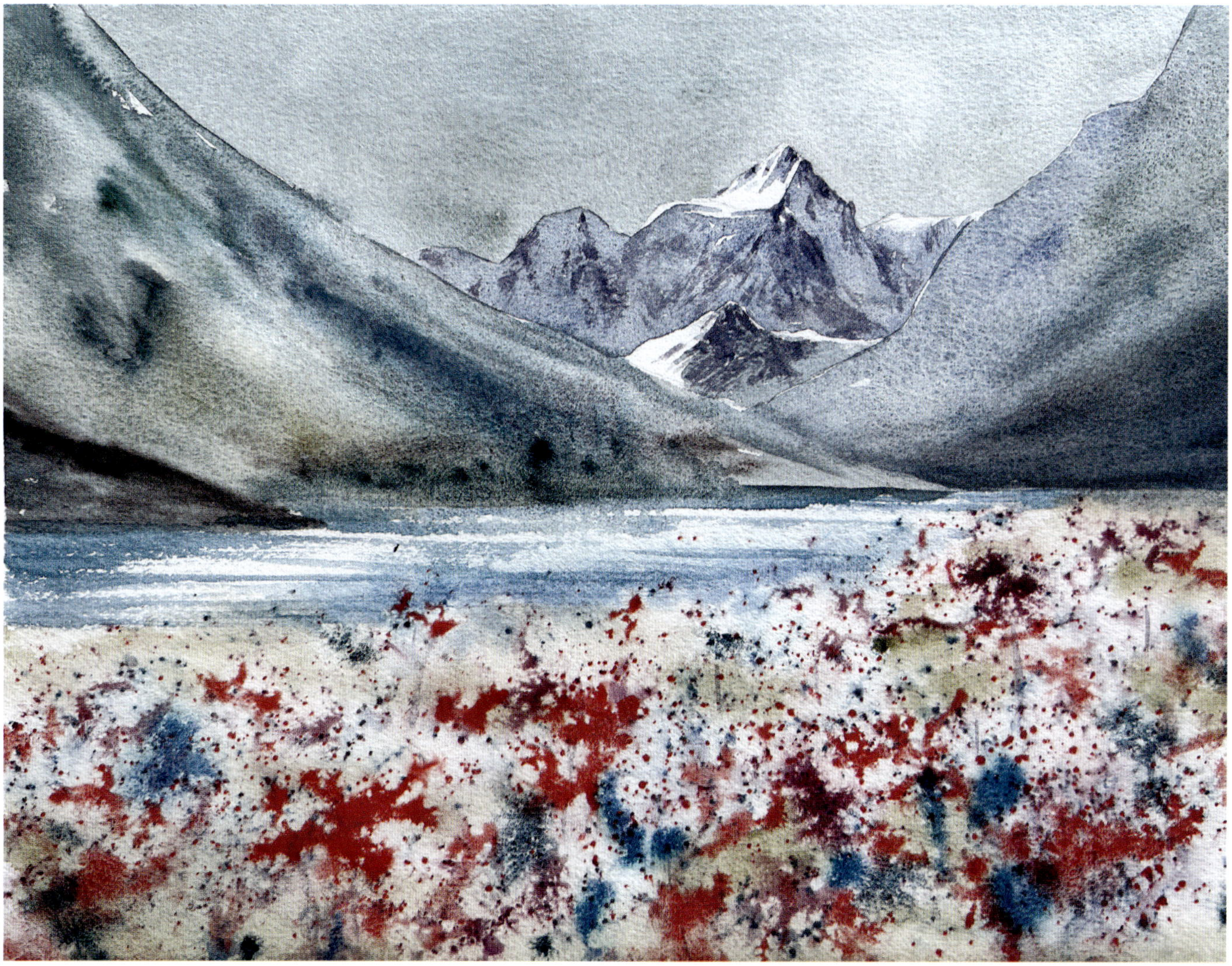

INHALT

MOTIVE

Die Videos zu diesem Buch stehen in der Digitalen Bibliothek unter www.topp-kreativ.de/digibib nach erfolgter Registrierung zum Download bereit. Den Freischaltcode finden Sie im Impressum.

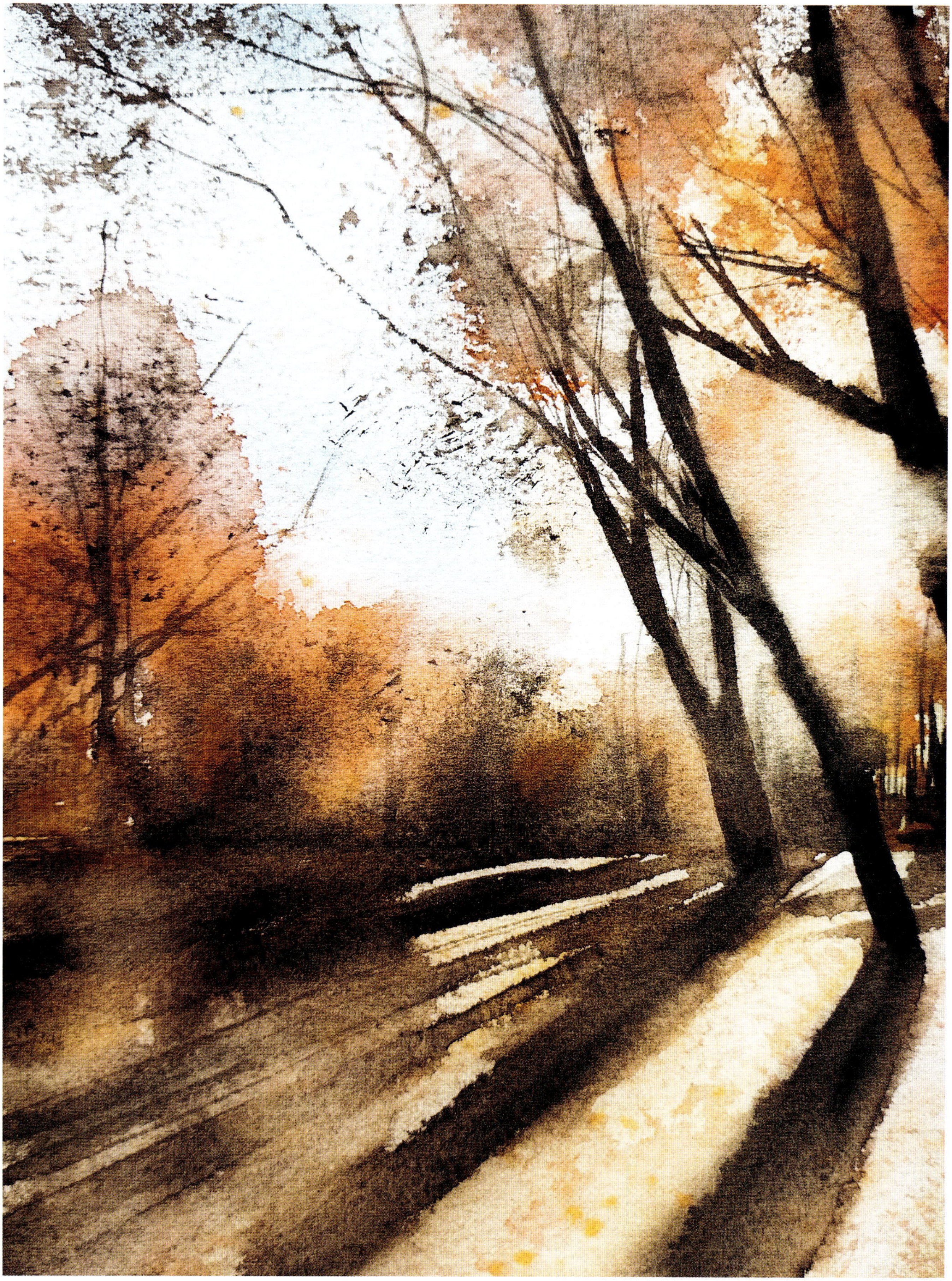

AQUARELLIEREN KANN MAN LERNEN

Davon bin ich zutiefst überzeugt. Um auf einem guten Niveau zu malen, muss man kein Genie sein. Ich bin ein lebendes Beispiel für diese Aussage: Ich habe als Erwachsene das Malen von der Pike auf gelernt. Zeichnen und Malen ist eine Fähigkeit, die ständiger Übung und Fortbildung bedarf. Man braucht Disziplin und Zeit.

Das Buch, das Sie in den Händen halten, hätte ich gern besessen, als ich anfing zu malen. Als ich studierte, alle möglichen Kurse belegte, tonnenweise Bücher las, Fehler machte, hinfiel, wieder aufstand und den Weg des Zeichnens und Aquarellierens weiterging. Es stellt Ihnen auf verständliche Art und Weise Grundlagen zur Verfügung, die Ihnen den Einstieg in die Aquarellmalerei erleichtern und es Ihnen ermöglichen, bessere Bilder zu malen.

Eine Besonderheit dieses Buches besteht darin, dass einige Bilder sowie die Schritt-für-Schritt-Motive nicht nur mit herkömmlichen, sondern auch mit granulierenden Aquarellfarben gemalt wurden. Diese speziellen Farbtöne gewinnen in der Aquarellmalerei immer mehr an Bedeutung, denn sie sorgen für interessante Effekte und Oberflächenwirkungen. Denn wir haben erst dann ein wirkliches Gespür für das Material, wenn wir verstehen, wie es funktioniert und welchen Gesetzen es gehorcht.

Ich liebe die Aquarellmalerei sehr – im Laufe der Jahre ist meine Leidenschaft, mein Leben und meine Arbeit geworden. Ich hoffe, dass sich diese Liebe auch auf Sie überträgt, denn Aquarell ist ein unglaubliches und einzigartiges Malmedium mit vielen Möglichkeiten des Selbstausdrucks.

IHRE
ANNA ZADOROZHNAYA

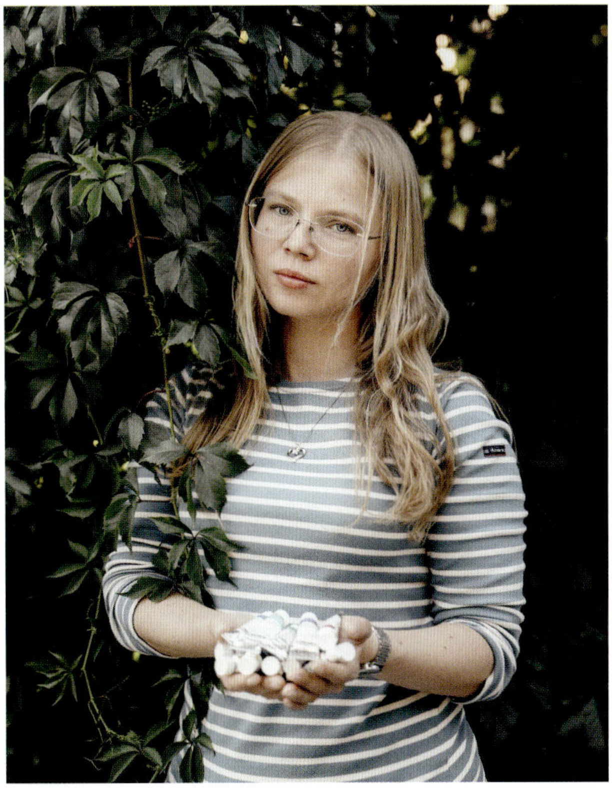

BESUCHEN SIE MICH AUF INSTAGRAM:

@DRAW_BETTER

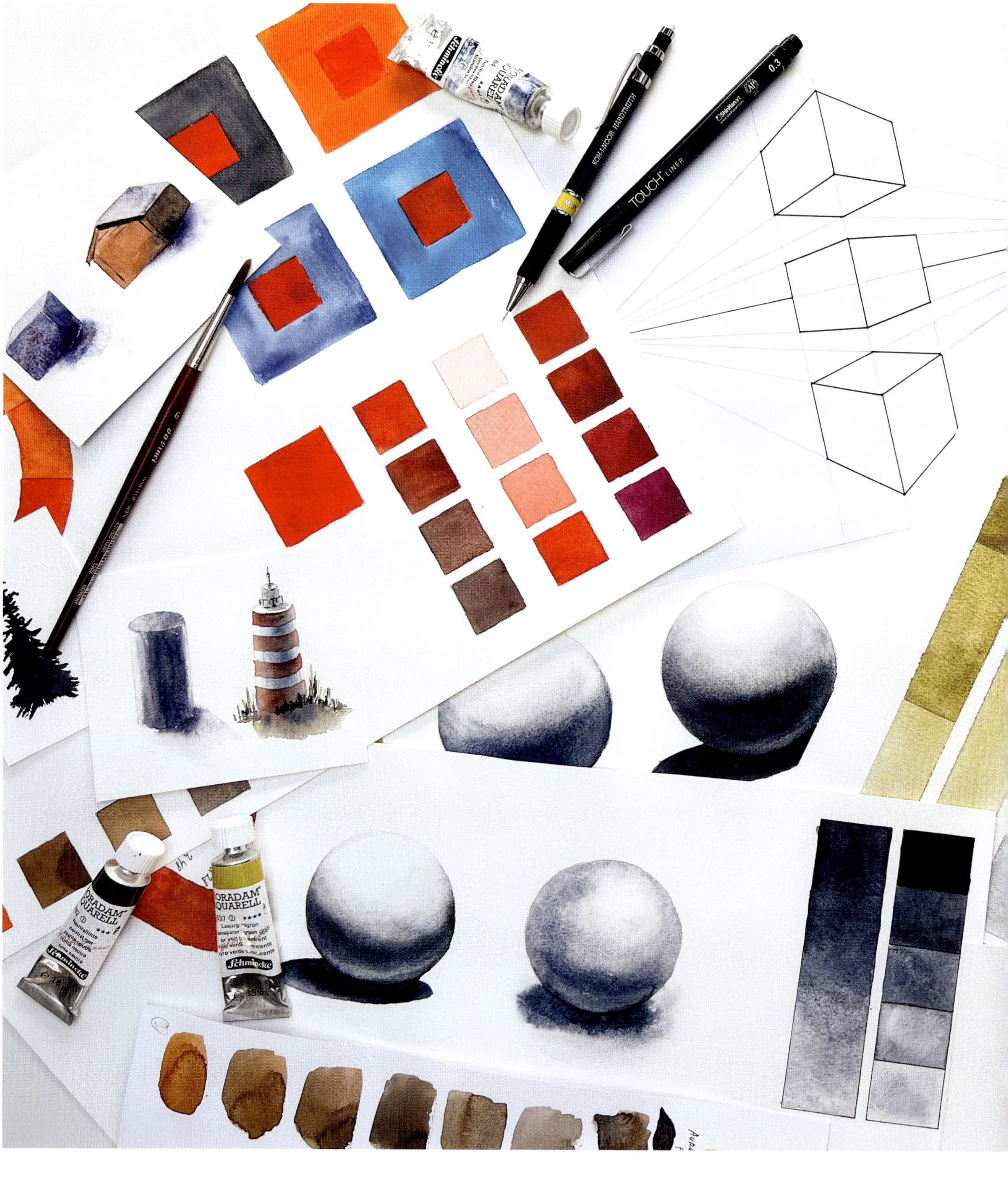
KOH-I-NOOR HARDTMUTH
TOUCH LINER
0.3
Schmincke

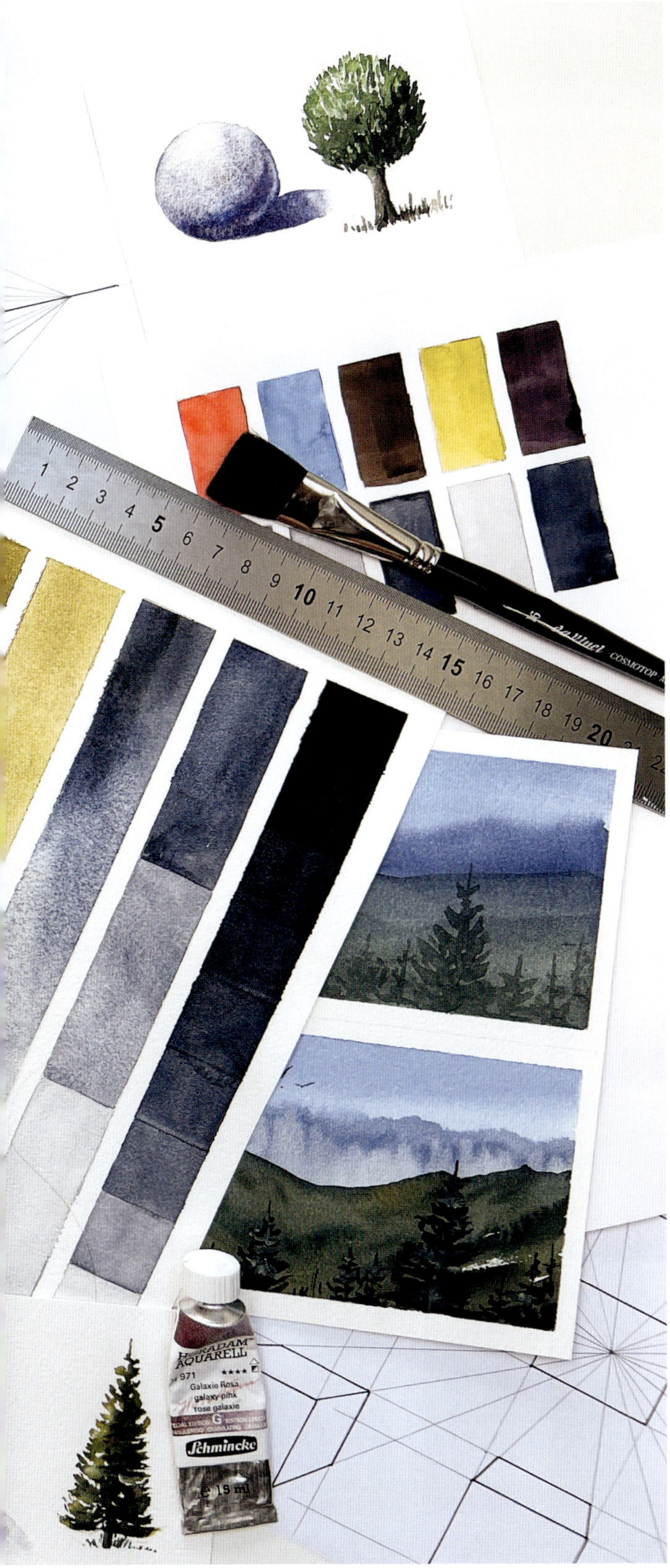

Wir starten gleich mit einem anspruchsvollen Kapitel: den Grundlagen des Malens und Zeichnens. Sie werden Fachbegriffe und Regeln kennenlernen. Wenn Sie diese in Ihrer Praxis umsetzen, werden Sie besser zeichnen und malen.

TONWERTE

Die unterschiedlichen Helligkeitsabstufungen einer Farbe, auch Tonwerte genannt, helfen uns beim Malen vor allem dabei, dreidimensionale Objekte realitätsnah auf unser zweidimensionales Papier zu bringen.

Tonwerte vermitteln Räumlichkeit

Körper und Gegenstände bestehen nicht nur aus einem Farbton, sondern aus hellen und dunklen Bereichen, abhängig davon, wie sich Licht und Schatten auf ihnen verteilen. Wenn wir diese Körper und Gegenstände malen, vermitteln deren Tonwerte den Eindruck von Räumlichkeit. Es ist also nicht die Farbe, die für Tiefe sorgt, sondern deren Tonwerte. Ein Bild, das zwar mit verschiedenen Farben, aber in einem einheitlichen Tonwert gemalt ist, ohne helle und dunkle Bereiche, sieht flach aus.

Die Tonwertskala

Zwischen dem dunkelsten und dem hellsten Tonwert gibt es viele Zwischenstufen. Wenn Sie gerade erst mit dem Malen beginnen und es Ihnen noch schwerfällt, solche Nuancen zu erfassen, spricht nichts dagegen, die Tonwerteskala auf drei Töne zu reduzieren: den hellsten, den mittleren und den dunkelsten Tonwert. Schon wenn in Ihrem Bild diese drei vorhanden sind, bekommt das Bild Tiefe.

Tipp

Um einen helleren Tonwert zu erreichen, geben Sie Ihrer Farbe mehr Wasser zu. Für einen dunkleren Tonwert verstärken Sie Ihre Farbe mit zusätzlichem Pigment.

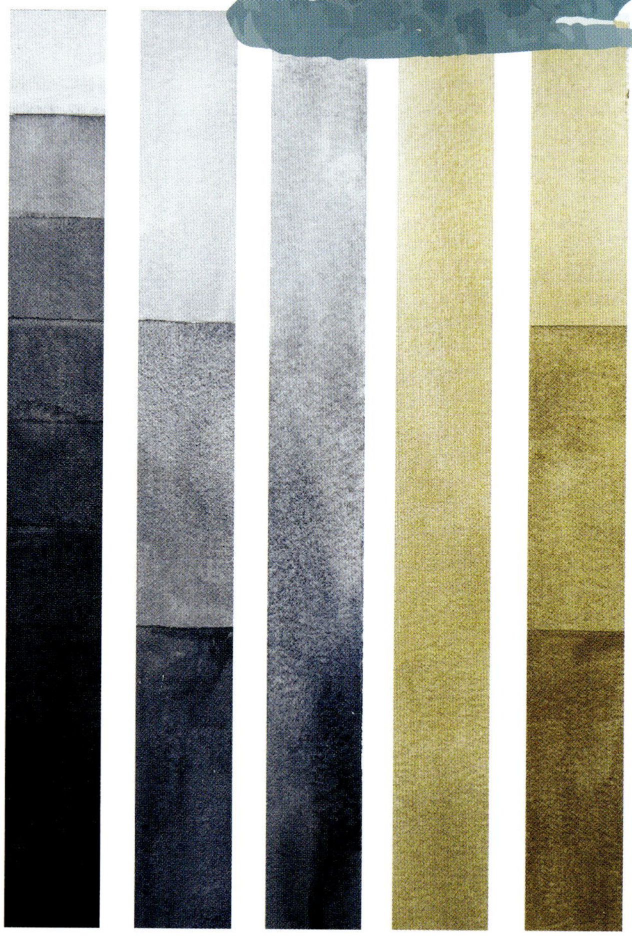

Tonwertskala mit dunklen und hellen Farben

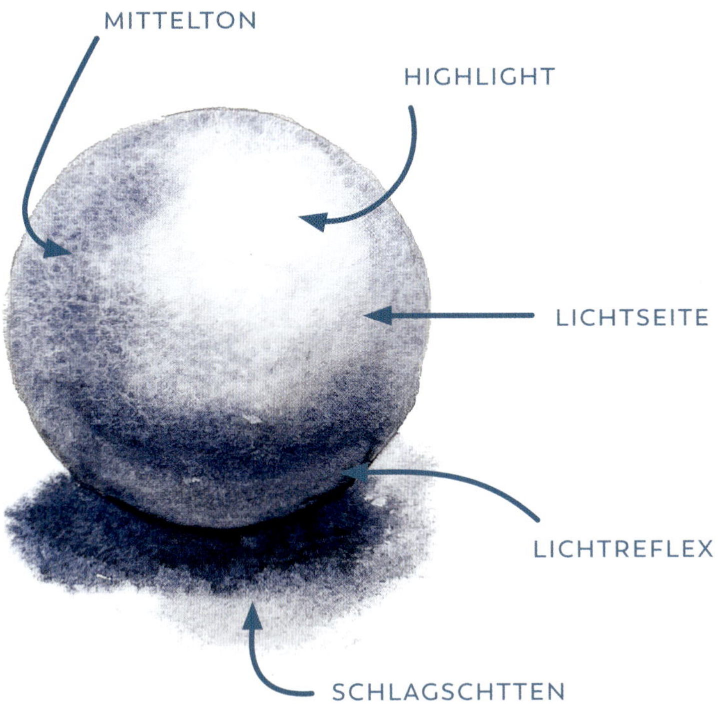

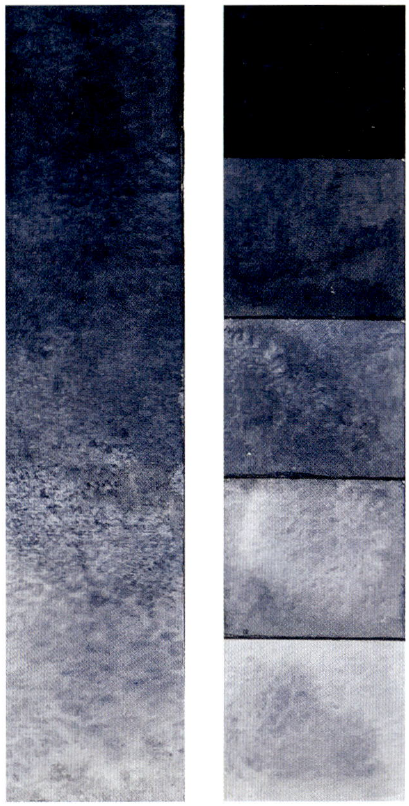

Licht und Schatten

Die hellen und dunklen Bereiche auf Körpern und Gegenständen entstehen durch Licht und Schatten. Beleuchtet man eine einfache, geometrische Form wie etwa eine Kugel mit einer Lichtquelle, so entsteht dort, wo das Licht auf die Oberfläche trifft, der hellste Bereich mit dem Highlight. Darunter versteht man die Stelle, die der Lichtquelle am nächsten ist.

Im Grenzbereich zwischen Licht und Schatten entsteht ein Mittelton mit dem Eigenschatten des Objekts. Der dunkelste Bereich ist die Kontaktstelle zwischen Boden und Objekt, es ist auch die dunkelste Stelle des Schlagschattens, den das Objekt wirft.

Lichtreflexe

Ein Reflex ist Licht, das von einer nahen Form oder Fläche reflektiert wird. Ein Lichtreflex kann nicht heller sein als die Lichtfläche und ist immer dunkler als der Mittelton. Reflexe können Objekte auf dem Bild visuell miteinander verbinden.

Tipp

Wenn Sie in einem Bild Volumen und Tiefe erreichen wollen, empfiehlt es sich, vor dem Malen kleine Tonwertskizzen, vorzugsweise in einer dunklen Farbe, anzufertigen. Dann wird schnell klar, wo die dunkelsten und hellsten Stellen im Bild liegen sollten.

TONWERTE

Wissenswertes zum Tonwert

- Das Licht verbindet die Objekte im Bild miteinander. Deshalb sollten Sie darauf achten, dass es so aussieht, als ob alles von derselben Lichtquelle – oder von mehreren Lichtquellen, wenn es mehrere gibt – beleuchtet wird.
- Die Farben nah beieinanderliegende Objekte haben selten den gleichen Tonwert. Der eine ist fast immer heller, der andere dunkler.
- Weiß ist nicht immer die hellste Farbe in einer Zeichnung. Es hängt von der Lichtquelle und dem Einfluss von Sonnenlicht und Schatten ab – so kann beispielsweise weißer Schnee in einem bestimmten Licht dunkler erscheinen als die beleuchtete Oberfläche eines schwarzen und braunen Steins.
- Ein Tonwert sollte das Bild dominieren. Ob es ein heller, mittlerer oder dunkler Tonwert ist, spielt dabei keine Rolle.

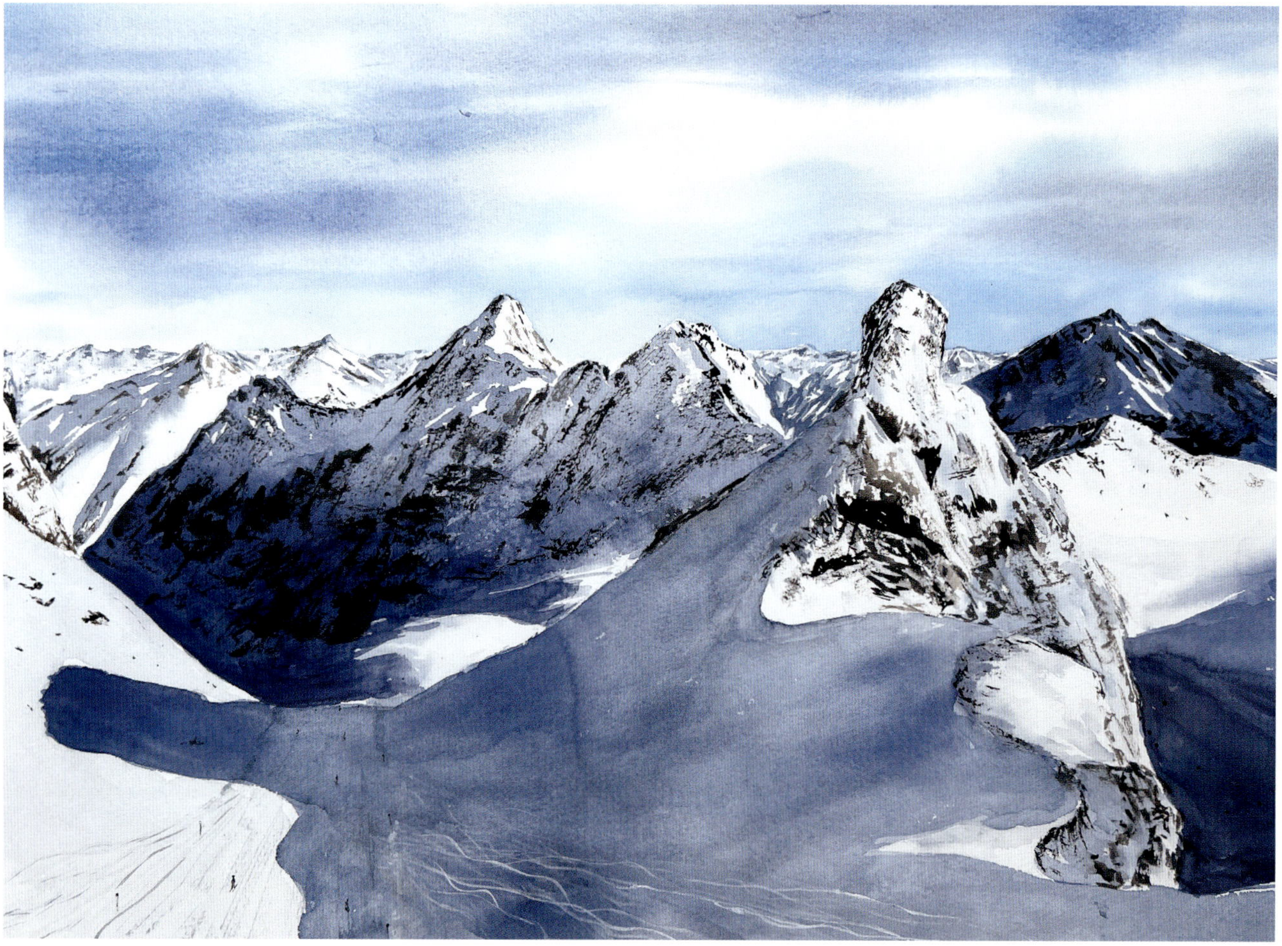

In diesem Bild sind die beleuchteten braunen Steine heller als der dunkle Schatten auf dem weißen Schnee.

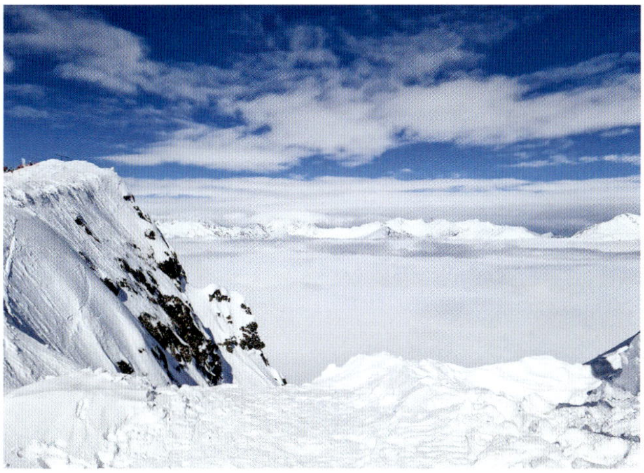

Fotovorlage des Motivs

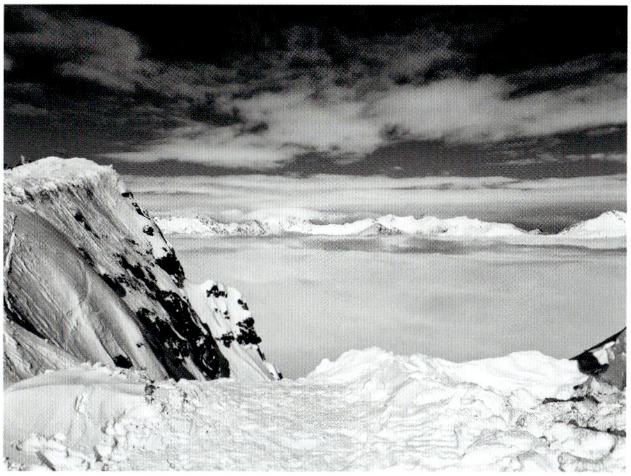

In Schwarzweiß umgewandelte Fotovorlage

Tipp

Wenn Sie nicht sicher sind, wo sich in Ihrem Motiv die hellsten und dunkelsten Bereiche befinden, kneifen Sie einfach die Augen zu: Dadurch reduziert sich die Anzahl der Tonwerte automatisch. Sie können auch mit dem Smartphone ein Foto machen und es von Farbe in Schwarzweiß umwandeln – dann werden die hellsten und dunkelsten Bereiche sofort sichtbar.

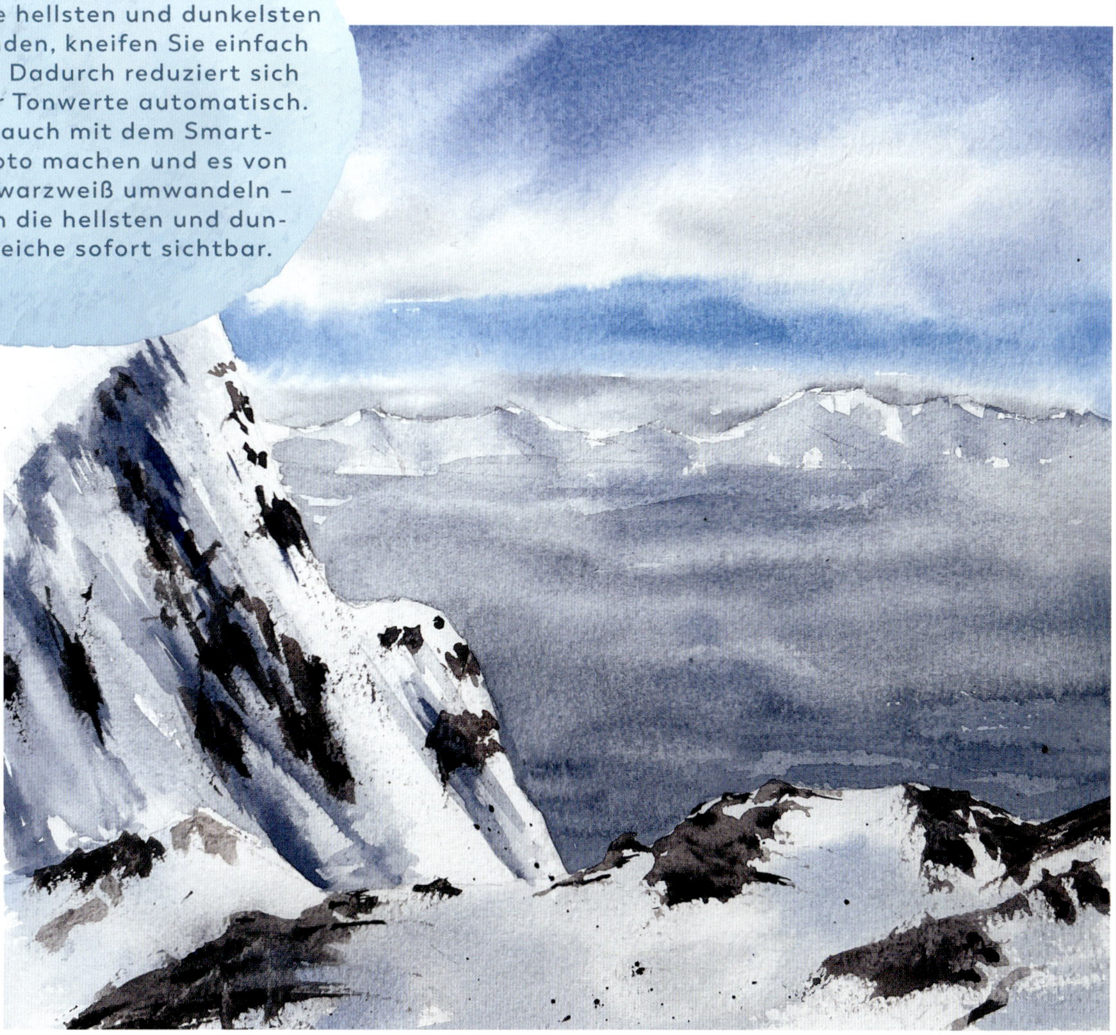

Umsetzung in ein Aquarellmotiv

ÜBER DIE FARBE

Für die Aquarellmalerei ist es wichtig, sich auch mit Farbwirkungen und den Eigenschaften von Farben auszukennen.

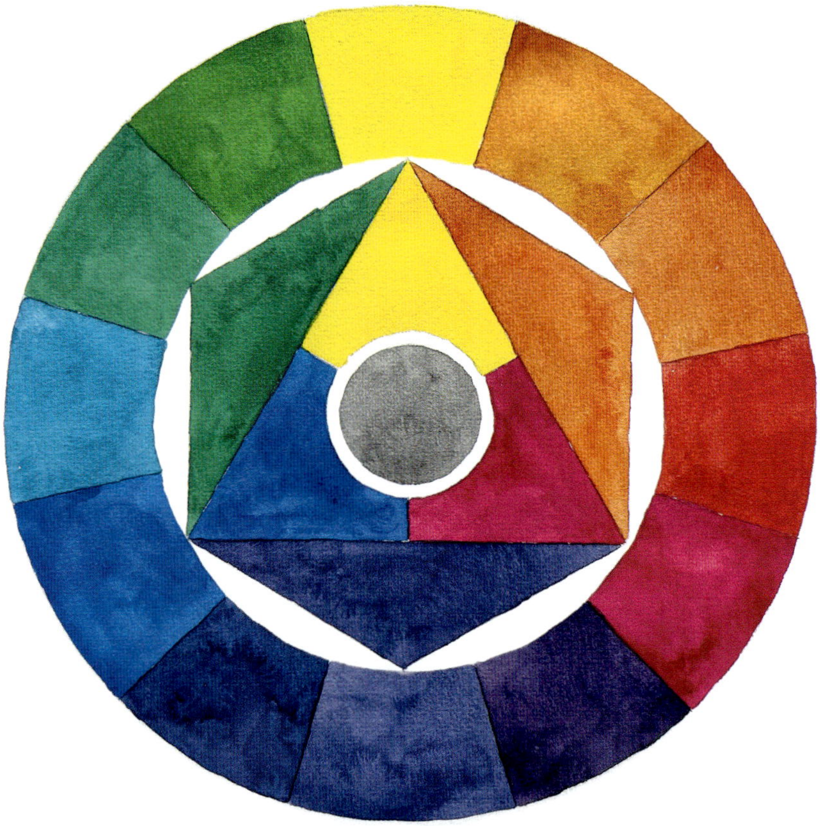

Der Farbkreis nach Johannes Itten

Der ehemalige Bauhauslehrer Johannes Itten stellte 1961 seine Farbenlehre in einem Buch vor. Heute gehört sein Farbkreis zu den bekanntesten Farbordnungssystemen. Er beruht auf folgenden Annahmen:

- Es gibt drei Grund- oder Primärfarben: Gelb, Rot und Blau. Diese Farben können nicht ermischt werden, aber es lässt sich mit ihnen jede andere Farbe mischen.
- Aus den Mischungen der Primärfarben zu gleichen Teilen entstehen die Sekundärfarben Grün, Violett und Orange.
- Mischt man aus jeweils zwei benachbarten Feldern des Farbkreises die Primär- und Sekundärfarbe, entstehen Tertiärfaben.
- Im Farbkreis liegen sich die komplementären Farbpaare Gelb – Violett, Rot – Grün und Blau – Orange gegenüber.

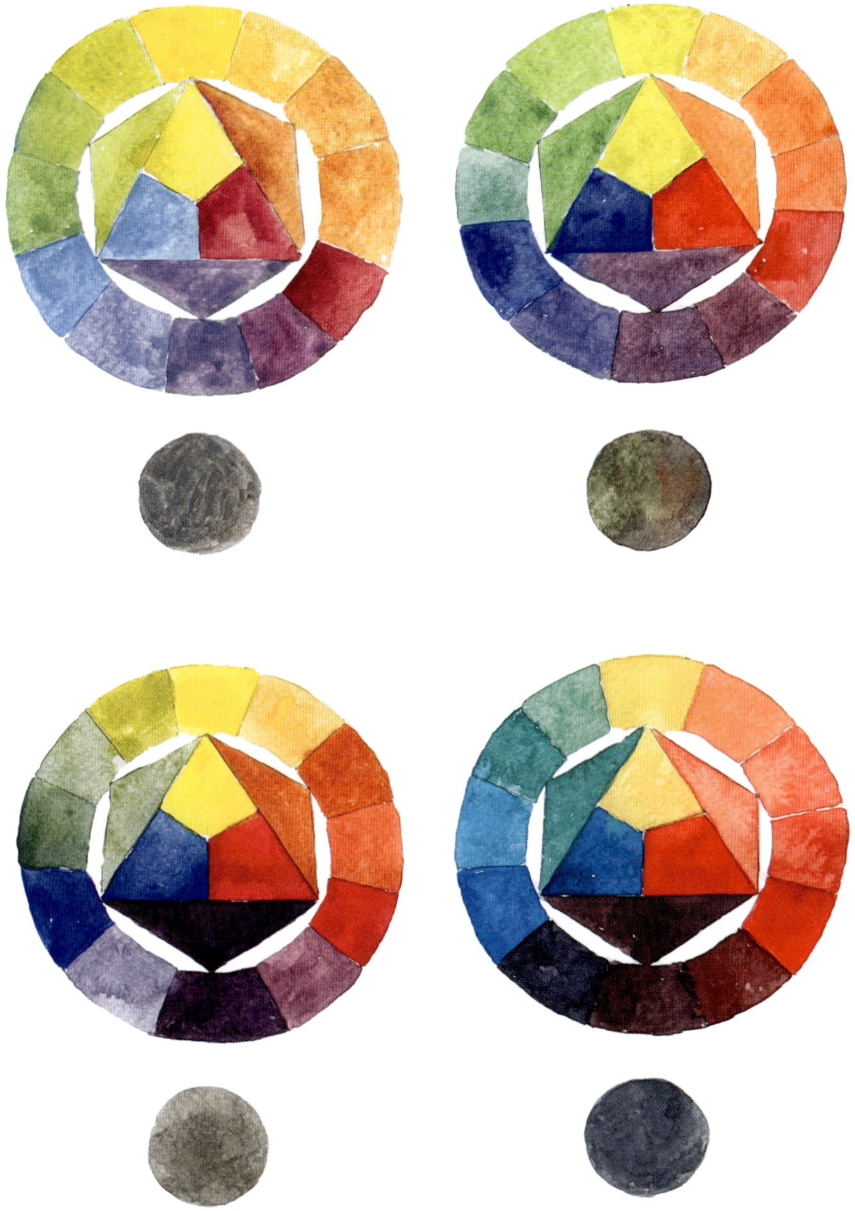

Verschiedene Varianten von Gelb, Rot und Blau ergeben verschiedene Sekundär- und Tertiärfarben und verschiedene Grautöne.

Wie kann ich den Farbkreis nutzen?

- Als Hilfsmittel zum Mischen von Farben: Die Mischung aller drei Primärfarben ergibt neutrale Grautöne, ebenso die Mischung zweier komplementärer Farben.
- Um Farbkontraste zu finden: Komplementäre Farben ergänzen sich harmonisch und verstärken sich gegenseitig in ihrer Farbwirkung.
- Um gesättigte Farben mit der Komplementärfarbe zu neutralisieren.
- Um die Farbtemperatur herauszufinden: Auf der linken Seite des Farbkreises befinden sich die kühlen, auf der rechten Seite die warmen Farben.
- Um eine Farbpalette auszuwählen.

FARBEIGENSCHAFTEN

FARBKREIS SECTOR ROT

Sättigung (Chromatizität)

Darunter versteht man die Helligkeit einer Farbe, ihre Intensität. Je näher uns ein Objekt ist und je heller das Sonnenlicht, desto intensiver ist seine Farbe.

Helligkeit

Wie hell oder dunkel eine Farbe ist, liegt an ihrem Tonwert (siehe S. 12). Das wird oft mit der Sättigung verwechselt, aber die Helligkeit bezieht sich auf den Farbton im Vergleich mit einer Schwarz-Weiß-Skala, während sich die Sättigung auf die Helligkeit im Vergleich mit einer Skala von rein über gedämpft bis Grau bezieht.

Farbtemperatur

Grundsätzlich sind Rot, Orange und Gelb warme und Grün, Blau und Violett kalte Farben. Mischfarben empfinden wir als warm, wenn sie ins Gelbliche gehen, und als kühl, wenn ihr Blauanteil größer ist. Je nach Farbmischung gibt es durchaus auch kühle Rot- und Gelbtöne oder warme Blautöne.

Wie kann ich nun herausfinden, ob eine Farbe eher kalt oder warm ist? Wenn die Farbe aussieht, als würde sie von der Sonne beleuchtet, ist sie warm; wenn sie eher aussieht, als würde sie vom Mond beleuchtet, ist sie kalt.

SÄTTIGUNG HELLIGKEIT FARBTEMPERATUR

REIN HELL WARM

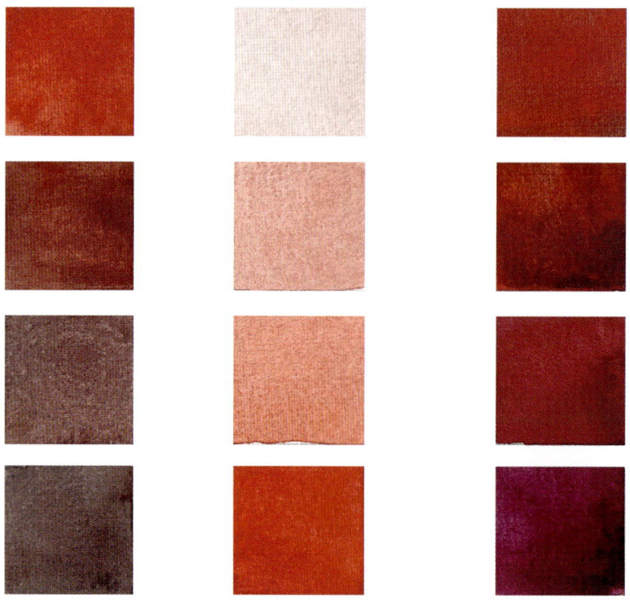

GRAU DUNKEL KALT

FARBEN MISCHEN

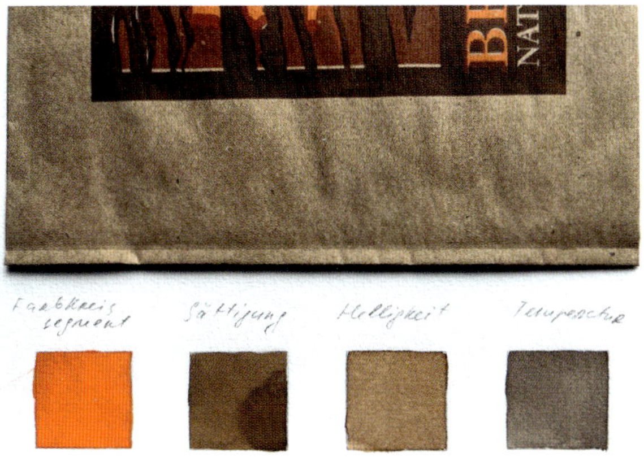

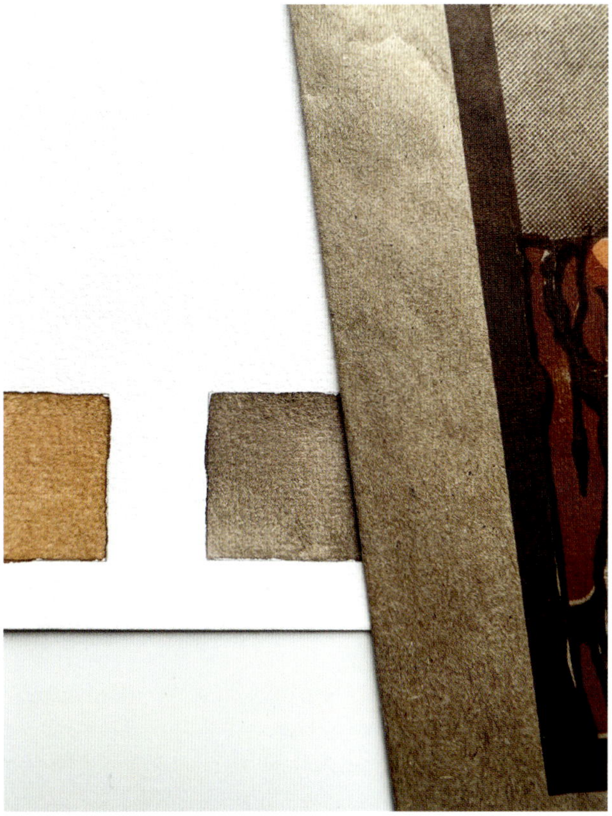

So mischen Sie Ihre Wunschfarbe

- 1 Zuerst brauchen Sie ein Muster der Farbe, die Sie mischen möchten. In unserem Beispiel ist das die Farbe von Kraftpapier, also ein Braunton.
- 2 Identifizieren Sie in dem 12-teiligen Farbkreis (s. Seite 16) den Bereich, in dem sich der Grundton des Musters am ehesten befindet. Hier ist das der Orangebereich.
- 3 Vergleichen Sie die Farbsättigung. In unserem Mischbeispiel ist die Farbe noch zu leuchtend. Geben Sie noch etwas mehr von der Komplementärfarbe Blau hinzu.
- 4 Vergleichen Sie die Helligkeit. Die Farbe des Kraftpapiers ist heller als die Probe – verdünnen Sie die Mischung mit etwas Wasser.
- 5 Prüfen Sie die Farbtemperatur. Das Kraftpapier ist wärmer als die Probemischung – mischen Sie also noch etwas mehr Orange hinein.

EIGENE FARBPALETTE ERSTELLEN

Die Auswahl der Farben, die man gern auf seiner Palette hat, ist sehr individuell, ebenso wie die Anzahl der Farbtöne.

Wie erstellt man die perfekte Farbpalette?

Wenn Sie gerade erst mit dem Malen anfangen, ist es einfacher, ein fertiges Set zu kaufen. Schmincke bietet zum Beispiel in fast allen Sets jeweils eine kühle und eine warme Variante der Primärfarben sowie die gebräuchlichsten Farben an – Grün- und Erdtöne plus dunkle Farben zum Abtönen.

Vorbilder suchen

Auch ein sinnvoller Weg: Richten Sie sich bei der Farbauswahl nach den Farben der Werke von Aquarellkünstler:innen, die Ihnen gefallen. In Katalogen oder Büchern finden Sie meist genaue Farbbezeichnungen der Farbpaletten der Profis. Die Liste der Farben in meiner Palette finden Sie auf Seite 58.

Weitere Aspekte

Wenn Sie keine vorgefertigten Sets verwenden wollen, können Sie die Farben nach Ihren Themen wählen. Dazu analysieren Sie einfach, welche Farben in Ihren Bildern bislang überwiegen.

Darüber hinaus sind bei der Auswahl einer Farbpalette nicht nur die Farben selbst wichtig, sondern auch das Spektrum ihrer Mischungen – wie viele Farben können Sie aus Ihrer Grundpalette mischen und wie rein sind diese?

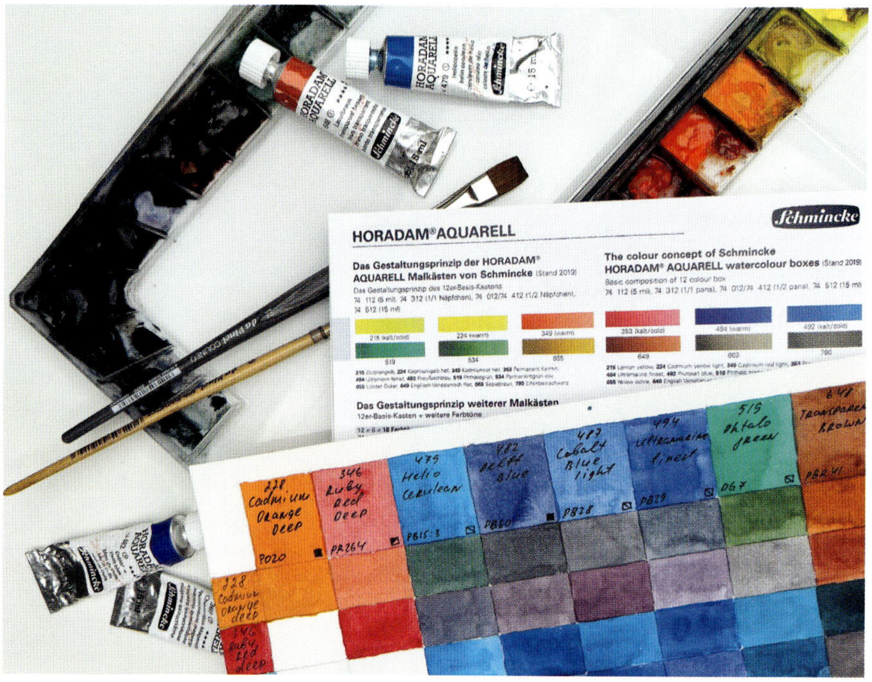

SCHMUTZ IM AQUARELL

Das Aquarell wird unter anderem wegen seiner Frische, Leichtigkeit und Transparenz geschätzt. Was tun, wenn die Farben schlammig und trüb wirken?

Ursachen

Ein trüber, schmutziger Eindruck entsteht nicht nur durch falsche Mischfarben. Auch zu viele Farbschichten auf dem Papier an ein und derselben Stelle wirken manchmal verwaschen. Sobald bräunliche, sumpfige Grautöne oder unpassende Farben vorherrschen, haben wir den Eindruck eines trüben „Farbsumpfs", ebenso, wenn transparente Bereiche im Bild ganz fehlen.

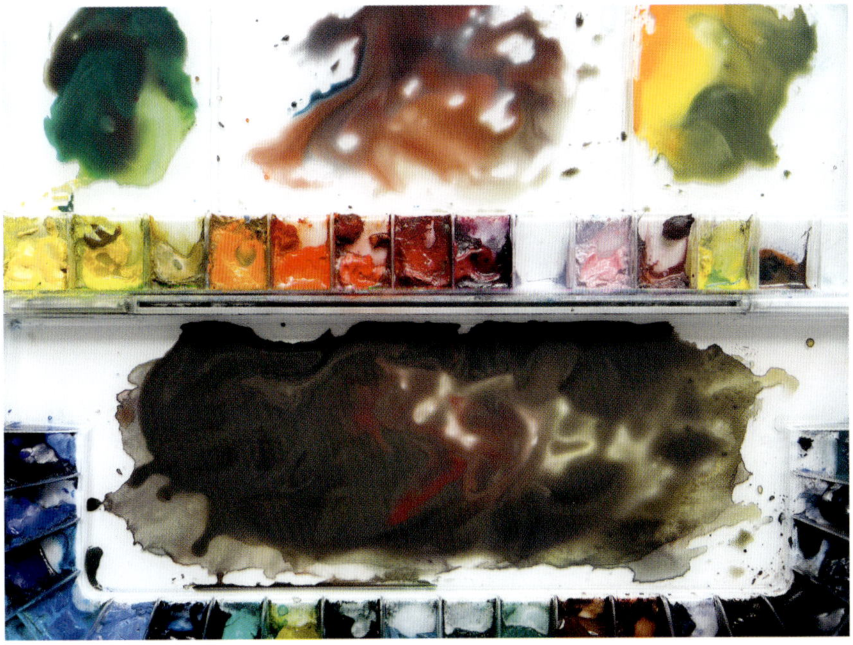

Wie lässt sich ein „Farbsumpf" vermeiden?

Das Wissen, wie man sauber mischt, kommt mit der Erfahrung beim Malen. Wenn Sie gerade erst mit der Aquarellmalerei beginnen, empfehle ich Ihnen:

- Planen Sie Ihr Bild im Voraus so, dass Sie maximal zwei oder drei Farbschichten auf dem Papier haben.
- Schätzen Sie die Menge an Pigmenten in Ihren Farben. Bei einer Mischung von mehr als fünf Pigmenten kann die Farbe schmutzig aussehen.
- Tauschen Sie das Wasser während des Malens öfter aus und achten Sie auf eventuelle Farbreste im Pinsel.
- Seien Sie vorsichtig mit Braun- und Grüntönen. Sie verursachen beim Mischen und in Farbkombinationen am ehesten schlammige Farbaufträge.
- Versuchen Sie, die Anzahl der reinen und gesättigten Farben zu reduzieren, indem Sie sie transparent mit anderen Farben überlagern.

KOMPOSITION

Sie möchten eigene Bildideen umsetzen und Ihren persönlichen Stil entwickeln? Dann lohnt es sich, Grundregeln der Bildkomposition zu kennen.

Was ist Komposition?

Komposition ist die bewusste Anordnung der Elemente in einem Bild, mit dem Ziel, dem Werk eine klare Aussage zu geben. Das geschieht, indem Sie das Wichtige betonen und das Unwichtige beiseitelassen.

Komposition entsteht nicht nur durch die Anordnung der Elemente, sondern auch durch die bewusste Auswahl von Formen, Licht und Schatten, Farbe und Perspektive.

Die Herausforderung besteht darin, eine gewisse Vielfalt an Objekten darzustellen, die trotzdem als Ganzes gesehen werden.

Mittel der Komposition

Zu den wichtigsten Kompositionsmitteln gehören die Linie und ihre Richtung, die Luft- und die lineare Perspektive sowie geometrische Kompositionsprinzipien wie die Drittel-Regel. Daneben können weitere Faktoren für die Komposition bestimmend sein: Kontraste, Texturen, Symmetrie und Asymmetrie, Rhythmus, Gleichgewicht, Spannung, Wiederholung und Einheit.

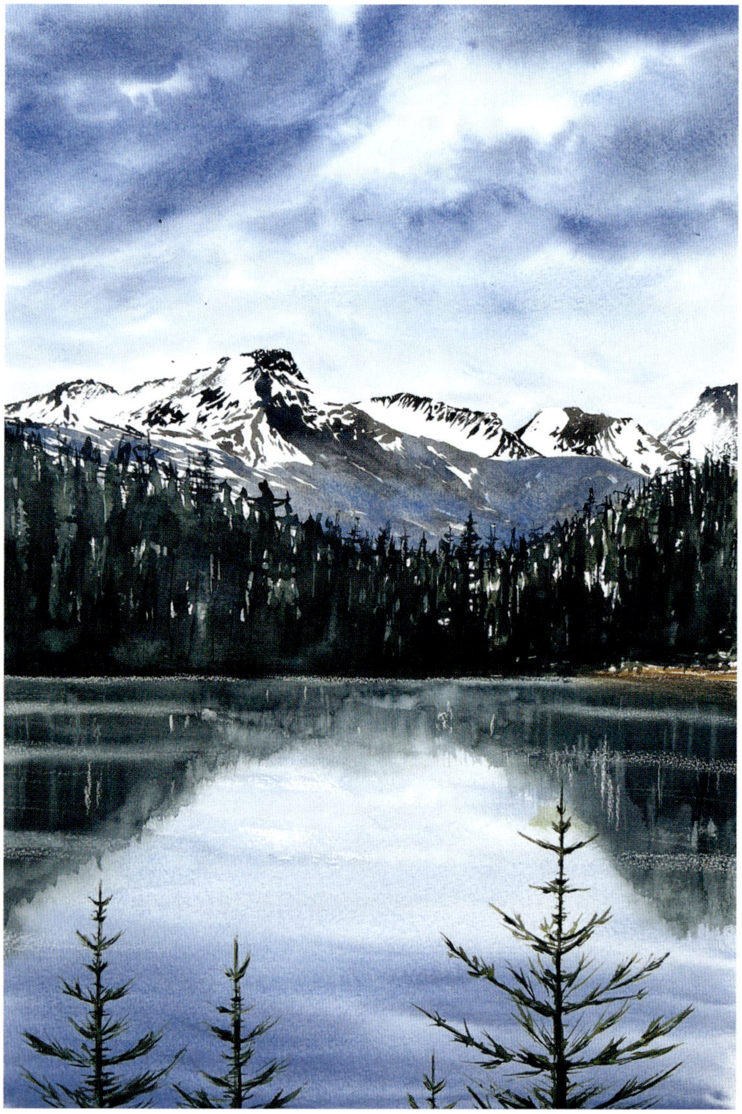

Der Gipfel links ist das kompositorische Zentrum des Bildes. Dort herrscht der größte Hell-Dunkel-Kontrast und die Linien der Tannenbäume führen direkt darauf zu.

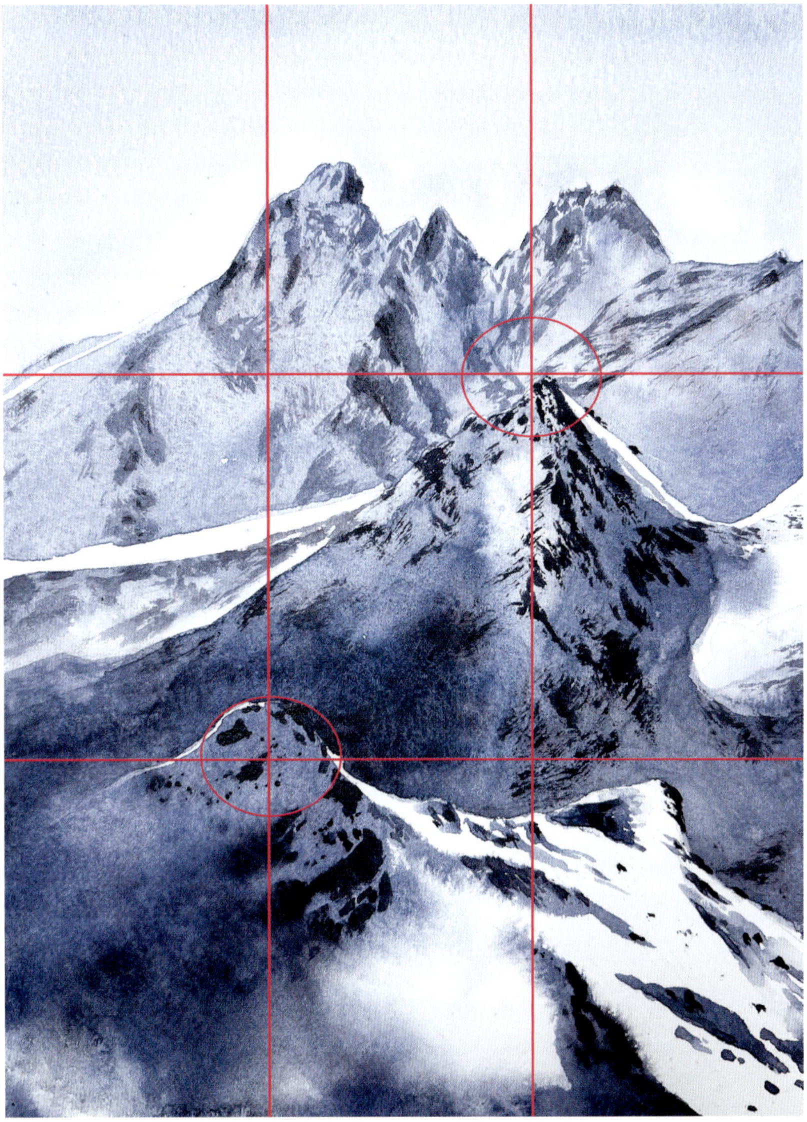

Die beiden bildbestimmenden Berggipfel befinden sich auf den Schnittpunkten der Drittellinien.

Goldener Schnitt und Drittel-Regel

Der Goldene Schnitt ist ein Teilungsprinzip. Wird eine Strecke nach dem Goldenen Schnitt geteilt, verhält sich der kleinere Teil zum größeren Teil wie der größere Teil zum Ganzen. Diese Aufteilung sorgt für harmonische Proportionen in einem Bild.

In der heutigen modernen Malerei findet die etwas einfachere Drittel-Regel häufiger Anwendung. Die wichtigsten Objekte befinden sich dabei auf den Schnittpunkten der Linien, die ein Bild horizontal und vertikal in drei Teile teilen. Das baut wesentlich mehr Spannung auf als ein Motiv, das sich genau in der Bildmitte befindet.

Weitere kompositorische Mittel

- Unterschiedliche Größen: Sind Objekte in einem Bild gleich groß, beginnen sie zu „streiten". Unterschiedliche Formen, die sich gegenseitig betonen und ergänzen, wirken harmonischer und interessanter.
- Balance: Kleinere Details bilden ein Gegengewicht zu großen Formen. Bei Landschaftsmotiven können das Vögel, Drähte oder Äste sein – etwas Kleines, das sich gegenüber des Hauptmotivs befindet.
- Rhythmus und Bewegung: Sich ähnelnde Bildelemente wiederholen sich mehr als einmal. Bewegung entsteht durch Linien und Licht- und Farbflecken.
- Dynamik: Diagonale Linien bringen Tiefe in den Bildraum und verstärken die Dynamik in einem Bild.

LINEARE PERSPEKTIVE

Die Darstellung mittels linearer Perspektive hilft, dreidimensionale Objekte auf einer zweidimensionalen Fläche so abzubilden, dass eine Raumillusion entsteht.

Horizontlinie und Fluchtpunkt

Der Horizont ist die Linie, die den sichtbaren Himmel von der sichtbaren Erde trennt. Die Horizontlinie befindet sich immer auf Augenhöhe des Betrachters. Das heißt, unabhängig davon, in welcher Position sich eine Person befindet, ob sie steht, sitzt, sich auf einer Aussichtsplattform befindet oder am Boden kauert – immer bestimmt ihre Augenhöhe die Horizontlinie.

Wenn wir in die Ferne schauen, erscheinen ähnlich große Objekte, wie beispielsweise Bäume, mit zunehmendem Abstand kleiner zu werden. Der Rand der Straße, an der die Bäume stehen, verläuft in der Realität parallel zum anderen Straßenrand. In der perspektivischen Ansicht scheinen die Straßenränder jedoch in der Ferne auf der Horizontlinie zusammenzulaufen. Die Punkte, an denen sich parallele Linien auf der Horizontlinie treffen, werden Fluchtpunkte genannt.

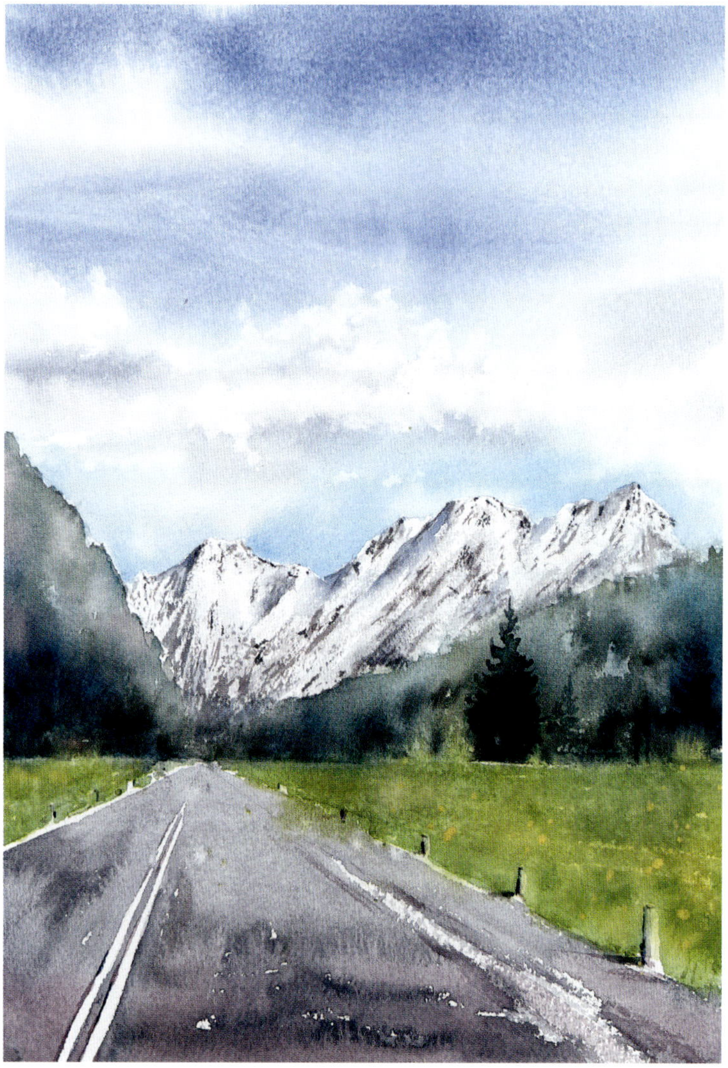

Parallele Linien laufen im Fluchtpunkt zusammen. Horizontale Linien unterhalb des Horizonts verlaufen diagonal nach oben, Linien oberhalb des Horizonts laufen nach unten.

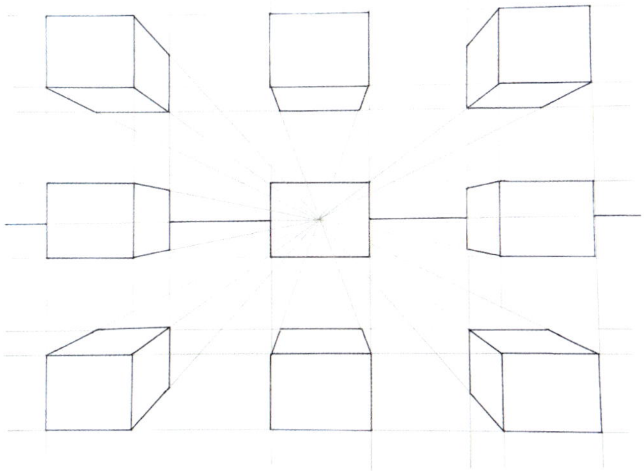

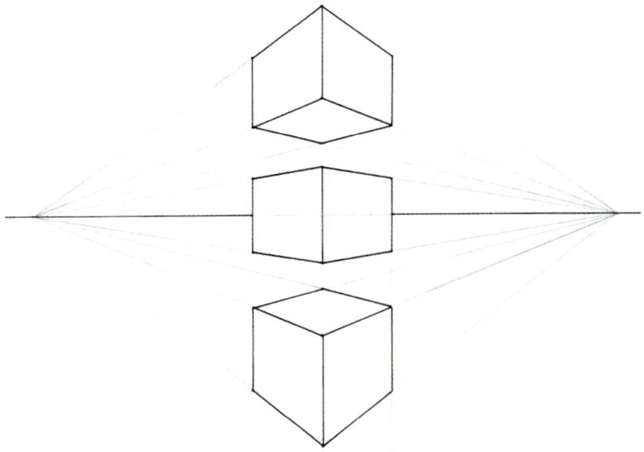

Einpunktperspektive

Die Einpunkt- oder Zentralperspektive besagt, dass alle sichtbaren Linien, die im Raum nach hinten verlaufen, in einem Punkt auf der Horizontlinie fluchten. Vertikal verlaufende Linien bleiben senkrecht. Beispiele: ein Weg, der in die Ferne führt oder eine gerade, flache Straße mit Gebäuden. Auch die Schatten von sonnenbeschienenen Objekten laufen im Fluchtpunkt – der Sonne – zusammen. In der Landschaftsmalerei ist diese Perspektive am häufigsten anzutreffen.

Zweipunktperspektive

Bei der Zweipunkt- oder Eckperspektive laufen alle sichtbaren Linien in zwei Fluchtpunkten auf der Horizontlinie zusammen. Beispiel: ein dem Betrachter zugewandtes Gebäude, auf dessen Ecken wir schauen.

Es kann in einem Bild mehr als zwei Fluchtpunkte geben, zum Beispiel, wenn sich eine Straße verbreitert, verengt oder windet. Die Fluchtpunkte liegen aber immer auf der Horizontlinie.

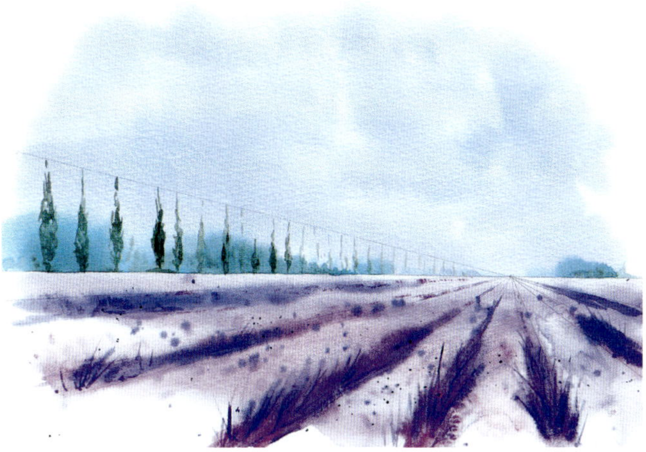

Beispiel für die Einpunktperspektive in einem Landschaftsmotiv

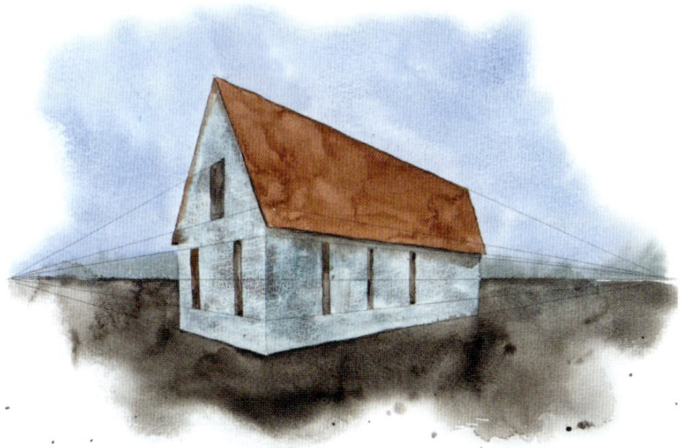

Beispiel für die Zweipunktperspektive in einem Landschaftsmotiv

LUFTPERSPEKTIVE

Die Luftperspektive ist ein geeignetes Mittel, um Räumlichkeit in der Landschaftsmalerei relativ wahrheitsgetreu darzustellen.

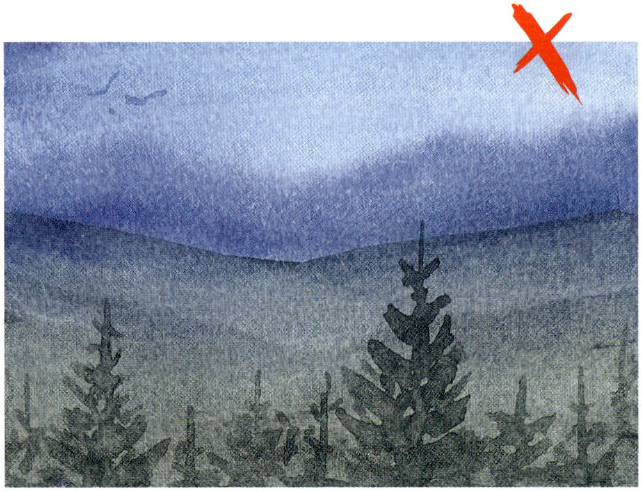

Alle Farben und Details haben denselben Tonwert, das Bild wirkt flach.

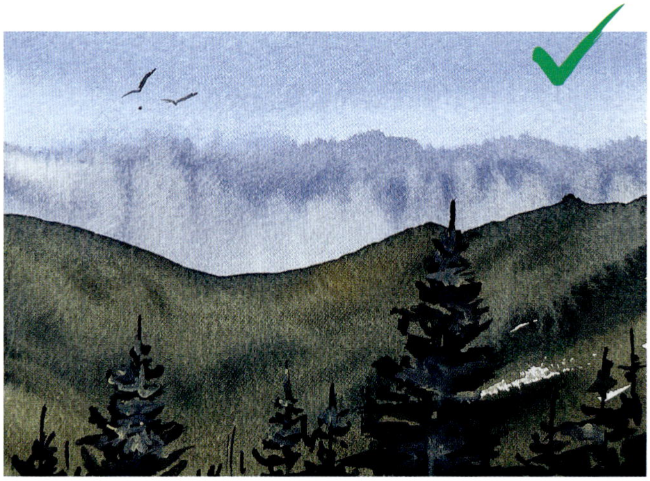

Unterschiedliche Tonwerte und Detailreichtum im Vorder- und Hintergrund.

Was besagt die Luftperspektive?

Die Grundregel lautet, dass Objekte, die weiter entfernt liegen, durch atmosphärische Einflüsse weniger klar erscheinen und an Farbintensität verlieren. Man sagt auch, sie „verblauen".

Je weiter ein Objekt entfernt ist, desto weniger ist es sichtbar – die Luft ist zwar transparent, erzeugt aber einen Dunst, der Objekte in der Ferne unscharf erscheinen lässt. Umgekehrt gilt: Je näher ein Objekt ist, desto besser ist es zu sehen.

Was bedeutet das für die Malerei?

Sie können mit Hilfe der Luftperspektive wunderbar für Räumlichkeit in Ihren Bildern sorgen, wenn Sie die folgenden Grundsätze beherzigen: Details im Vordergrund sind dunkler, sie drängen nach vorn, während der Himmel zum Horizont hin heller zu werden scheint. So ergibt sich eine Tonwertabstufung von Dunkel nach Hell, die automatisch eine Tiefenwirkung erzeugt.

Tipp

Eine Luftperspektive ist auf Fotos viel weniger sichtbar, da die Kameraeinstellungen automatisch die Kontraste verändern und oft die Reflexe von Objekten im Vordergrund reduzieren oder ganz entfernen.

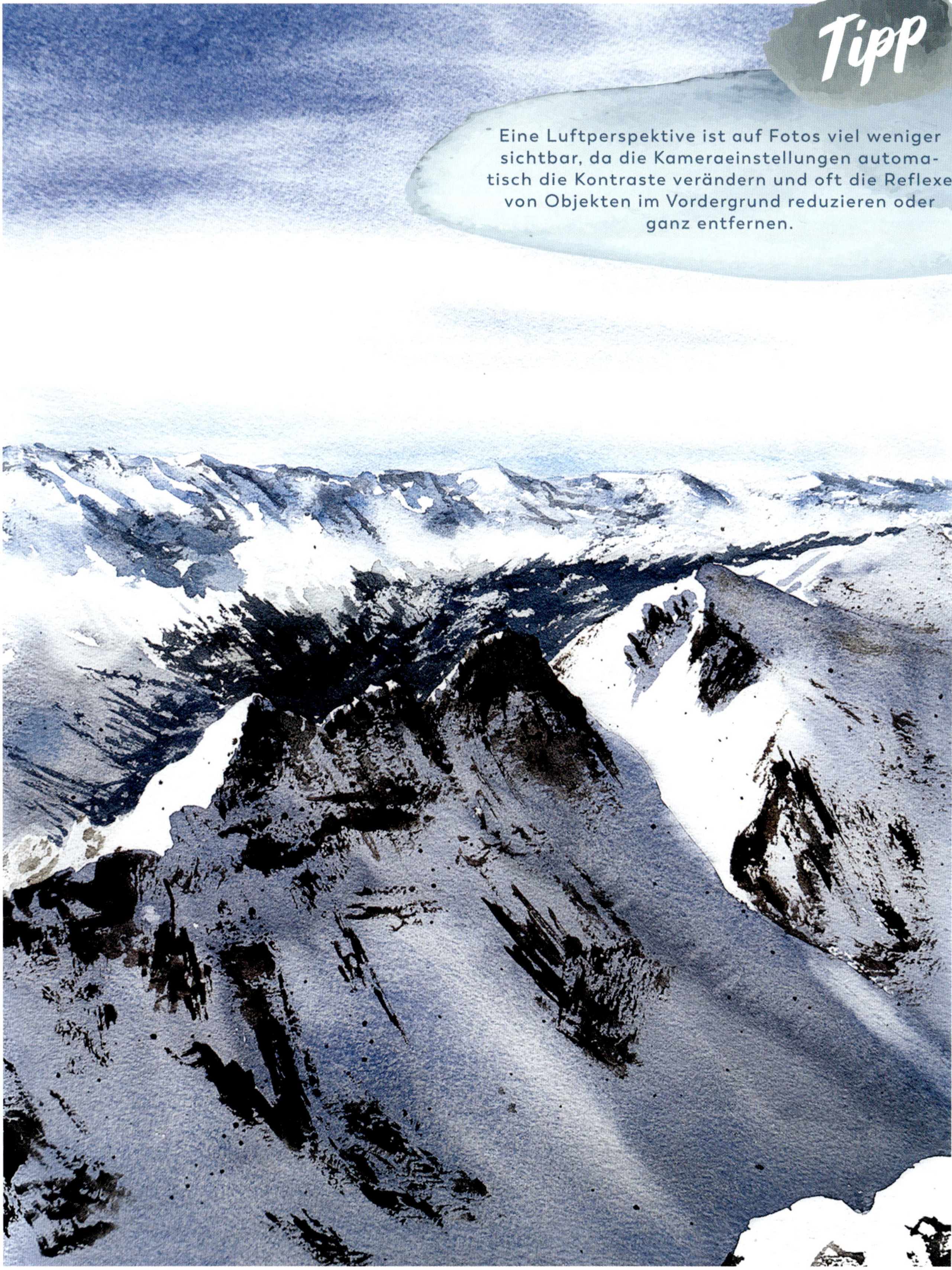

Luftperspektive in Aktion: Der Hintergrund ist blauer und transparenter, der Himmel zum Horizont hin heller, der Vordergrund ist wärmer und dunkler mit mehr Details.

KONTRASTE

Das Fehlen von Kontrasten im Bild unterscheidet Anfänger:innen von Profis. Kontraste tragen zu einer stimmigen Atmosphäre des Bildes bei und wecken das Interesse der Betrachtenden.

Kontrast Linie – Form

Stellt man fließende und hart umgrenzten Formen – Quadrate gegen Kreise, Ovale gegen Rechtecke, Kreise gegen Diagonalen – in einem Bild einander gegenüber, betonen sie sich gegenseitig.

Größenkontrast

Dieser Kontrast bezieht sich nicht nur auf die Größe der direkt auf dem Gemälde dargestellten Gegenstände, sondern auch auf die Flächengröße der Farbaufträge und deren Kontraste.

Hell-Dunkel-Kontrast

Es ist immer der Kontrast zwischen Licht und Dunkelheit, der das Auge zuerst anzieht. Ein geringer Tonwertkontrast sorgt für eine ruhige Bildstimmung, während ein lebhafter Kontrast den Gesamteindruck dynamischer macht. Außerdem wirkt ein helles Objekt vor einem dunklen Hintergrund ausdrucksstärker und umgekehrt.

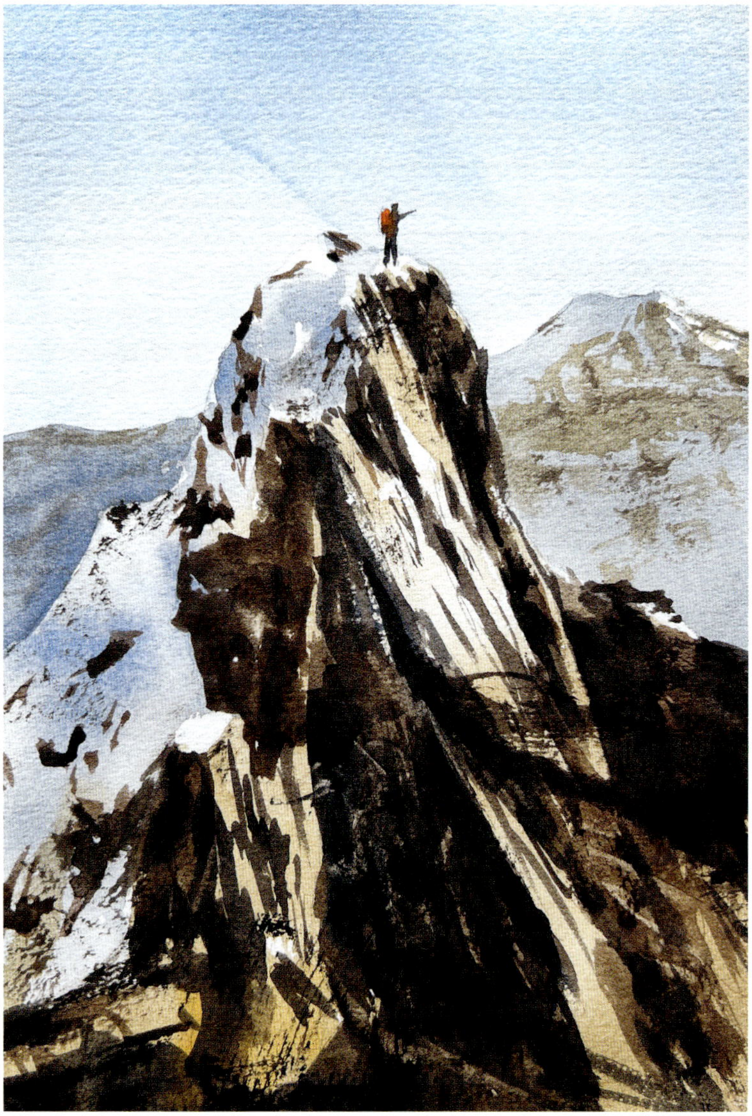

Der Hell-Dunkel-Kontrast erhöht die Plastizität eines Bildes.

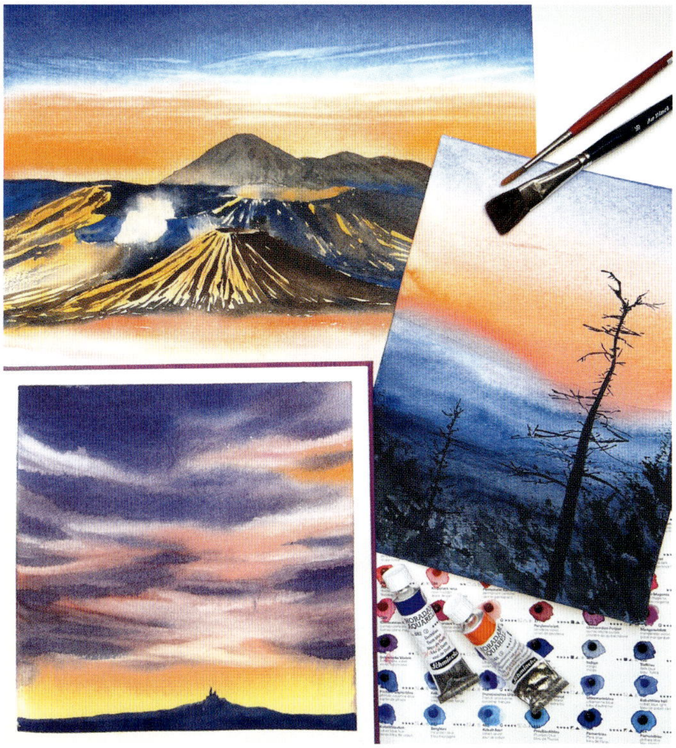

Die kühlen Farben wie Blau und Lila schaffen in Kontrast mit den warmen Gelb- und Orangetönen eine lebendige Bidwirkung.

Kalt-Warm-Kontrast

Der bewusste Einsatz kalter und warmer Farbtöne in einem Bild unterstützt den räumlichen Eindruck einer Landschaft und wirkt harmonisch.

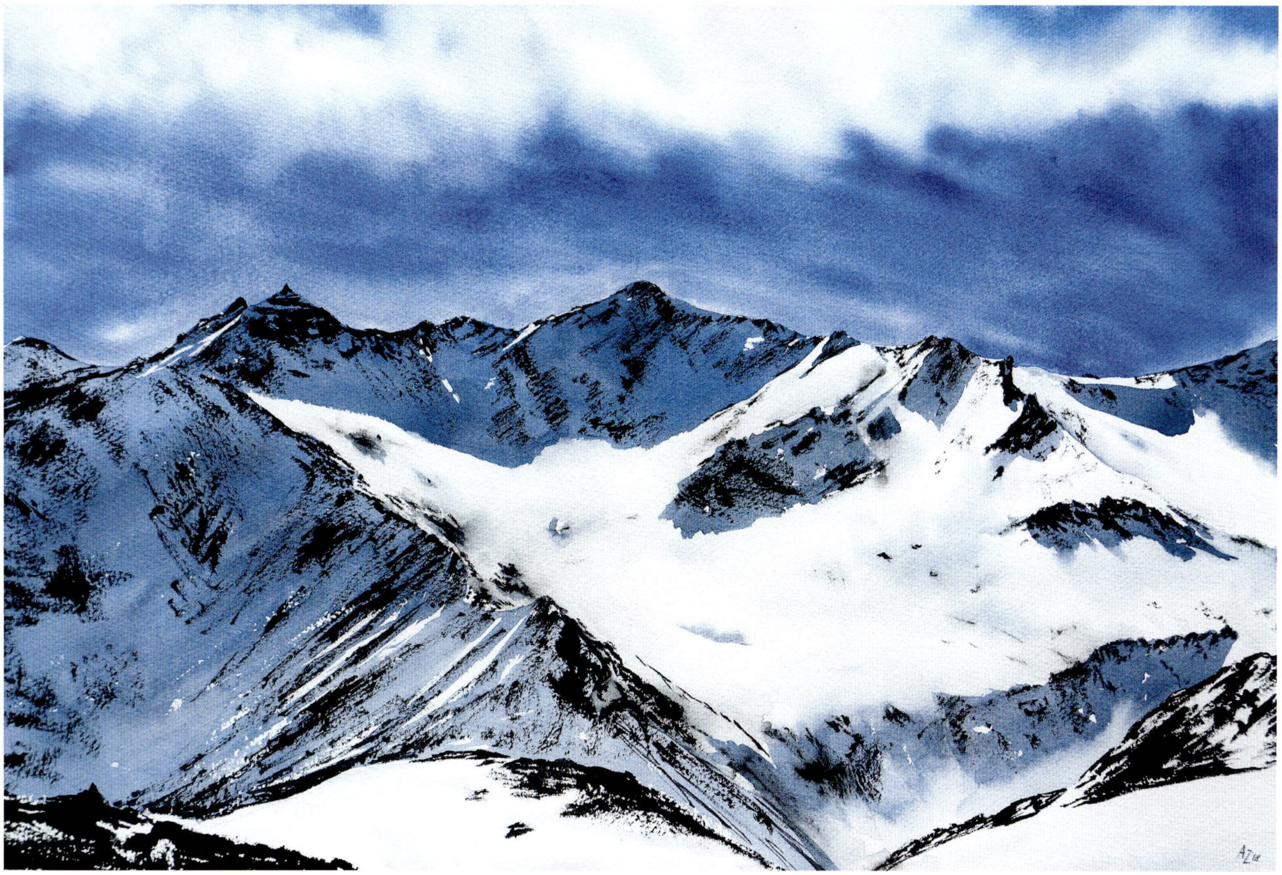

Die unterschiedlichen Tonwertabstufungen des Blaus bringen Dynamik ins Bild.

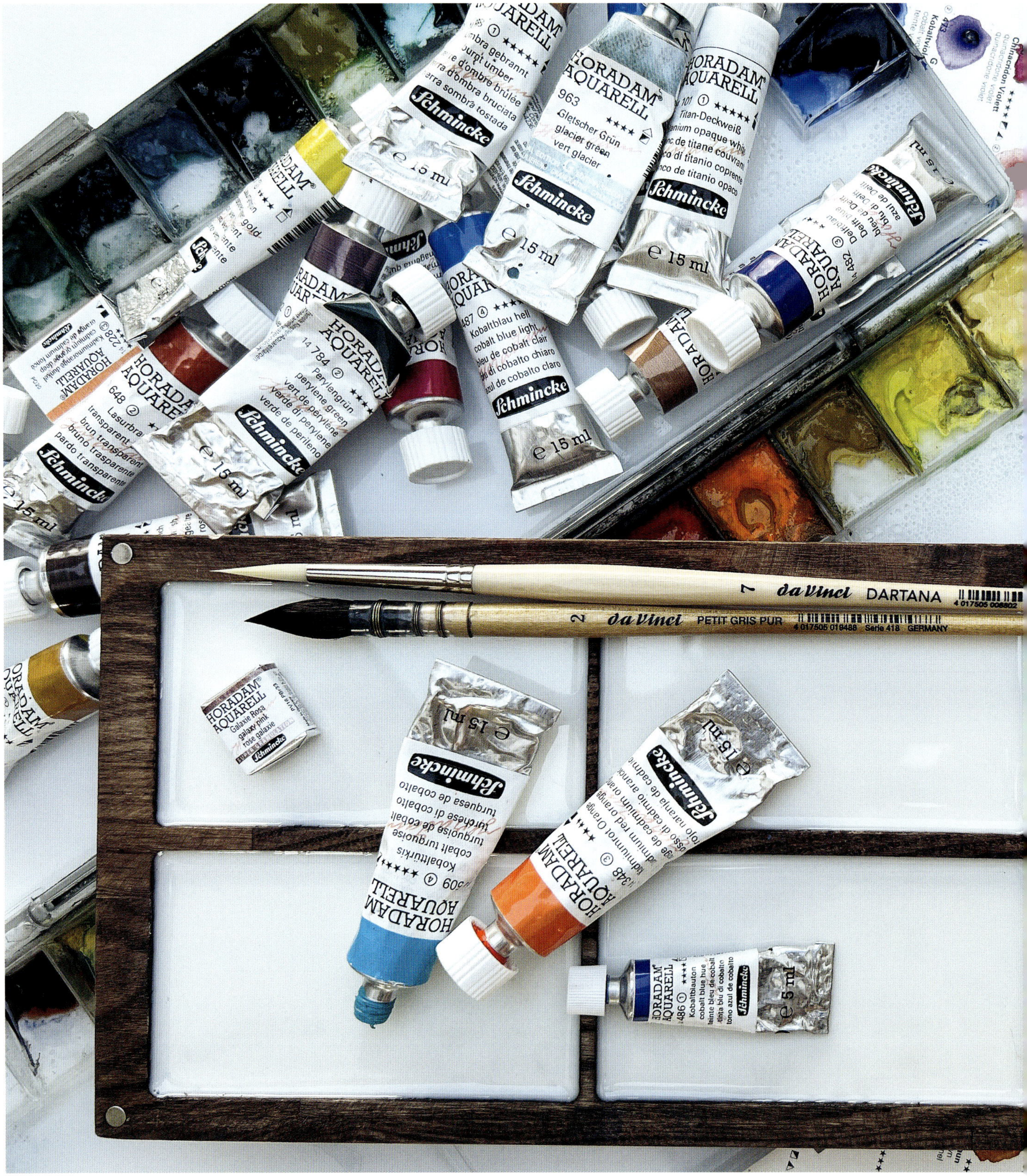
HORADAM AQUARELL
963 Gletscher Grün
glacier green
vert glacier
Schmincke
e 15 ml
HORADAM AQUARELL
101 Titan-Deckweiß
Schmincke
487 Kobaltblau hell
cobalt blue light
bleu de cobalt clair
Schmincke
HORADAM AQUARELL
14 784 Perylengrün
perylene green
vert de perylene
verde di perylene
verde de perileno
Schmincke
HORADAM AQUARELL
648 Lasurbraun
Schmincke
7 da Vinci DARTANA
2 da Vinci PETIT GRIS PUR
Serie 418 GERMANY
HORADAM AQUARELL
Galaxie Rosa
galaxy pink
rose galaxie
Schmincke

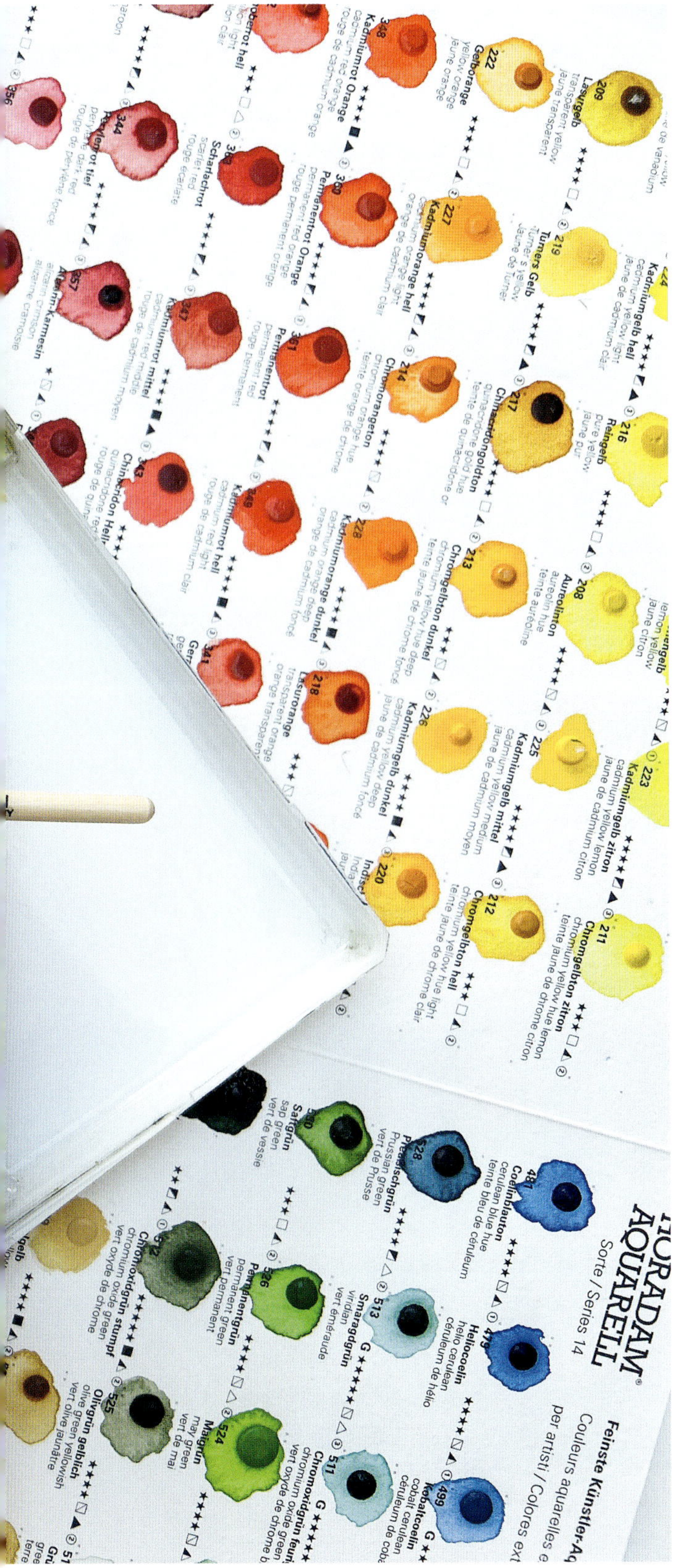

Auf den folgenden Seiten finden Sie Informationen über die Materialien, die Sie zum Aquarellmalen brauchen. Wertvolle Hinweise zur Auswahl von Farben, über Papier, Pinsel und weiteres Zubehör geben Orientierung bei der Materialwahl. Zusätzlich erfahren Sie Wissenswertes zu grundlegenden Aquarelltechniken, über die Kontrolle von Aquarellfarben und die Erzeugung von Effekten.

AQUARELLFARBEN

Das Wichtigste, was Sie für die Aquarellmalerei benötigen, sind die Aquarellfarben. Was sind ihre Bestandteile, wie unterscheiden sich die Farben und wie kann man sich in ihrer Vielfalt zurechtfinden?

Aquarellfarben bestehen aus fein gemahlenem Pigment, einem Bindemittel, etwa Gummiarabikum, und verschiedenen Füllstoffen. Diese Bestandteile werden je nach Rezeptur genau abgewogen und zunächst gründlich miteinander verrührt.

Je nach Qualität werden die Farben nun ein- bis mehrfach gewalzt, bis die Pigmente feinst vermahlen sind und eine homogene, gleichmäßige Farbe entsteht. Diese wird nun entweder in Tuben gefüllt oder in Näpfchen verpackt.

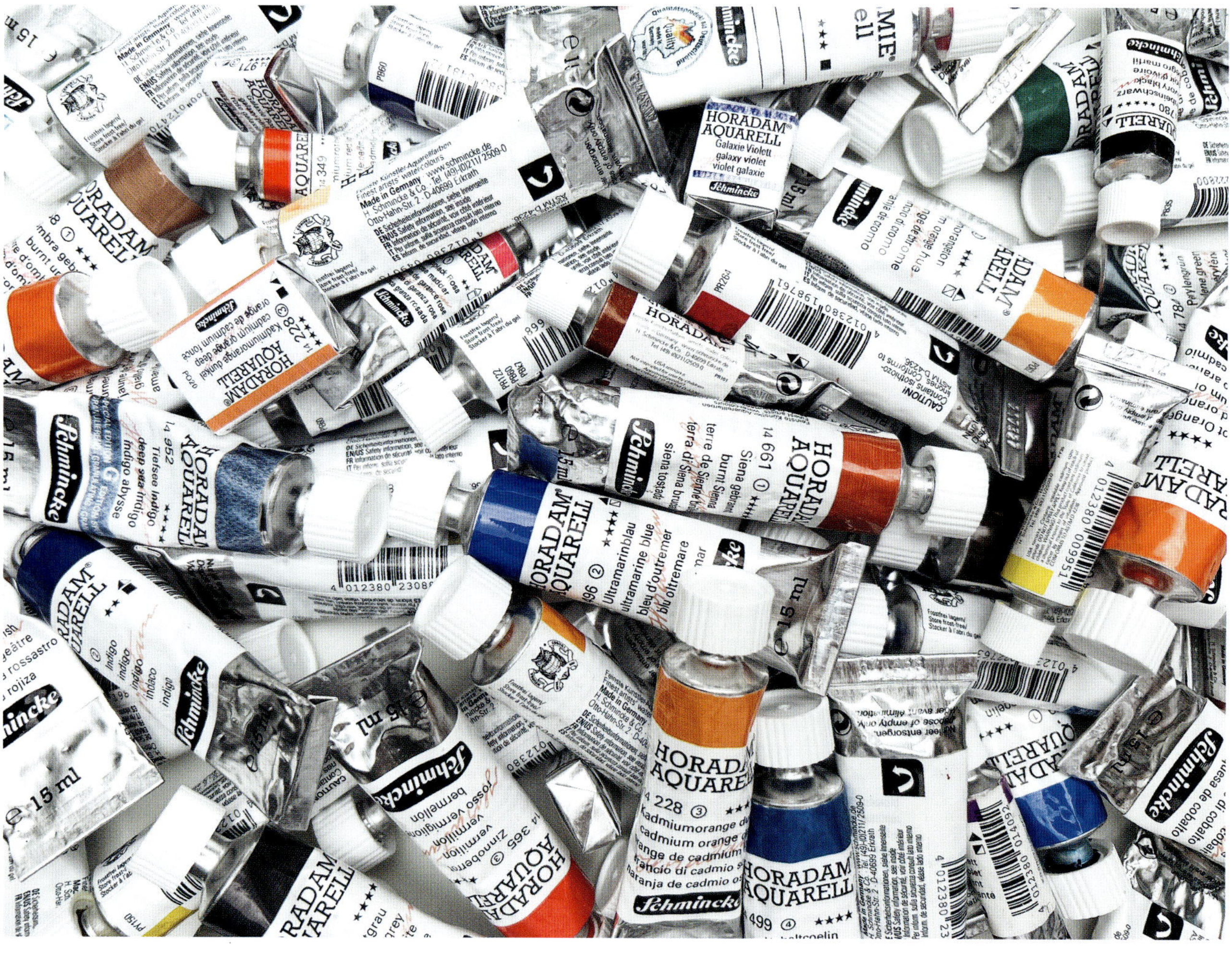

PIGMENTE

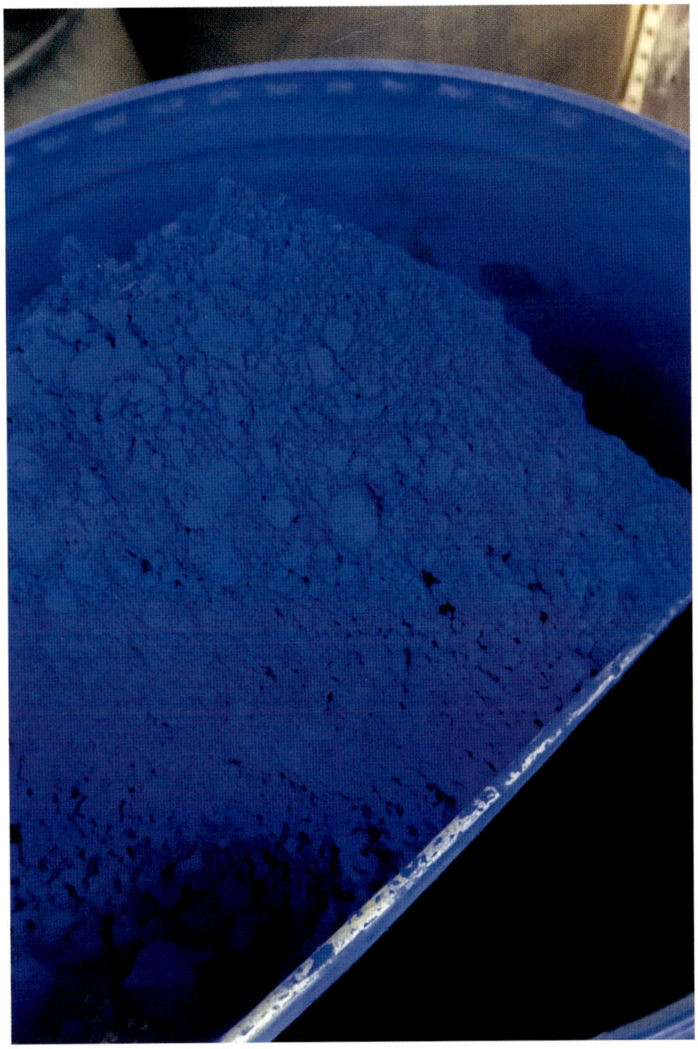

Das teuerste Pigment der Geschichte stammt aus Afghanistan. Der dort abgebaute Halbedelstein Lapislazuli wurde zum begehrten Lapislazuli-Blau vermahlen. Um es zu bekommen, musste man eine lange Reise „ultramarinus", also jenseits des Meeres, antreten. Heute ist die Farbe als Ultramarin bekannt und wird synthetisch hergestellt.

Eigenschaften von Pigmenten

Jedes Pigment hat spezifische Eigenschaften wie beispielsweise seine Partikelgröße, Lichtechtheit oder Auswaschbarkeit. Um Pigmente oder Farben zu klassifizieren, gibt es das international gültige „Color Index System". Nach diesem System steht auf jedem Etikett einer Farbtube oder Näpfchens der erste Buchstabe P für Pigment, der zweite bezeichnet den Namen der Farbgruppe. Zahlen sind die laufende Nummer der Farbe.

Bindemittel

Das Material, das die Pigmente zusammenhält, ist Bindemittel. Bei Aquarellfarben ist es Gummiarabikum, ein Harz der Akazie. Apropos Bindemittel: Man muss wissen, dass das Pigment manchmal so schwer ist, dass es sich im Inneren der Tube absetzt. Wenn man diese dann öffnet, entweicht eine klebrige, transparente Flüssigkeit. Das ist das Bindemittel – es sollte besser nicht aus der Tube gedrückt werden. Rühren Sie in diesem Fall einfach den gesamten Inhalt der Tube vorsichtig mit einem Zahnstocher um.

Französisches Ultramarin

Ultramarin feinst

Ultramarin blau

EIGENSCHAFTEN DER AQUARELLFARBE

Jede Aquarellfarbe hat bestimmte Eigenschaften. Die Informationen darüber lassen sich von den Etiketten der Hersteller auf Tuben und Näpfchen ablesen.

Lichtechtheit

Als Lichtechtheit bezeichnet man die Beständigkeit eines Pigments gegenüber dem Ausbleichen durch Lichteinwirkung. Die Lichtechtheit wird mit Sternen angegeben: Je mehr Sterne, desto lichtbeständiger ist die Farbe. Fünf Sterne garantieren die Farberhaltung eines Gemäldes für über 100 Jahre unter musealen Lagerbedingungen. Pigmente können unter dem Einfluss von direkter Sonneneinstrahlung und UV-Strahlen sowie bei Wechselwirkung mit Säuren verblassen – daher empfiehlt es sich, Aquarellbilder an einem vor direkter Sonne geschützten Ort aufzubewahren oder unter UV-undurchlässigem Glas zu rahmen. Die Bezeichnung „acid free“ (säurefrei) bei Aquarellpapier dient ebenfalls dazu, die Lichtechtheit der Farben zu erhalten.

Deckkraft

Unter Deckkraft versteht man die Fähigkeit der Farbe, darunterliegende Farbschichten abzudecken. Wenn Farbe oder das Papierweiß durchscheinen, ist das ein Zeichen für Transparenz. Angezeigt wird die Deckkraft durch ein Symbol in Form eines Quadrats auf dem Etikett. Ein transparentes Quadrat bezeichnet eine lasierende Farbe, ein vollständig ausgefülltes Quadrat steht für eine deckende Farbe. Zwischenstufen werden durch ein diagonal durchgestrichenes Quadrat angezeigt.

Auswaschbarkeit (Staining)

Der Begriff Auswaschbarkeit (Staining) bezieht sich auf die Fähigkeit der Pigmente, entweder an der Oberfläche zu bleiben oder in das Papier einzusinken und dort fest zu haften. Daher sind sogenannte Staining-Farben schwer wieder vom Papier zu lösen – sie lassen sich kaum mit Pinsel oder Schwamm wieder abnehmen. Dafür kann man sie leichter mit anderen Farbschichten übermalen, da sie nicht verwischen. Die Auswaschbarkeit wird durch Dreiecke auf dem Etikett angezeigt, wobei ein transparentes Dreieck eine leicht vom Papier abzulösende Farbe, ein gefülltes Dreieck eine schwer vom Papier abzulösende Farbe anzeigt.

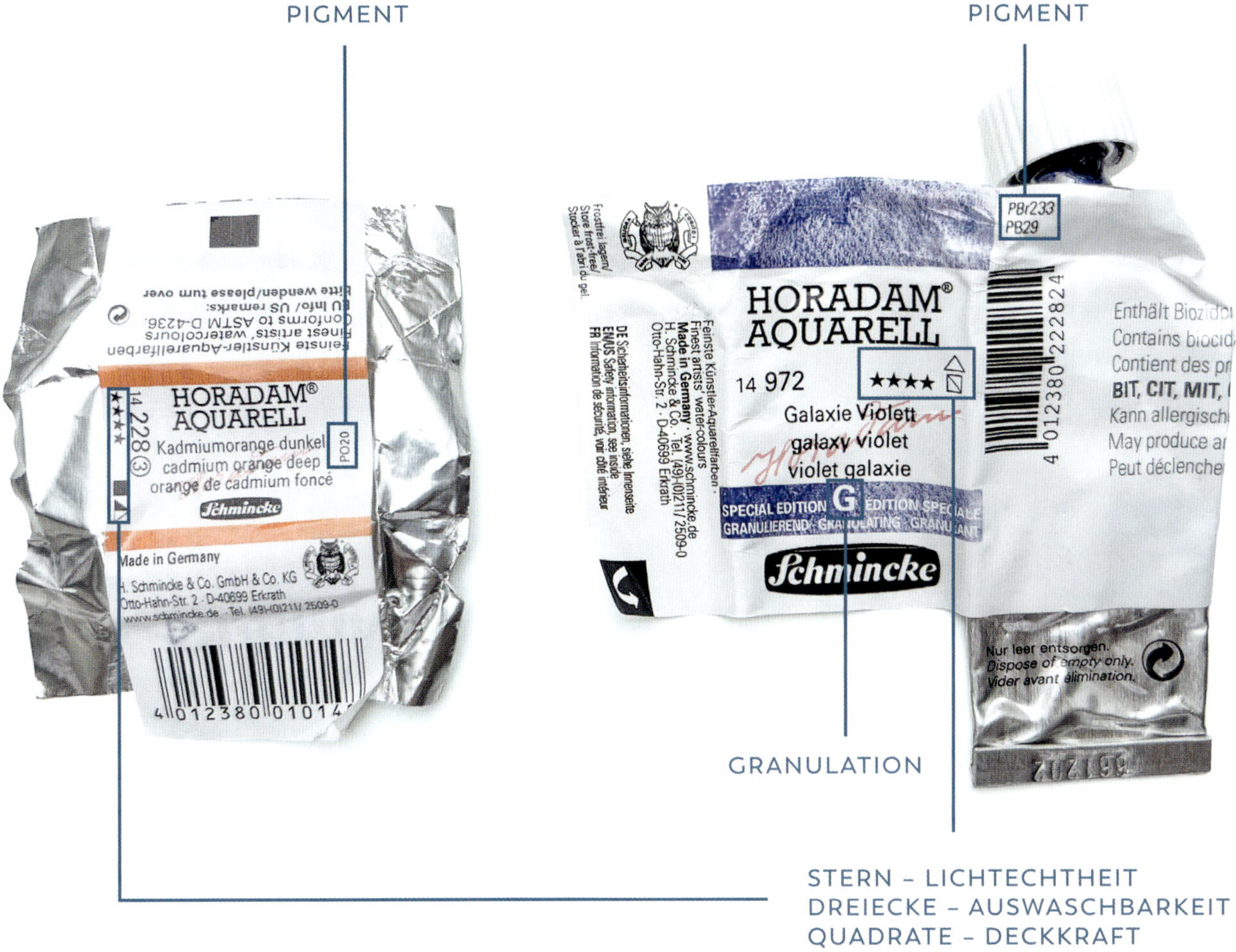

Das sagen Ihnen die Angaben des Herstellers

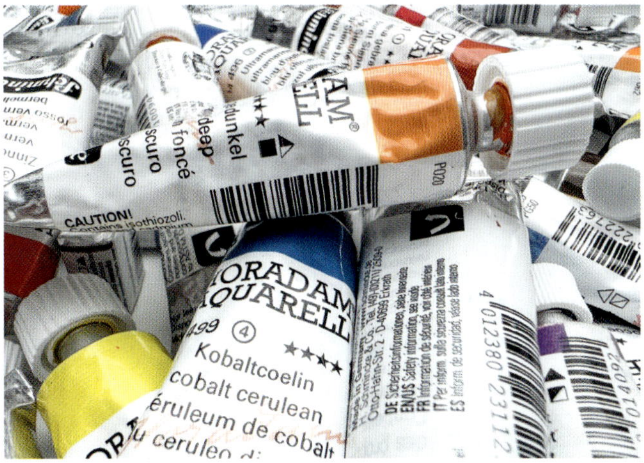

Die Eigenschaften von Farben zu verstehen, ist sehr wichtig. Sie werden bereits wissen, wie sich die Farbe verhält, ohne die Tube zu öffnen – etwa beim Farbenkauf in einem Geschäft oder bei der Auswahl von Farben für ein Gemälde. Die Farbeigenschaften gehen allein aus den Angaben auf der Verpackung oder auf der Farbkarte der Hersteller hervor. Folgende Kriterien können Sie den Angaben entnehmen:

- Wie brillant sich Farben auch in Mischungen verhalten (Anzahl verwendeter Pigmente),
- ob die Farbe die vorherige Schicht überdeckt (Deckkraft),
- ob sich die Farbschichten leicht auswaschen lassen (Auswaschbarkeit),
- wie wahrscheinlich es ist, dass zusätzliche Textur und Granulierung auftreten (Buchstabe G),
- wie beständig sich Pigmente einer Farbe unter längerer Lichteinwirkung verhalten (Lichtechtheit).

ERSCHEINUNGS-FORMEN

Aquarellfarbe gibt es in verschiedenen Erscheinungsformen. Am häufigsten sind sicher Tuben und Näpfchen, es gibt Aquarellfarben aber auch in flüssiger Form und in einer weiteren, interessanten Variante als Dot-Karte.

Tuben oder Näpfchen?

Um es gleich vorweg zu nehmen – beides hat seine Vor- und Nachteile. Tubenfarben eignen sich für farbstarke, große Farbflächen und große Formate, für die Arbeit mit großen Pinseln und wenn Sie eine satte Farbe so schnell und einfach wie möglich mischen möchten. Näpfchen sind mobiler und etwas einfacher zu handhaben. Sie werden oft in einem Kasten verkauft, der bereits eine Palette enthält. Die Wahl hängt deshalb von Ihren Präferenzen und Zielen ab.

	VORTEILE	NACHTEILE
TUBEN	‣ für größere Formate ‣ einfacher, den Ton zu kontrollieren ‣ einige Hersteller bieten bei Tuben eine größere Farbvielfalt ‣ oft besseres Preis-Leistungsverhältnis	‣ es wird eine Palette benötigt ‣ im Freien umständlich zu handhaben ‣ Bindemittel kann sich vom Pigment absetzen ‣ oft wird mehr Farbe verbraucht als beim Näpfchen
NÄPFCHEN	‣ praktisch und leichter zu verwenden ‣ gut für unterwegs ‣ häufig als Set im Kasten mit Palette erhältlich ‣ höher konzentriert als Tubenfarbe	‣ maximale Farbsättigung schwieriger zu erreichen ‣ Pinsel werden leichter beschädigt ‣ einige Hersteller haben weniger Farben im Angebot als bei Tuben

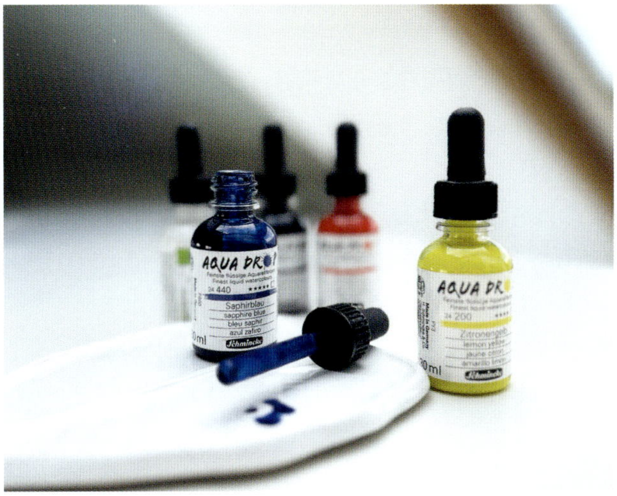

Flüssige Aquarellfarben

Flüssige Aquarellfarben in Pipettenflaschen werden häufig von Illustrator:innen verwendet. Die Vorteile bestehen darin, dass es sich um sehr reine und sehr transparente Farben in höchster Konzentration handelt, die sofort auch für sehr große Flächen verwendet werden können. Aufgrund des sehr fein gemahlenen Pigments granulieren sie überhaupt nicht. Der Nachteil gegenüber der Tuben- oder Näpfchenfarbe ist der eingeschränktere Tonwertumfang, da die maximale Dunkelheit der Farbe aus der Flasche geringer ist. Außerdem haben flüssige Aquarellfarben höhere Staining-Eigenschaften. Wer auf hohe Lichtechtheit Wert legt, sollte darauf achten, dass die flüssige Aquarellfarbe pigment- und nicht farbstoffbasiert ist.

Dot-Karten

Dot-Karten sind relativ neu auf dem Markt. Es handelt sich hierbei um Aquarellpapiere, auf denen Aquarellfarbe in Form von Punkten aufgetragen ist. Sie sind eine sehr praktische Methode, um eine Vorstellung von den Farben zu bekommen. Auf der Dot-Karte können kleine Farbverläufe aufgemalt oder die Farbe in Mischungen ausprobiert werden. Dot-Karten können auch bei der Kaufentscheidung helfen.

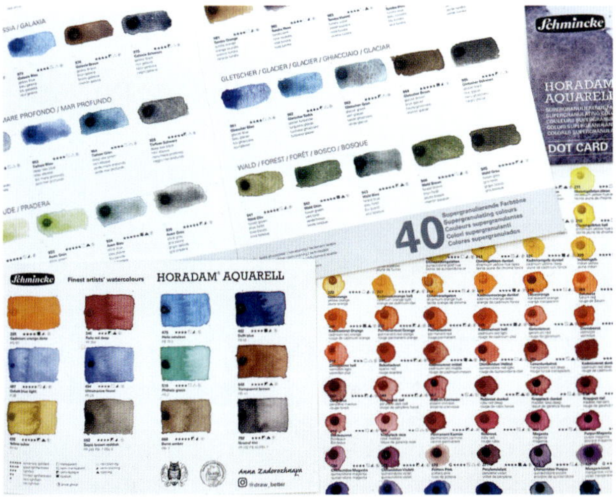

GRANULIERENDE AQUARELLFARBEN

Mit granulierenden und supergranulierenden Farben können Sie Ihren Aquarellen absolut erstaunliche Texturen verleihen.

Unter Granulation versteht man das ausgeprägte Auftreten von Pigmentpartikeln auf dem Papier, die eine ungleichmäßige Textur in der Farbschicht erzeugen. Klingt kompliziert? Ist es aber nicht. Der Begriff stammt vom lateinischen Wort „granulum" = Körnchen ab. Auf die Aquarellfarben übertragen heißt das, dass bestimmte Pigmente dazu neigen, kleine Ansammlungen und/oder Flocken zu bilden, die auf dem Papier als körnige Strukturen sichtbar sind. Drei wichtige Faktoren beeinflussen die Bildung granulierender Strukturen:

Die Art des Pigments

Der wichtigste Faktor bei der Granulation ist das Pigment, das bei der Herstellung verwendet wird. Einige Pigmente können nicht so fein gemahlen werden, dass sie eine einheitliche Farbschicht bilden, ohne an Farbintensität oder Lichtechtheit zu verlieren. Zudem besitzen bestimmte Farbgruppen wie Kobalt, Ultramarin, die Erdfarben und einige andere eine natürliche Tendenz zur Granulation.

Wasserzugabe

In der Regel ist die Granulation am stärksten, wenn eine große Menge Wasser vorhanden ist. Mit anderen Worten: Wenn Sie einen größeren Granuliereffekt wünschen, sparen Sie nicht am Wasser.

Papierbeschaffenheit

Granulierende Pigmentteilchen sind schwerer und gröber als feingemahlenes Pigment. Die Schwerkraft bewirkt, dass sie in die durch die Struktur des Papiers entstandenen „Vertiefungen" fallen, wodurch ein heterogener Farbschichteffekt entsteht. So ist eine Granulation auf strukturiertem Papier wahrscheinlicher als auf glattem Papier – obwohl eine Granulation auch hier möglich ist.

Supergranulierende Aquarellfarben

Die Firma Schmincke hat bislang 40 supergranulierende Farben auf den Markt gebracht. Jede dieser Farben enthält mindestens zwei granulierende Pigmente, die den Effekt des Supergranulierens entstehen lassen. In einigen der Farbtöne wurden kontrastierende Farben zusammengestellt, sodass zusätzlich spannende Farbchangierungen entstehen.

Tipp

Wenn Sie granulierende Farben mit nichtgranulierenden Farben mischen, wird die gesamte Mischung einen leichten Granuliereffekt haben.

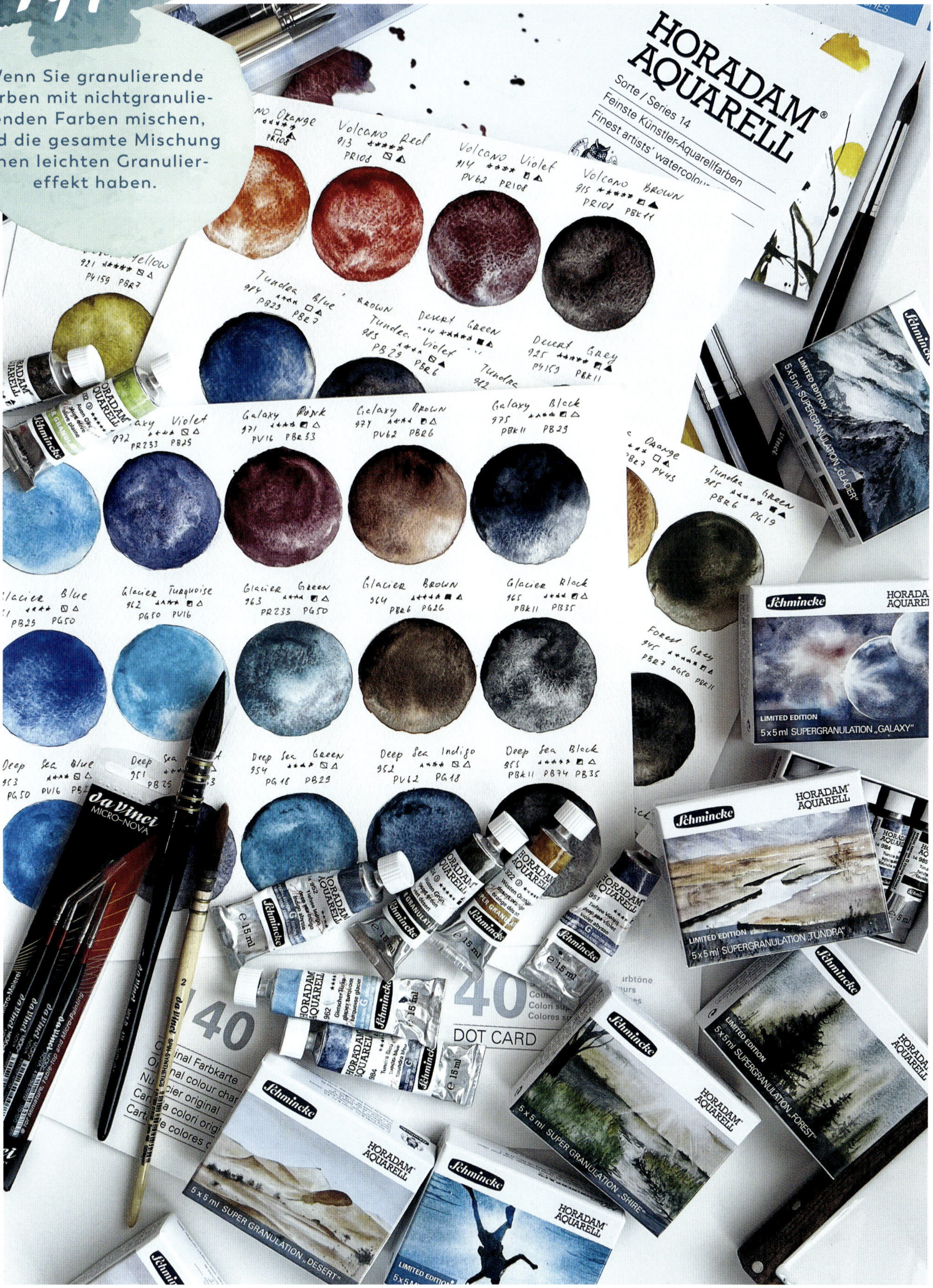

EINSATZGEBIETE

Granulierende Aquarellfarben werden verwendet, um Strukturen und Effekte zu erzeugen. In welchen spezifischen Bereichen des Bildes sollten sie eingesetzt werden?

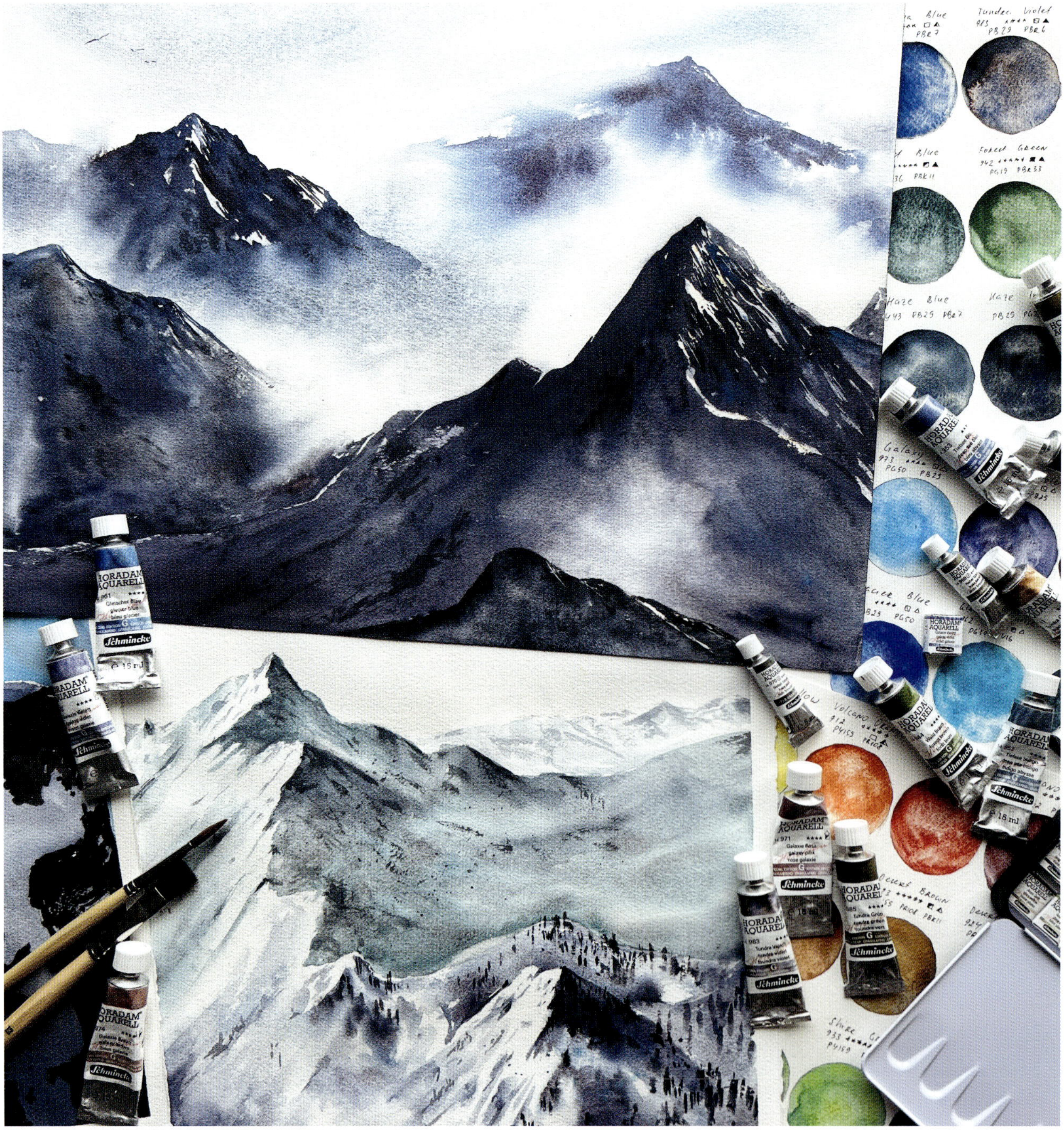

Die meisten Aquarellkünstler:innen verwenden granulierende Aquarellfarben für folgende Darstellungen:

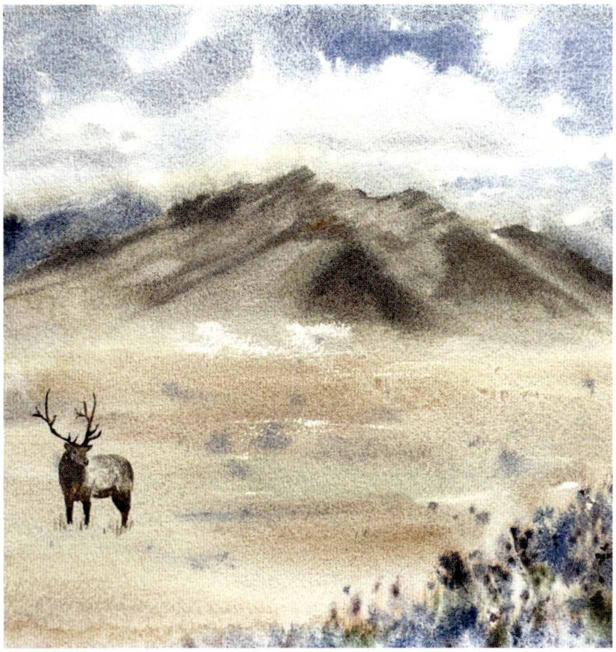

- für alle Arten von Texturen, um auf diese Weise verwaschene Flächen interessanter zu gestalten,
- für Felsen, Erde, Steine, Gras, Himmel und andere naturnahe Oberflächen,
- für realistische Texturen bei Rost, Moos, Putz, Beton, ungewöhnlichen Ziegeln, rauen Oberflächen, …
- für abstrakte Darstellungen – hier geben zusätzliche Strukturen mehr Textur,
- für die Grau-in-Grau-Malerei, auch Grisaille genannt. Das Ergebnis des Malens in einer Farbe sieht interessanter aus, wenn die Farbe granulierend ist,
- für verschwommene Hintergründe, beispielsweise Bäume, und alles, was wir auch im Leben als unregelmäßige Punkte sehen.

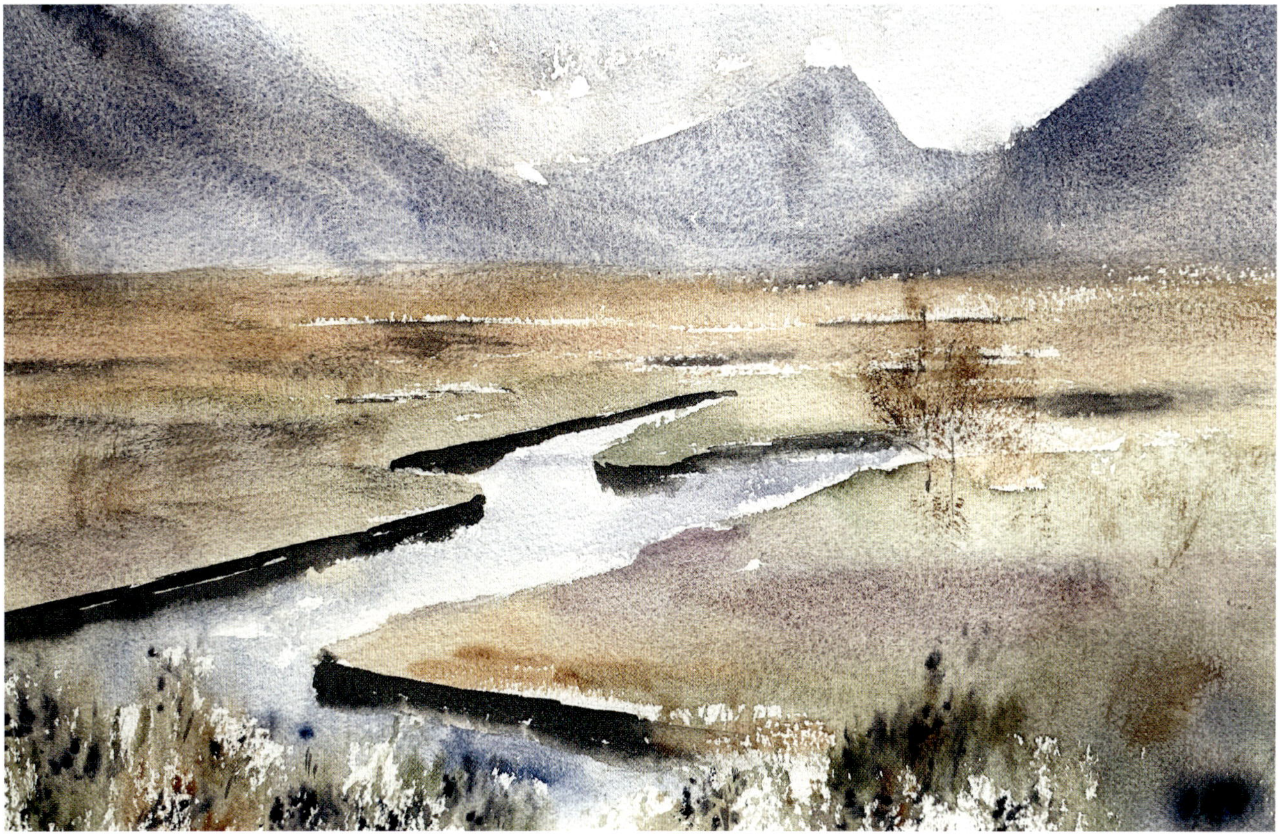

PAPIER

Das richtige Papier ist wesentlich für die Aquarellmalerei.

Grammatur

Unter Grammatur versteht man das Papiergewicht, davon hängt auch die Dicke des Papiers ab. Es wird in g/m^2 angegeben. Je höher dieser Wert ist, umso dicker ist das Papier. Für die Aquarellmalerei am besten geeignet sind Papiere mit einer Grammatur von $300g/m^2$.

Größe

Im Grunde kann das Papier jedes Format haben, aber bei Aquarellen haben sich die europäischen Hersteller auf ein Format geeinigt – das Standard-Aquarellblatt im Format 56 x 76 cm. Dementsprechend ist ein „halbes Blatt" 56 x 38 cm groß und bei Aquarell-Gruppenausstellungen sehr gebräuchlich, während ein „viertel Blatt" 28 x 38 cm groß ist. Und natürlich kann und sollte Aquarellpapier auf die von Ihnen benötigten Größen und Formate zugeschnitten werden.

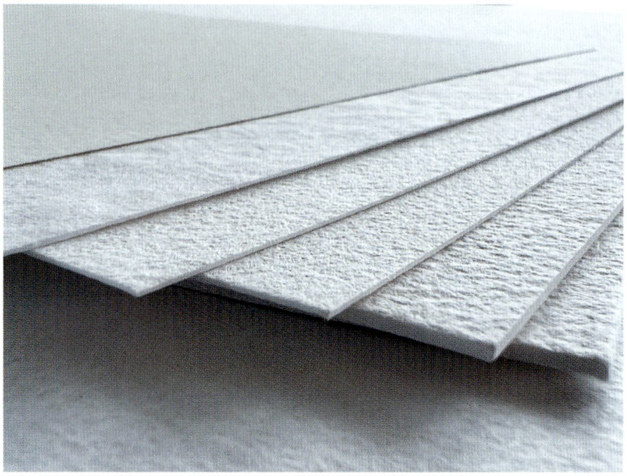

Die Dicke des Papiers ist abhängig von der Grammatur

Einzelblätter, Blöcke und Bücher

Aquarellpapiere gibt es in mehreren Erscheinungsformen: als einzelne Blätter, als Blöcke, in denen mehrere Blätter zusammengefasst sind oder in Buchform. Die Blöcke sind meist an einer oder an allen vier Seiten verleimt. Für Skizzen eignen sich Skizzenbücher mit Fadenheftung oder Ringbindung, es gibt aber auch Bücher in Form von „Akkordeons" oder im langen Leporello-Format.

Oberfläche des Papiers

Man unterscheidet drei Arten von Papieren:

- **Heiß gepresste (hot pressed) Papiere** besitzen eine glatte, satinierte Oberfläche. Beim Produktionsprozess wird das Papier am Schluss zwischen heißen Walzen gepresst.
- **Kalt gepresste (cold pressed) Papiere** weisen eine nur leicht texturierte Oberfläche auf. Sie durchlaufen nach Verlassen der Papiermaschine kalte Metallwalzen und sind unter der Bezeichnung matt oder feinkorn (grain fin) erhältlich.
- **Raue oder grob strukturierte Papiere (Torchon)** werden bei der Herstellung zwischen Lagen aus strukturiertem Filz gepresst, was zu einer unregelmäßigen Oberfläche führt. Die Bezeichnung Torchon stammt aus dem Französischen (torchon = Lappen) und bezeichnet ein besonders stark strukturiertes Papier.

Tipp

Eine Wellenbildung des Papiers während des Malens ist ein natürlicher Prozess. Bei einem 300-Gramm-Papier sollten die Wellen nach dem Trocknen verschwunden sein. Ansonsten können Sie die Rückseite des Bildes anfeuchten und es anschließend mit einer Malplatte oder dicken Büchern beschweren.

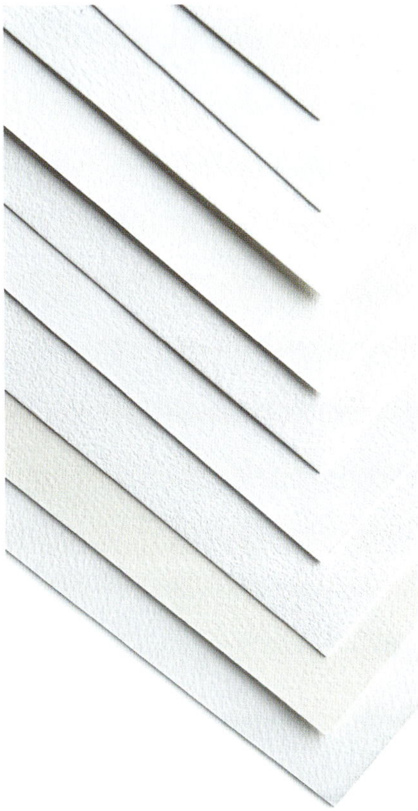

Textur: matt

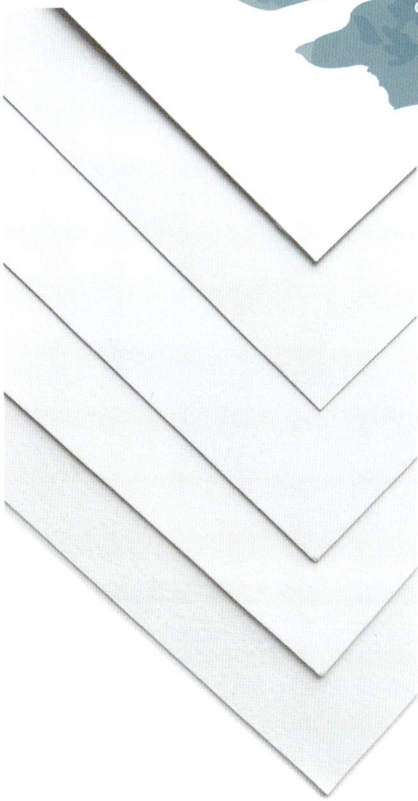

Textur: satiniert

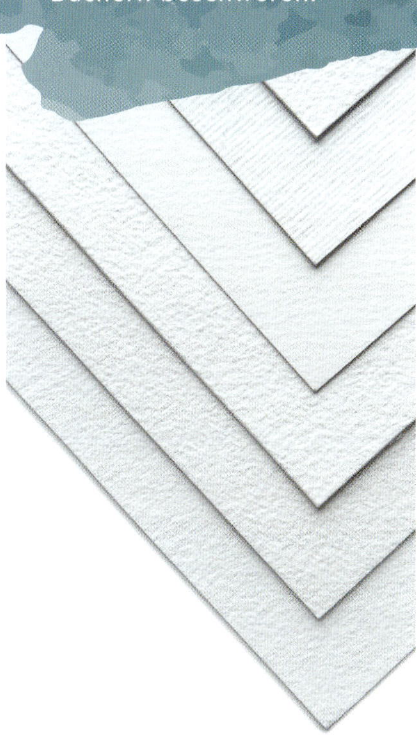

Textur: rau

PAPIER

Vieles hängt von der Art der Faser ab: Wie entscheiden Sie, ob Sie Baumwoll- oder Zellulosepapier kaufen?

Papier ist nicht gleich Papier

Papier besteht aus Fasern – zum Beispiel Baumwolle, Zellulose, Leinen, Bambus oder einer Mischung aus diesen Materialien. Bei der Papierherstellung ist eine Durchnässung des Papiers notwendig, damit die Fasern nicht zerfallen. Als Bindemittel werden verschiedene Materialien wie Stärke oder Gelatine eingesetzt. Apropos Aquarellpapier: Die Durchnässung sorgt dafür, dass das Papier die Farbschichten hält und widerstandsfähig gegen Vergilben ist sowie die Farbe aufnimmt.

Baumwoll- und Zellulosepapier

Die bei Aquarellist:innen beliebtesten Formulierungen sind entweder Zellulose- oder Baumwollpapiere. Mischpapier, also Papier mit 30 Prozent Baumwollanteil, wird auch als „Zellulosepapier" bezeichnet. Einer der wichtigsten Unterschiede zwischen Baumwollpapier und Nicht-Baumwollpapier (Zellulose) besteht in der Wasseraufnahme: Bei Nicht-Baumwollpapier bleibt das Wasser eher an der Oberfläche und dringt nicht in die Fasern ein, während es bei Baumwollpapier leichter in die Fasern eindringt.

	VORTEILE	NACHTEILE
BAUMWOLL-PAPIER	‣ verschmiert die vorherigen Schichten nicht ‣ trocknet länger, hält das Wasser im Inneren ‣ gibt mehr Zeit für Korrekturen ‣ ermöglicht viele typische Aquarelleffekte ‣ Archivierungseigenschaften	‣ mildert die Farbe (die Farbe sieht nach dem Trocknen heller aus) ‣ teuer
ZELLULOSE-PAPIER	‣ leicht abziehbare und abwischbare Schichten ‣ trocknet schnell (sowohl ein Plus als auch ein Minus) ‣ Farbe ist nach dem Trocknen fast so hell wie bei der Anwendung ‣ preiswerter	‣ verschmiert die vorherigen Schichten ‣ trocknet schnell und nicht immer gleichmäßig ‣ wellt sich mehr als Baumwolle ‣ die Oberfläche wird eher durch mechanische Einflüsse beschädigt

Die Wahl des Papiers hängt von der Technik ab, aber im Allgemeinen gibt es eine einfache Regel: Arbeiten Sie mit viel Wasser nass in nass, ist Baumwollpapier die bessere Wahl. Wenn Sie in einer eher trockenen, grafischen Technik arbeiten und nur wenig Farbe auftragen, können Sie getrost Zellulose verwenden.

Tipp

Wenn Sie beim Einkauf unsicher sind, ob das Papier aus Baumwollhadern besteht, genügt meist ein Blick auf die Bezeichnungen. Finden Sie das Wort Baumwolle oder Cotton, handelt es sich um Hadernpapier, fehlt das Wort, handelt es sich um Zellulosepapier.

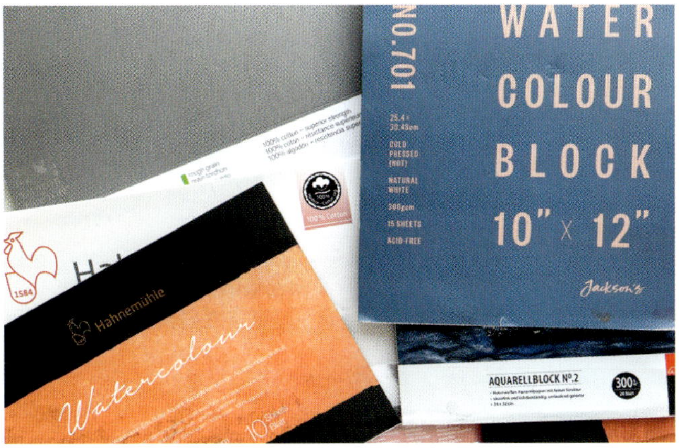

Regeln für Aquarellmaltechniken auf Zellulosepapier

- Malen Sie, wenn möglich, in einer Schicht.
- Tragen Sie zunächst helle, durchscheinende Schichten auf und tragen Sie die Farbe erst in einem letzten Schritt dichter auf.
- Arbeiten Sie weder mit reichlich Wasser noch mit flüssigen Farbmischungen, wenn Sie die zweite Schicht auftragen.
- Verwenden Sie für nachfolgende Striche weichere Pinsel.
- Berücksichtigen Sie die Trocknungsgeschwindigkeit des Papiers und malen Sie so schnell wie möglich.

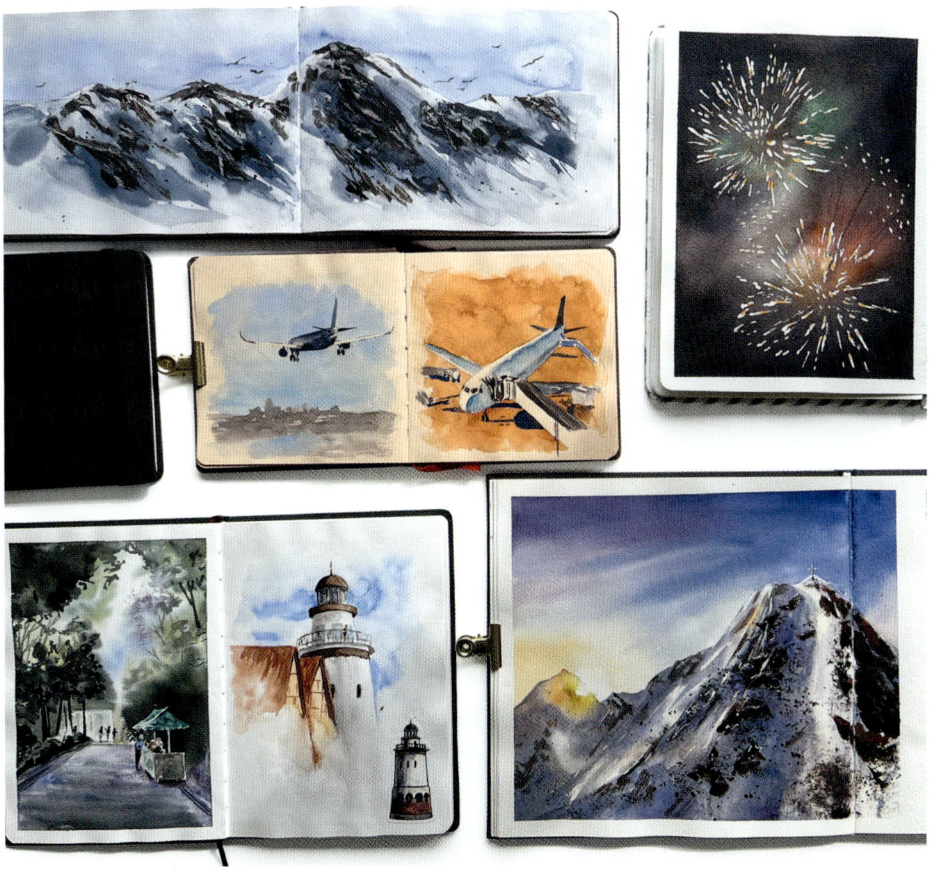

Skizzenbücher gibt es in unterschiedlichsten Papiergrößen und -farben.

PINSEL

Neben Farben und Papier brauchen wir natürlich auch Pinsel. Wie unterscheiden sie sich und wofür werden sie verwendet?

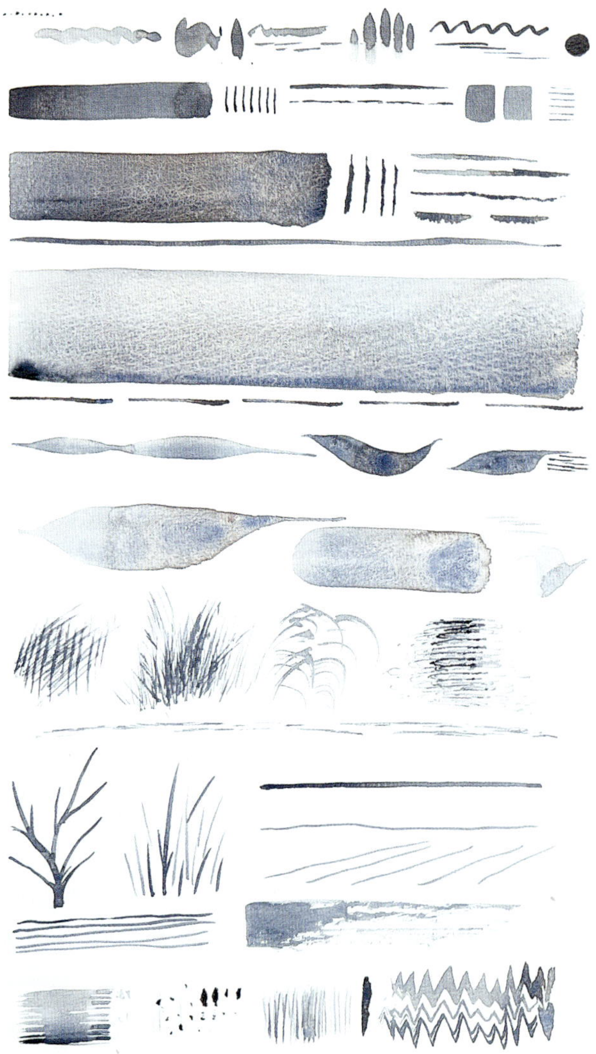

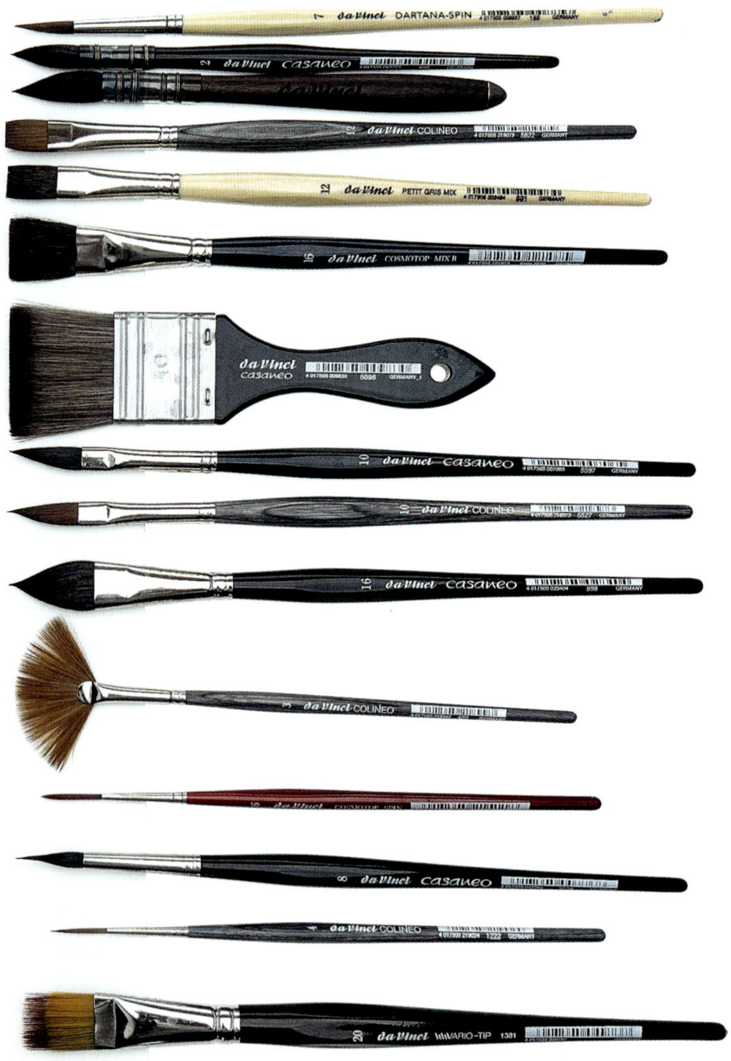

Verschiedene Striche mit verschiedenen Pinselarten

Pinselformen – rund und flach

Pinsel gibt es in vielen Formen, aber die zwei bekanntesten sind der Rund- sowie der Flachpinsel. Ein runder Pinsel ist vielseitiger als ein flacher Pinsel und wird für alle Anwendungen eingesetzt – nicht umsonst ist es die beliebteste Pinselform.

Flachpinsel werden hingegen eher für grafische Elemente eingesetzt, bei denen eine glatte Kante benötigt wird, für die Erstellung speziell geformter Striche und zum Wischen. Eine Unterart der Flachpinsel sind breite Pinsel, auch Modler genannt, die in der Aquarellmalerei gern zum Befeuchten des Blattes und für große Flächen verwendet werden.

Schwertpinsel und Schlepperpinsel

Der Schwertpinsel ist ein Pinsel mit einem Haaransatz, der in eine unregelmäßig verlaufende Spitze übergeht. Er eignet sich gut, um durchgehende, dünne Linien zu ziehen, die in dickere Linien übergehen.

Der Schlepperpinsel verfügt über lange, dünne Haare. Einige Schlepperpinsel haben eine bauchförmige Ausbuchtung, die als Reservoir dient. Er fasst viel Farbe und wird zum Malen langer, dünner, loser Linien wie Äste oder Drähte verwendet.

Katzenzungenpinsel, Fächerpinsel und Effektpinsel

Das Einsatzgebiet des Katzenzungenpinsels ist eher die Acryl- und Ölmalerei. Seine ovale Form mit der fein abgerundeten Strichkante wird gern für ungewöhnliche Striche und feine, dicke Linien verwendet.

Die ungewöhnliche Form des Fächerpinsels eignet sich gut, um damit natürliche Muster wie Blattwerk, Gras oder Baumkronen anzulegen. Darüber hinaus lassen sich mit ihm Farbaufträge ausgleichen und ausblenden.
Bei den Effektpinseln handelt es sich um Pinsel mit unterschiedlich langen und steifen Haaren, mit denen sich interessante Texturen und Abdrücke erzeugen lassen.

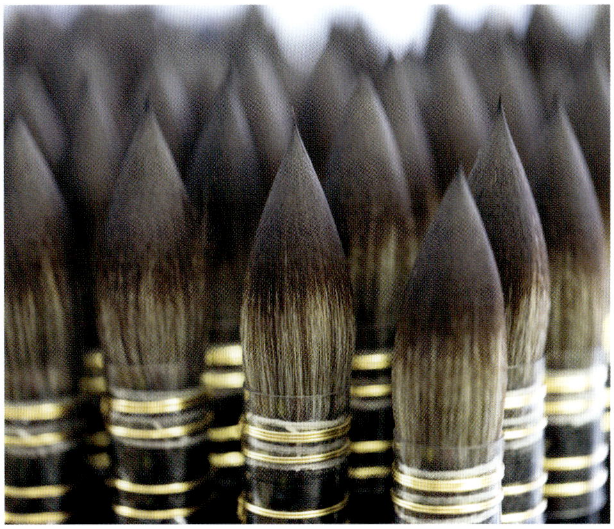

PINSELHAARE

Natur- oder Synthetik?
Für beides gibt es gute Argumente.

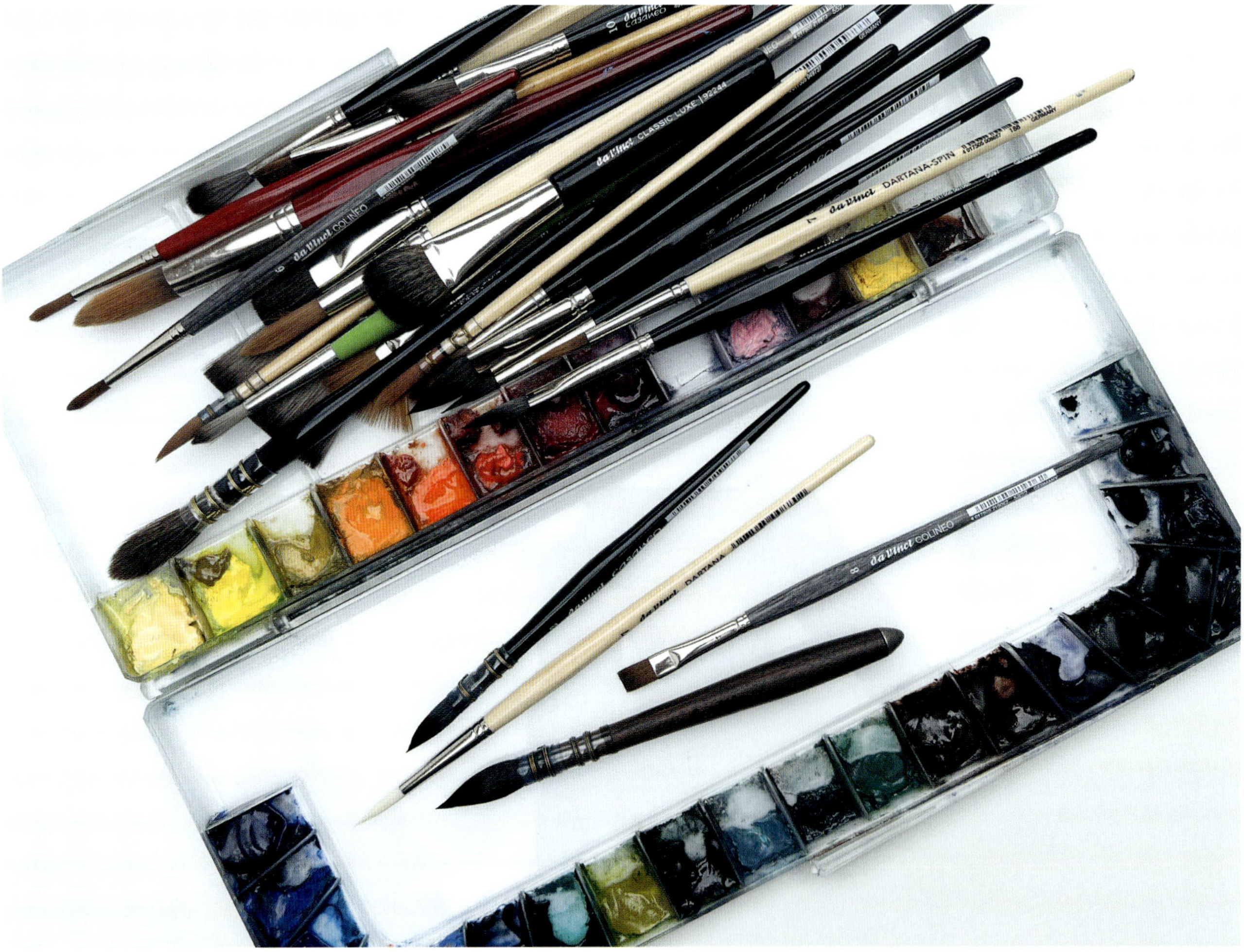

Naturhaarpinsel

Naturhaarpinsel bestehen aus den Haaren von Tieren wie Marder, Eichhörnchen, Ziege, Pony oder Dachs. Sie sind sehr weich, nehmen viel Farbe auf und geben sie gleichmäßig wieder ab. Lockere Farbaufträge, schöne Verläufe, leuchtende Flächen mit durchscheinenden Lasuren – dafür eignen sich Naturhaarpinsel am besten.

Synthetikpinsel

Pinsel aus Synthetikmaterial sind preiswerter, nehmen aber in der Regel viel weniger Wasser auf. Sie verfügen über eine scharfe Spitze und bieten eine sehr gute Kontrolle über die Strichführung. Diese Pinsel können für saubere, präzise und scharfe Linien und Punkte verwendet werden und sind ideal für Details und wirklich feine Elemente.

Pinselgrößen

Pinselgrößen variieren von Hersteller zu Hersteller. Bei der Auswahl sollte man bei Rundpinseln auf den Durchmesser, bei Flachpinseln auf die Breite achten.

Tipp

Heutzutage gibt es auf dem Markt moderne Pinsel aus Synthetik, die in ihren Eigenschaften dem Naturhaar maximal ähnlich sind. Dazu gehören zum Beispiel die Pinsel der CASANEO (Imitation von Fehhaar) und COLINEO (Imitation von Kolinsky) Linie der Firma da Vinci. Sie sind zudem preiswerter und vegan.

Wie man Aquarellpinsel pflegt

- Lassen Sie den Pinsel nie kopfüber längere Zeit im Wasser stehen.
- Waschen Sie den Pinsel unter fließendem Wasser aus. Sie können Seife verwenden, aber achten Sie darauf, dass sie auf pflanzlicher Basis und nicht fettlösend ist.
- Bringen Sie den Pinselkopf nach dem Auswaschen mit der Hand wieder in seine ursprüngliche Form und lassen Sie ihn in horizontaler Lage trocknen.
- Legen Sie die Pinsel zum Trocknen nicht auf die Heizung! Das schadet der Zwinge und den Haaren.
- Wenn ein Pinsel neu ist, muss die Schutzschicht aus Gummiarabikum unter fließendem Wasser ausgespült werden.

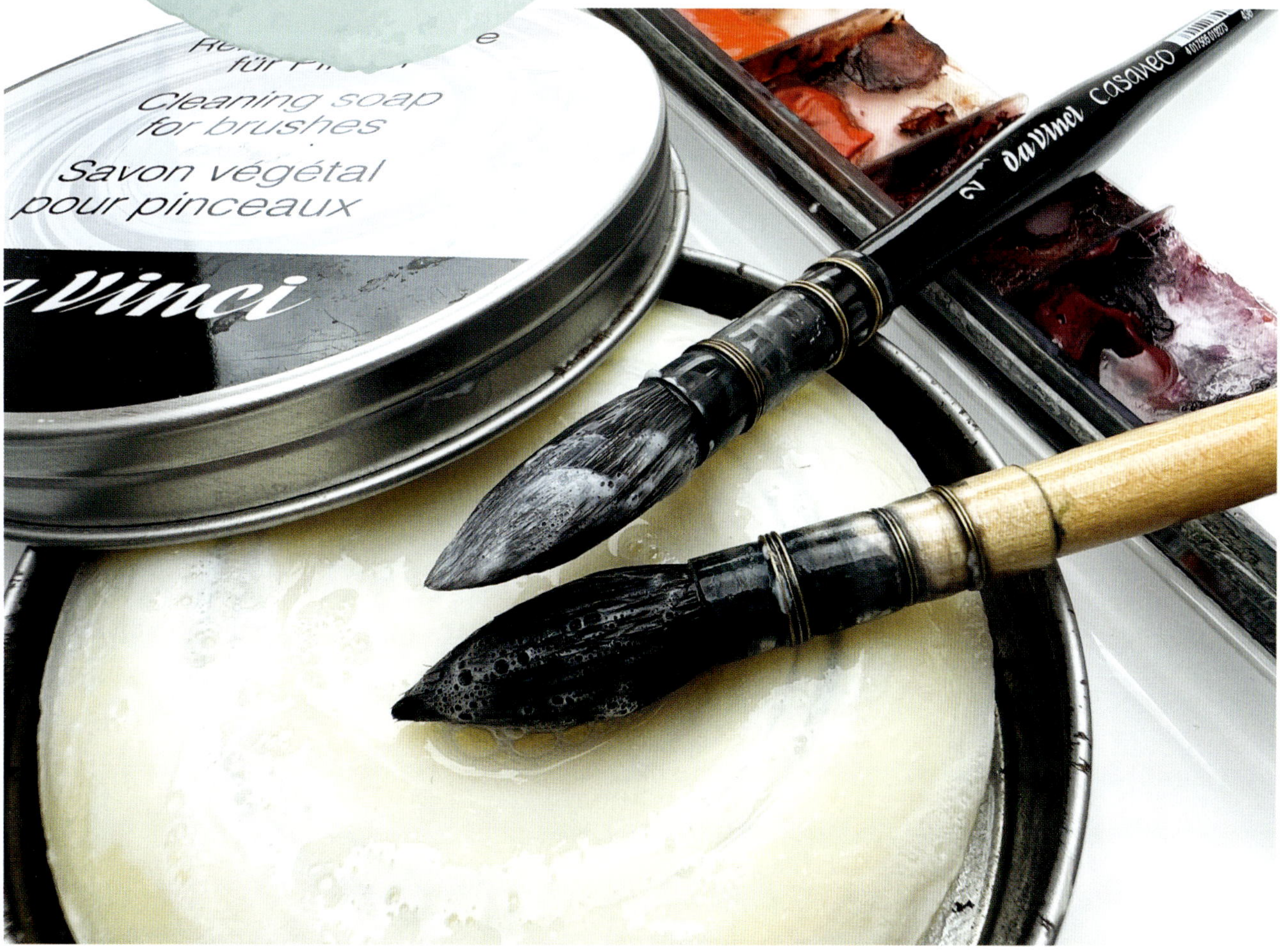

ARBEITEN MIT DEM PINSEL

Ein Pinsel ist die Verlängerung der Hand des Künstlers. Die Pinselführung ist wichtig, weil Striche und Linien sehr stark davon beeinflusst werden, wo und wie wir den Pinsel halten und wie frei wir ihn führen.

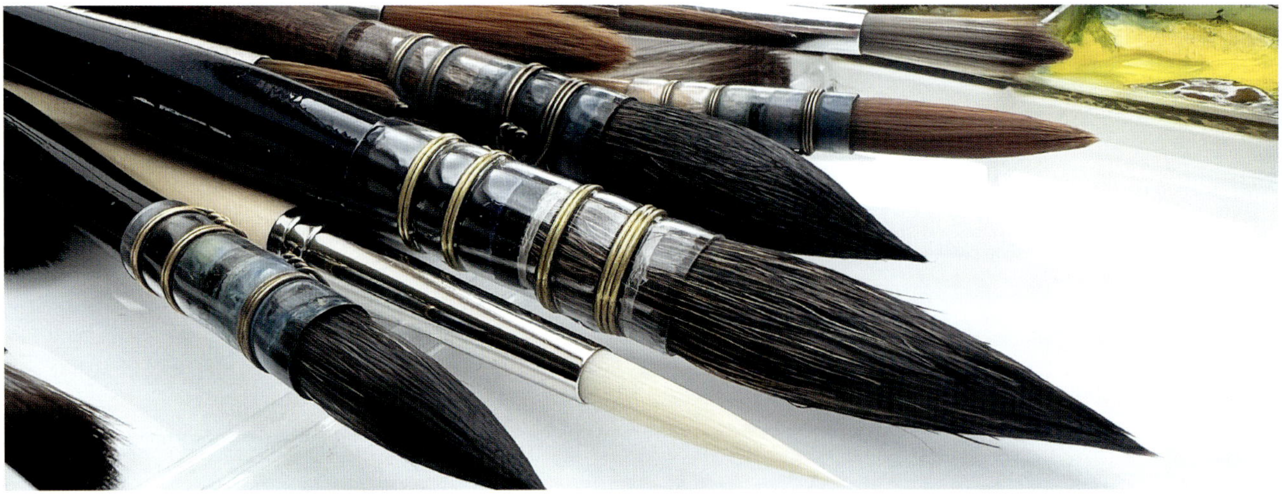

Den richtigen Pinsel wählen

Die Wahl des Pinsels hängt davon ab, was Sie malen wollen. Wenn Sie einen großen, gleichmäßigen Farbauftrag wünschen, nehmen Sie einen weichen, größeren Pinsel. Je kleiner der Pinsel ist, desto wahrscheinlicher ist es, dass Streifen oder sichtbare Stellen auftreten.

Für Details ist ein mittlerer Synthetikpinsel eine gute Wahl, während Sie für dünne Linien wie Gras, Stängel oder Äste einen Pinsel nehmen sollten, der die gewünschte Form in einem einzigen, durchgehenden Strich erzeugt.

Die Pinselhaltung

Halten Sie einen Pinsel nicht nur nahe der Zwinge. Diese Position ist für sehr feine Details und sehr präzise Striche gedacht.

Je weiter hinten Sie den Pinsel halten, desto lockerer und sicherer sind Ihre Striche. Das gilt vor allem für feine Linien, die sich kaum ziehen lassen, wenn Sie den Pinsel zu weit vorne halten. Dann verhindert das Gewicht der Hand eine gleichmäßige Farbabgabe.

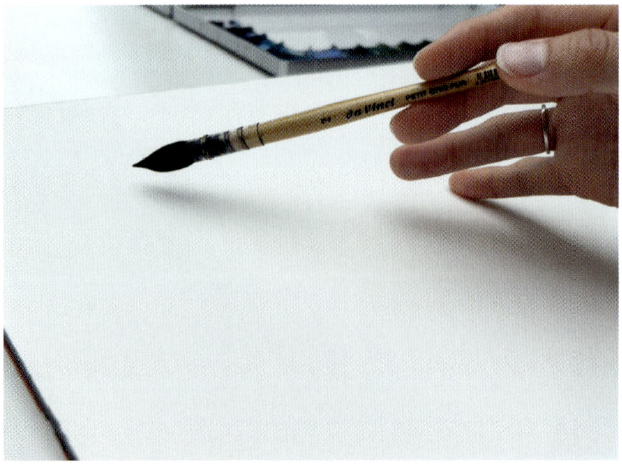

SO BUNT WIE DAS LEBEN

Makramee

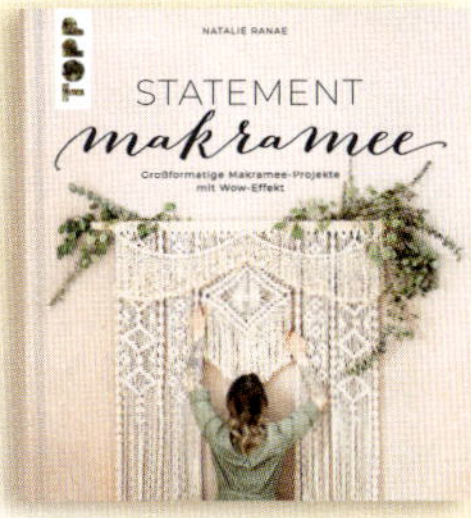

Statement Makramee. Großformatige Makramee-Projekte mit Wow-Effekt
ISBN 978-3-7358-**5039**-3
176 S., HC, € (D) 25,00

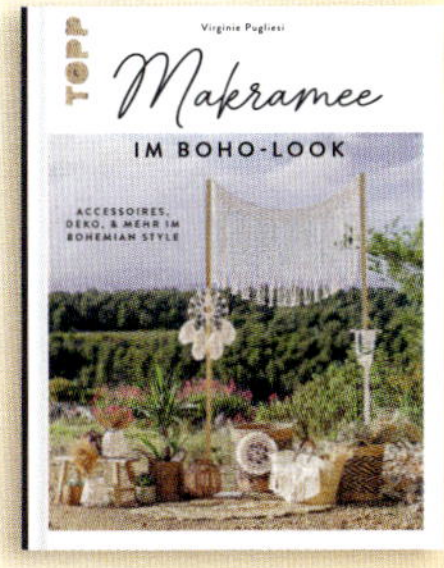

Makramee im Boho-Look. Accessoires, Deko & mehr im Bohemian Style
ISBN 978-3-7358-**5031**-7
160 S., HC, € (D) 22,00

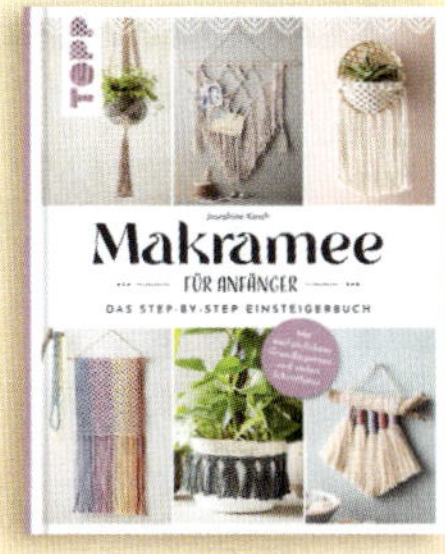

Makramee für Anfänger
ISBN 978-3-7358-**5119**-2
96 S., HC, € (D) 14,99

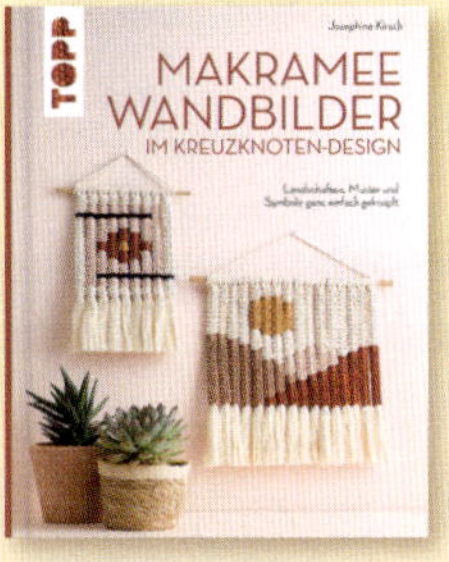

Makramee Wandbilder im Kreuzknoten-Design
ISBN 978-3-7358-**5126**-0
64 S., HC, € (D) 12,99

Kreativ Leben

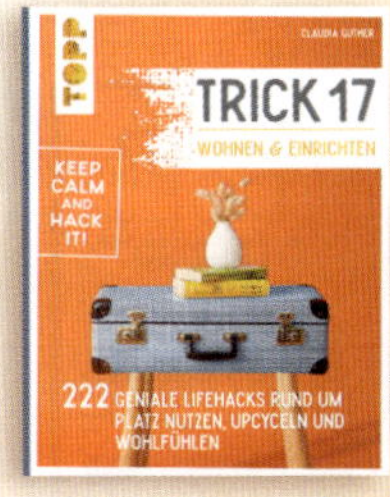

Trick 17 - Wohnen und Einrichten
ISBN 978-3-7358-**5091**-1
320 S., SC, € (D) 20,00

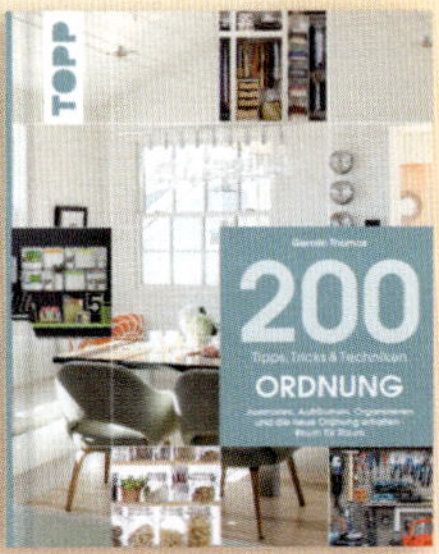

200 Tipps, Tricks und Techniken: Ordnung
ISBN 978-3-7358-**5099**-7
176 S., HC, € (D) 22,99

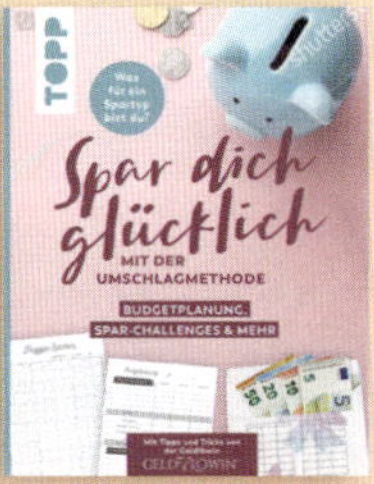

Spar dich glücklich
ISBN 978-3-7358-**5103**-1
112 S., SC, € (D) 14,00

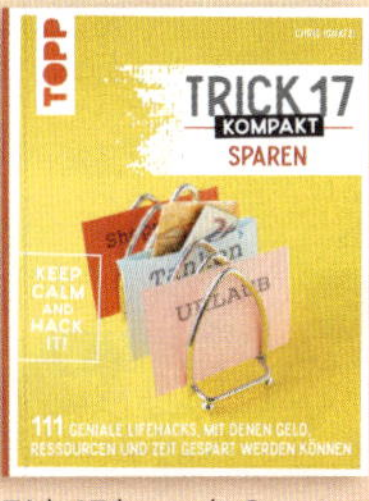

Trick 17 kompakt Sparen – Clevere Tipps und Tricks für Verbraucherinnen und Verbraucher
ISBN 978-3-7358-**5085**-0
160 S., SC, € (D) 14,00

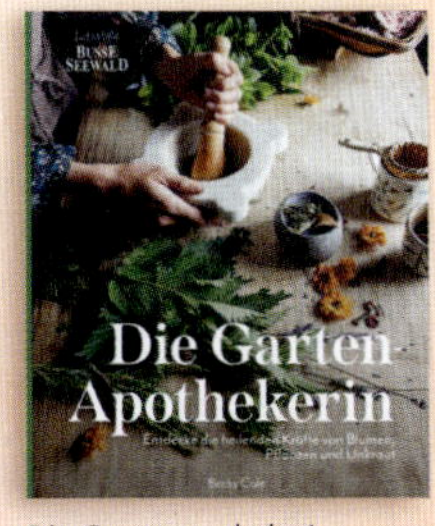

Die Gartenapothekerin
ISBN 978-3-7358-**5096**-6
176 S., SC, € (D) 25,00

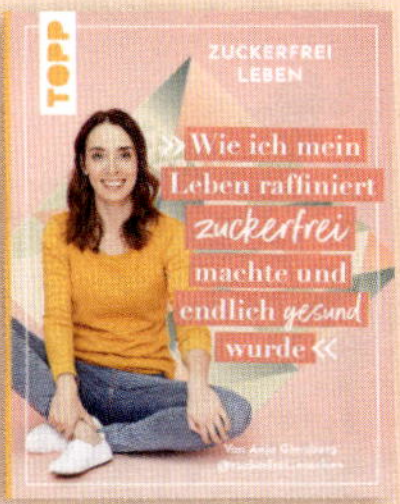

Zuckerfrei leben. Wie ich mein Leben raffiniert zuckerfrei machte und endlich gesund wurde.
ISBN 978-3-7358-**5107**-9
128 S., SC, € (D) 18,00

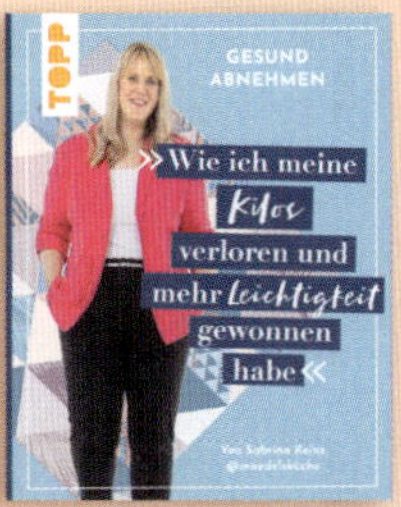

Mein Weg zur Wohlfühlfigur. Wie ich eine Menge Kilos verloren und einen Haufen Lebensfreude gewonnen habe
ISBN 978-3-7358-**5110**-9
144 S., SC, € (D) 18,00

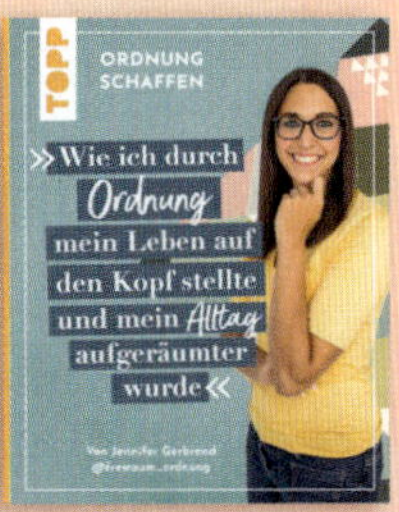

Ordnung schaffen. Wie ich durch Ordnung mein Leben auf den Kopf stellte und mein Alltag aufgeräumter wurde
ISBN 978-3-7358-**5129**-1
128 S., SC, € (D) 18,00

Ausmalen

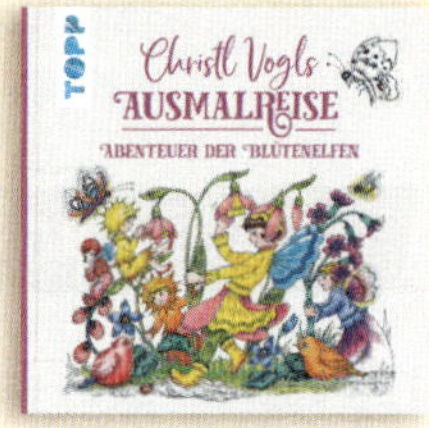

Christl Vogls Ausmalreise - Abenteuer der Blütenelfen
ISBN 978-3-7358-**8057**-4
96 S., SC, € (D) 12,99

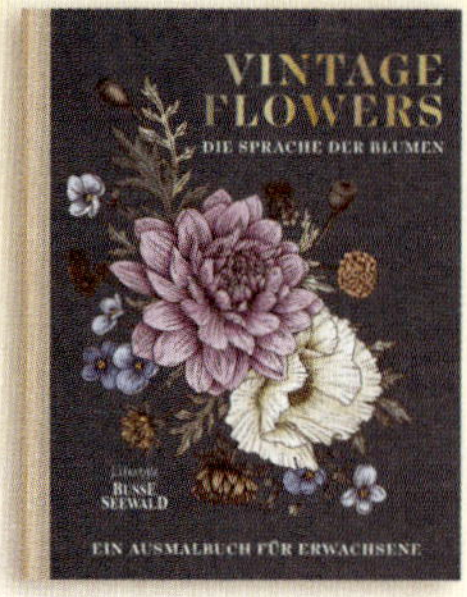

Vintage Flowers – Die Sprache der Blumen
ISBN 978-3-7358-**5112**-3
176 S., SC, € (D) 25,00

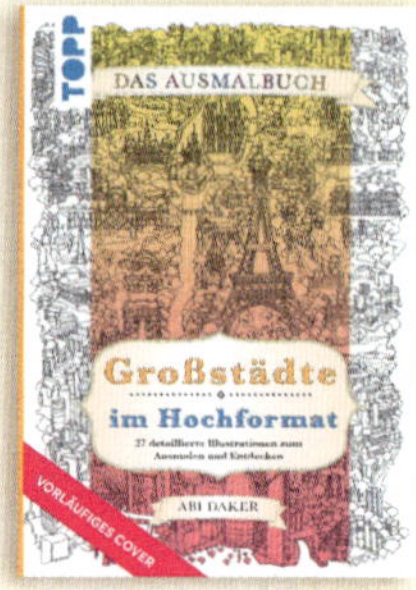

Großstädte im Hochformat - das Ausmalbuch
ISBN 978-3-7358-**8082**-6
64 S., SC, € (D) 15,00

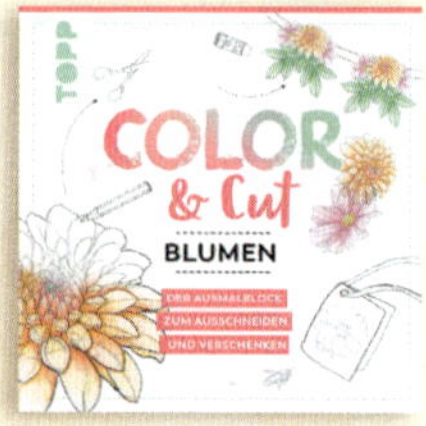

Color & Cut - Blumen
ISBN 978-3-7358-**8054**-3
96 S., SC, € (D) 12,99

Malen & Zeichnen

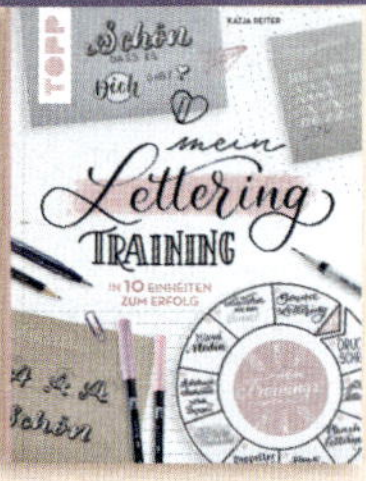

Mein Lettering-Training
ISBN 978-3-7358-**8010**-9
128 S., SC, € (D) 18,00

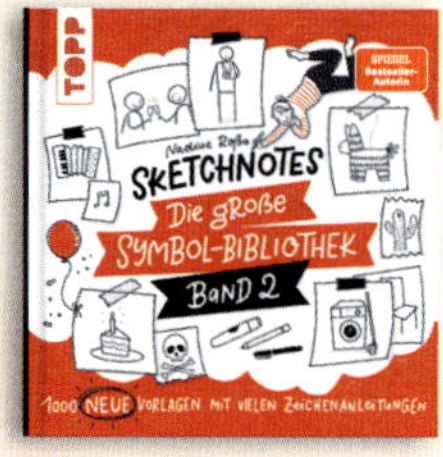

Sketchnotes. Die große Symbol-Bibliothek. Band 2
ISBN 978-3-7358-**8000**-0
144 S., HC, € (D) 22,00

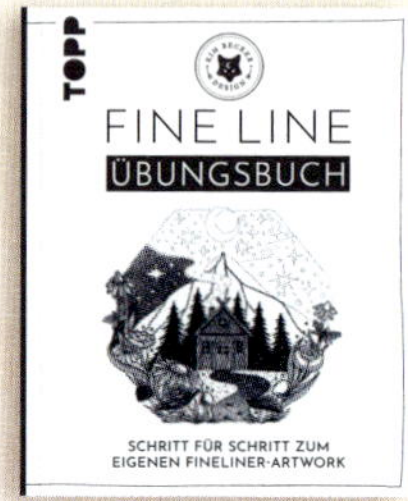

Fine Line Übungsbuch
ISBN 978-3-7358-**8012**-3
64 S., SC, € (D) 10,00

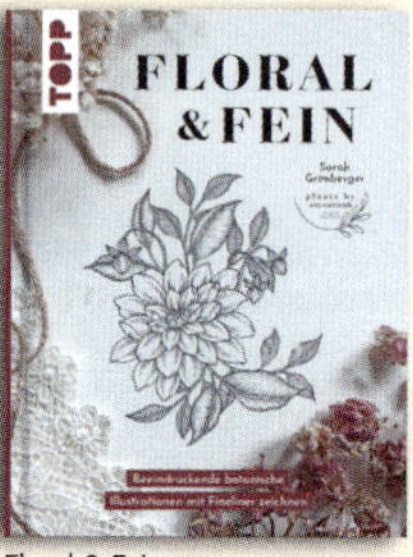

Floral & Fein
Beeindruckende botanische Illustrationen mit Fineliner zeichnen
ISBN 978-3-7358-**8048**-2
128 S., HC, € (D) 19,99

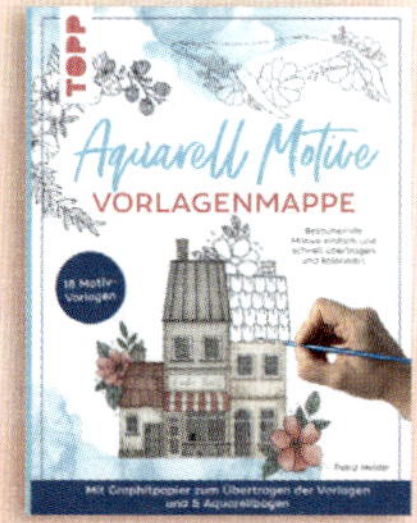

Aquarellvorlagenmappe
ISBN 978-3-7358-**8062**-8
48 S., SC, € (D) 24,99

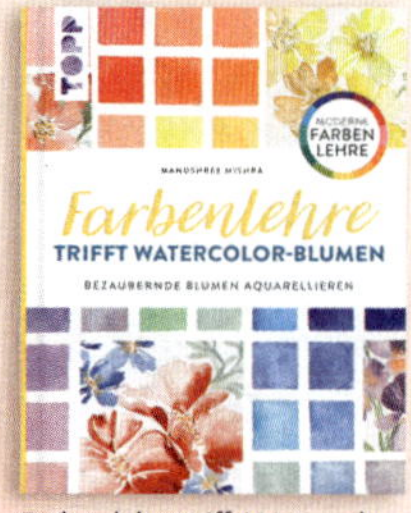

Farbenlehre trifft Watercolor-Blumen
ISBN 978-3-7358-**8038**-3
128 S., HC, € (D) 25,00

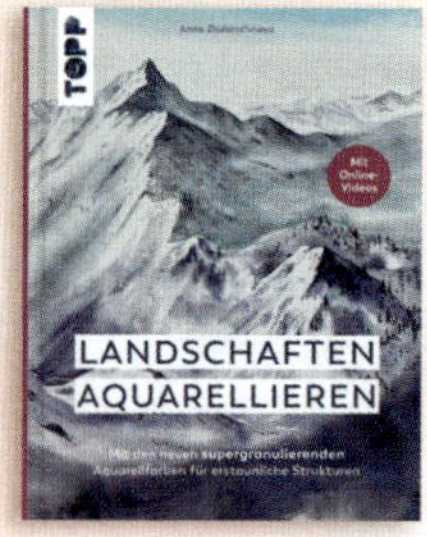

Landschaften aquarellieren
Mit den neuen supergranulierenden Aquarellfarben
ISBN 978-3-7358-**8037**-6
144 S., HC, € (D) 24,99

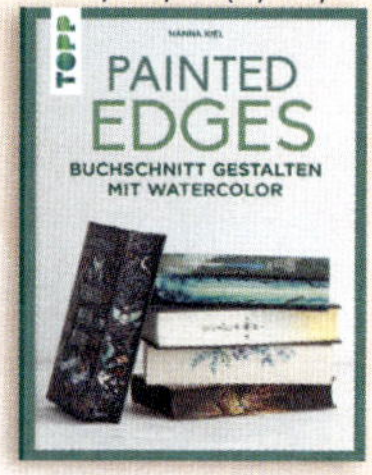

Painted Edges • Buchschnitt gestalten mit Watercolor
ISBN 978-3-7358-**8064**-2
128 S., SC, € (D) 19,99

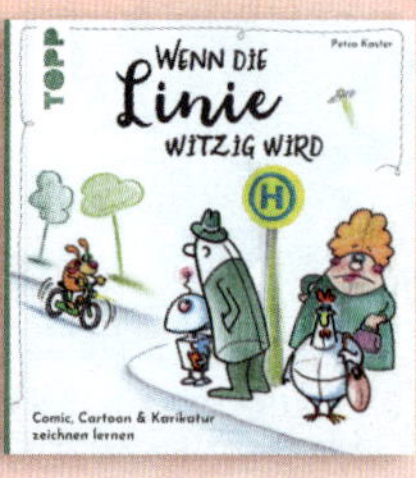

Wenn die Linie lustig wird
Comic, Cartoons & Karikatur zeichnen lernen
ISBN 978-3-7358-**8014**-7
144 S., SC, € (D) 19,99

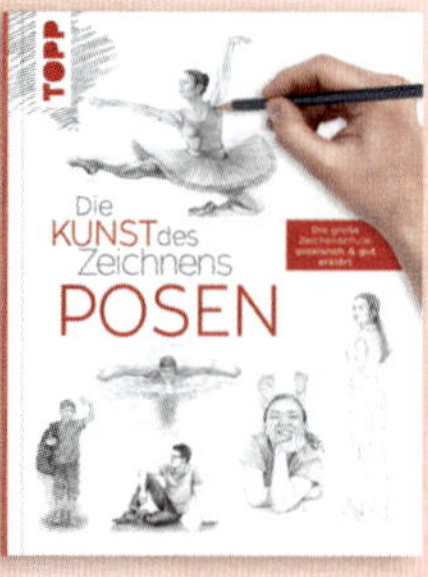

Die Kunst des Zeichnens - Posen
ISBN 978-3-7358-**8045**-1
128 S., HC, € (D) 22,00

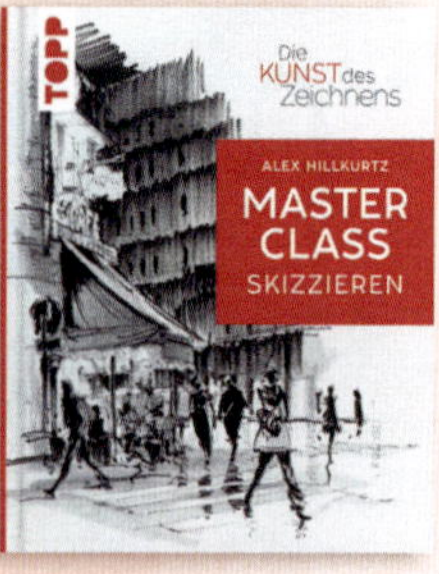

Die Kunst des Zeichnens Masterclass - Skizzieren
ISBN 978-3-7358-**8063**-5
144 S., HC, € (D) 25,00

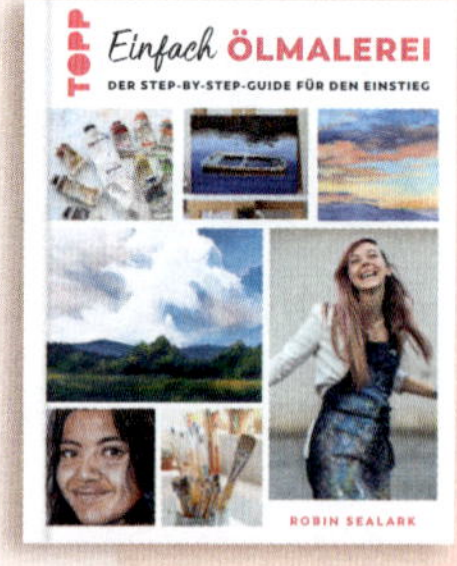

Einfach Ölmalerei
ISBN 978-3-7358-**8025**-3
128 S., HC, € (D) 22,00

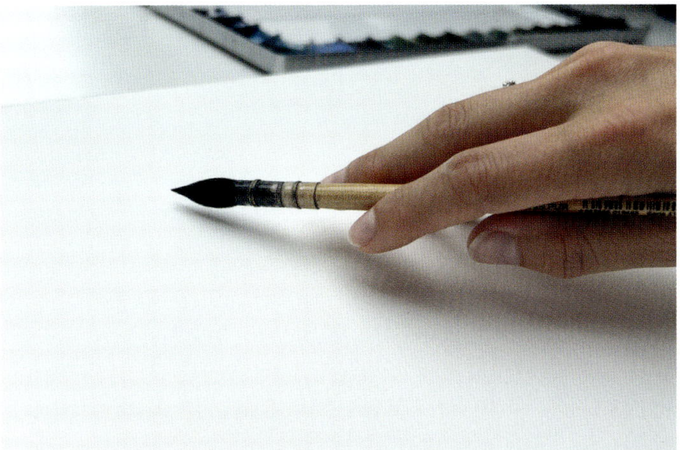

Allgemein gilt: Wie auch beim Zeichnen mit einem Bleistift wird der Pinsel aus dem Handgelenk bewegt und nicht mit den Fingern.

Ein Pinsel muss keinesfalls immer in einem Winkel von 45 Grad gehalten werden. Probieren Sie ruhig auch steilere oder flachere Aufsetzwinkel aus.

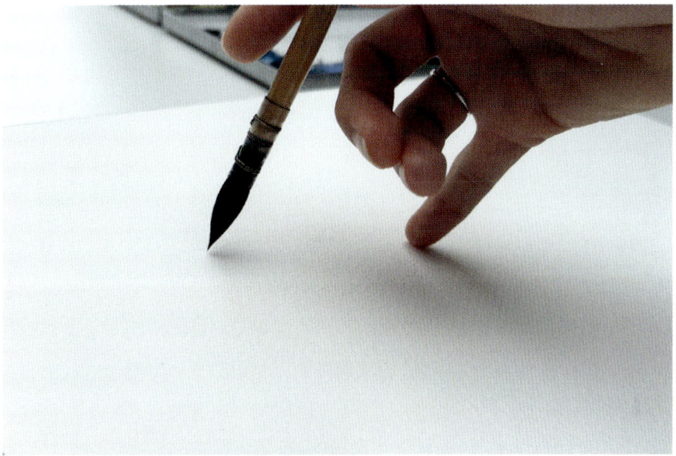

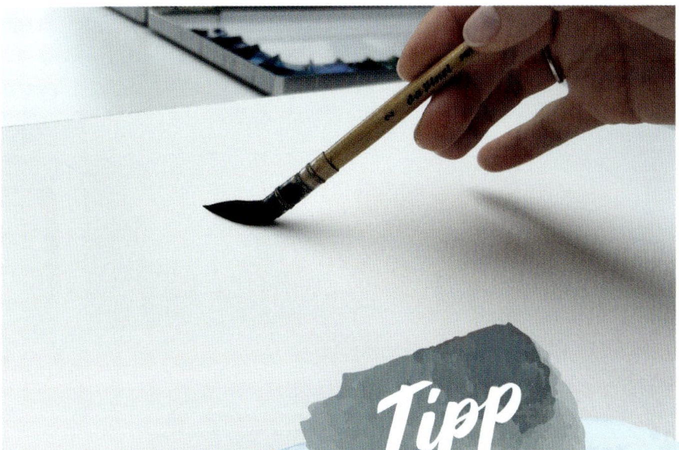

Die Arbeitsfläche eines Pinsels besteht nicht nur aus der Spitze, sondern man kann und sollte den Pinsel auch mit dem Haarkörper aufsetzen.

Tipp

Um das Wasser im Pinsel zu kontrollieren, verwenden Sie Papiertücher, Servietten oder Lappen, um überschüssiges Wasser oder Farbe abzuwischen.

ZUBEHÖR

Was braucht man außer Farben, Papier und Pinsel noch für die Aquarellmalerei?

Palette

Das Angebot an Paletten für die Aquarellmalerei reicht von Keramik- über Metallemaille-Paletten bis hin zu Porzellan- und Kunststoffpaletten. Bei der Auswahl einer Palette sollten Sie Folgendes beachten:

- Sind Ihre Farben in Tuben oder in Näpfchen? Wenn Sie Tuben verwenden, brauchen Sie eine Palette mit speziellen Zellen.
- Ist es eine Studio- oder eine Pleinair-Version? Wenn Sie die Palette im Atelier verwenden, sind die Dichtigkeit und das Gewicht nicht so wichtig, aber wenn Sie draußen malen, ist es besser, sich für tragbare, leichte Varianten zu entscheiden.

Tipp

Es muss nicht immer eine gekaufte Palette sein – geeignet ist jede beliebige, weiße Oberfläche, die kein Wasser aufnimmt, zum Beispiel auch ein normaler Teller.

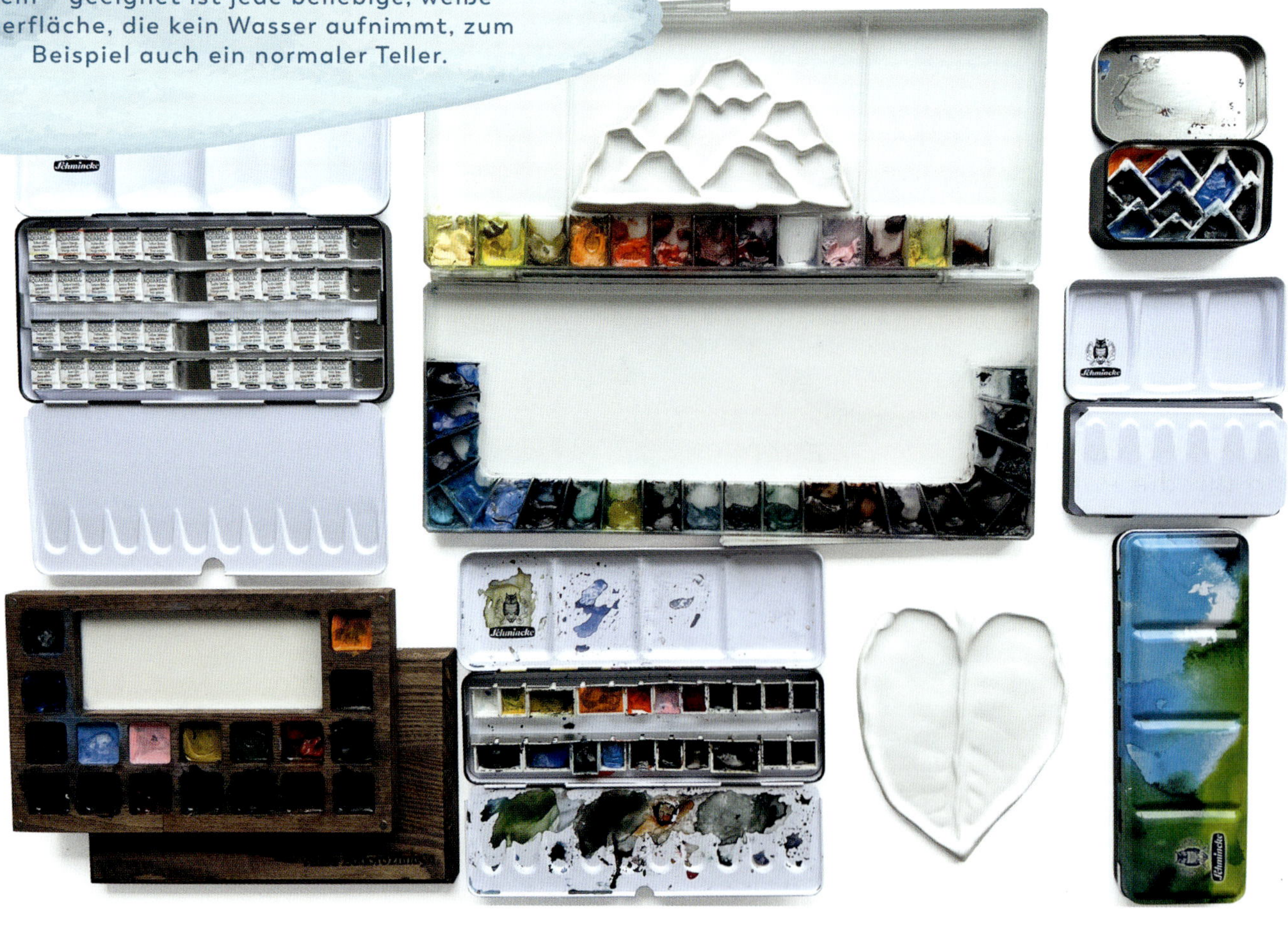

In der Wahl des Palettenmaterials sind Sie völlig frei. Keramik nimmt keine Farbspuren auf, während Kunststoff- und Metallpaletten dazu neigen, mit der Zeit Gebrauchsspuren zu zeigen. Ich arbeite hauptsächlich mit der Mijello-Palette, die aus einem speziellen Kunststoff besteht, dem Bulletproof Glass, der keine Farbe aufnimmt und immer sauber abgespült werden kann.

Abdeckband

Das Abdeckband wird benötigt, um das Papier auf dem Zeichenbrett zu befestigen. Sie können jedes beliebige Abdeckband verwenden – nehmen Sie aber besser keine farbigen, da sie die Farbwahrnehmung des Bildes beeinträchtigen können.

Zeichenbrett

Die Oberfläche, auf der das Papier befestigt wird, muss eben und fest sein und darf kein Wasser absorbieren.

Wassersprühflasche

Die Sprühflasche wird verwendet, um die Farben vor dem Malen zu befeuchten, um Wasser auf das gesamte Blatt aufzutragen, um einen Maleffekt zu erzeugen und um die Palette nach dem Malen zu säubern.

Küchenpapier oder Servietten

Ein absolut unverzichtbarer Gegenstand, um überschüssige Farbe vom Pinsel abzuwischen, aber auch um strukturierte Effekte, zum Beispiel Wolken, zu erzeugen und um die Palette zu reinigen.

Bleistift, Radiergummi, Knetgummiradierer

Beim Aquarellieren mit Bleistift gibt es einige Regeln zu beachten: Wenn Sie radieren, achten Sie darauf, das Papier sorgfältig zu behandeln, vor allem das Strukturpapier. Verwenden Sie keine harten Radiergummis, um die obere Schicht des Papiers nicht zu beschädigen. Üben Sie beim Skizzieren keinen starken Druck auf den Bleistift aus, da das Eindrücken des Bleistifts im Papier Spuren hinterlässt. Sie können jeden beliebigen Härtegrad verwenden, das hängt vom persönlichen Geschmack ab, ich verwende Bleistift der Härte HB.

Spachtel/Plastikkarte

Diese Tools lassen sich zum Zerkratzen der farbigen Schicht verwenden.

Weiße Gouache/weiße Aquarellfarbe/weißer Gelstift

Setzen Sie diese Mal- und Zeichenmaterialien sehr sparsam ein, um Glanzlichter zu setzen und die Highlights zu betonen.

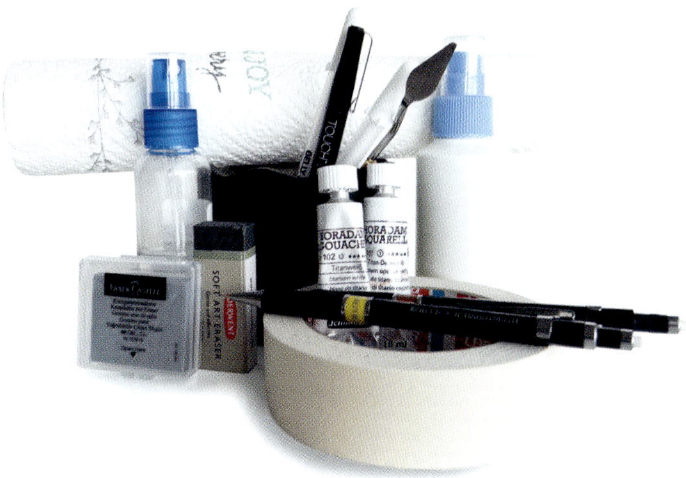

MAL- UND HILFSMITTEL

Für die Aquarellmalerei gibt es eine Reihe von Hilfsmittel, die sich auf das spätere Malergebnis auswirken.

Ochsengalle/ONETZ

Ochsengalle ist ein sogenanntes Fließmittel. Setzt man es der Aquarellfarbe zu, erhöht es deren Fließfähigkeit – die Aquarellfarbe verteilt sich kraftvoller und aktiver auf der Oberfläche. Zudem verringert Ochsengalle den Verlust an Farbintensität beim Trocknen und verlangsamt die Trocknung der Farbe.

Gummiarabikum

Gummiarabikum ist als Bindemittel ein Bestandteil von Aquarellfarben, es ist aber auch separat erhältlich. Man verwendet es, um die Trocknungszeit von Farben zu verlängern. Durch die Zugabe von Gummiarabikum breitet sich die Farbe auch im Nassbereich weniger aus.

Gesso

Gesso ist eine Grundierung, die Oberflächen, die eigentlich nicht für das Aquarellieren vorgesehen sind, wie zum Beispiel Holzplatten oder Keilrahmen, für Aquarellfarben bemalbar machen.

Aqua Lift Off

Aqua Lift Off ist ein Medium zur Vorbehandlung von Aquarellpapier mit dem Ziel, bereits getrocknete Farbschichten später wieder entfernen zu können.

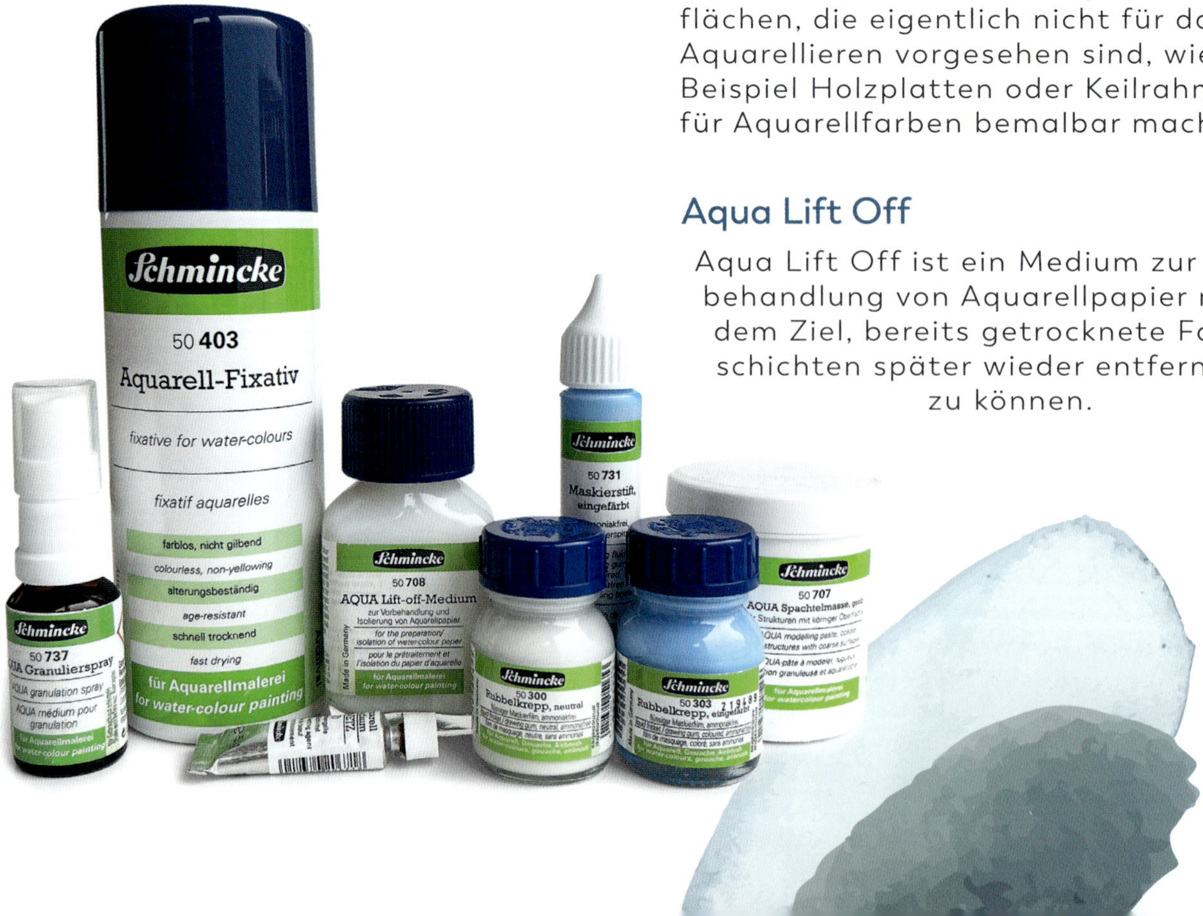

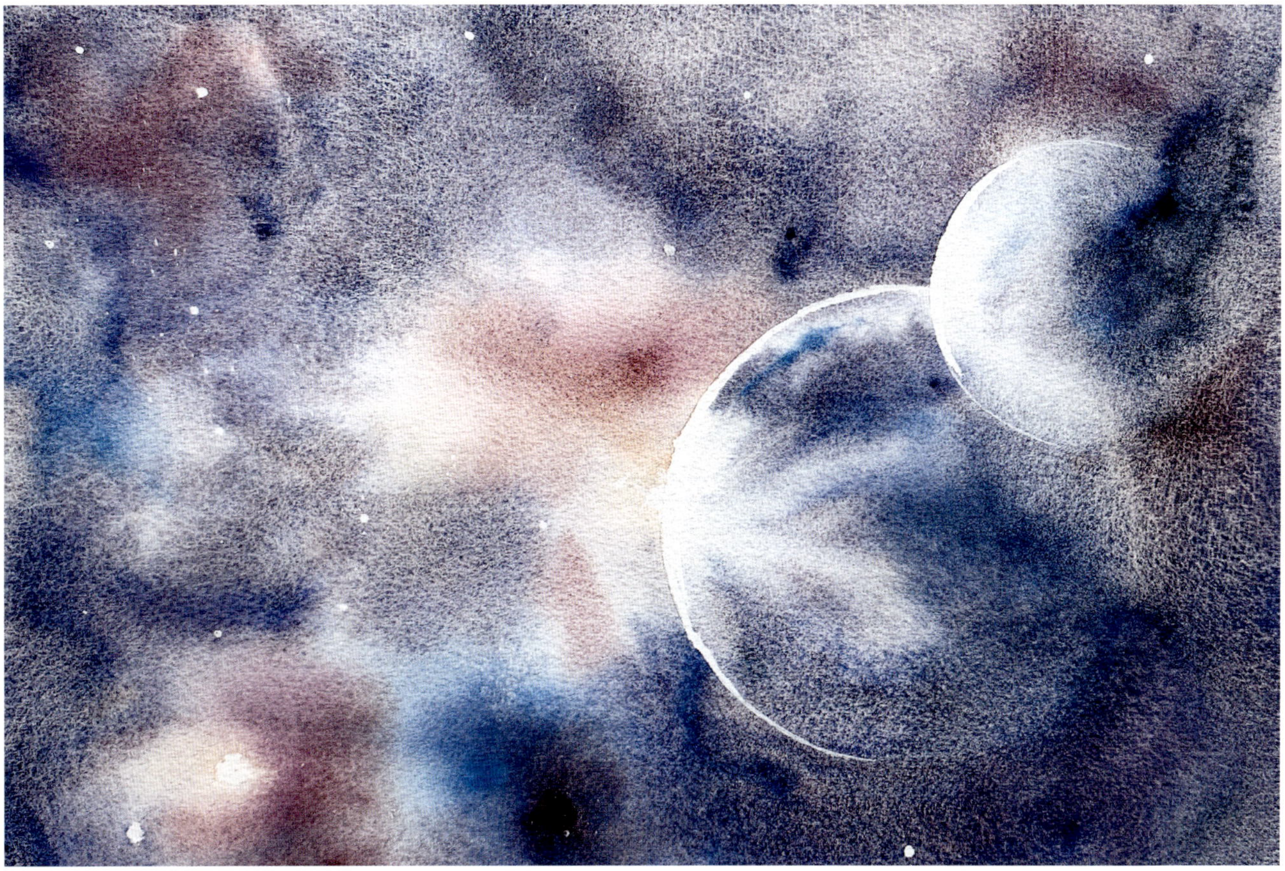

Für die weißen Bildelemente kam Maskierflüssigkeit zum Einsatz

Maskiermittel

Das Weiß im Aquarell ist das Papierweiß, das beim Malen stehengelassen wird. Es kann sinnvoll sein, dafür Maskierflüssigkeit einzusetzen. Sie wird an den Stellen aufgetragen, an denen man keine Farbe möchte. Der Auftrag trocknet auf dem Papier und kann später abgezogen oder mit dem Finger abgerubbelt werden. Ein Nachteil besteht darin, dass die Kanten nach dem Entfernen flach und rau aussehen, was manchmal unnatürlich wirkt.

ACHTUNG: Maskierflüssigkeit verklebt die Pinselhaare. Verwenden Sie deshalb beim Auftragen keine teuren Pinsel und waschen Sie ihn nach dem Auftragen sofort mit warmem Wasser und Seife aus.

Strukturpaste/AQUA Pasto

Die Strukturpaste wird entweder direkt auf das Papier aufgetragen oder der Aquarellfarbe hinzugefügt. Die Farbe wird dadurch dichter und körniger. Das Ergebnis sind voluminöse, pastose Pinselstriche, welche die Impasto-Technik der Ölmalerei imitieren.

Fixativ

Ein Fixativspray schützt Ihr Bild nach der Fertigstellung vor Staub und Schimmel.

DER ARBEITSPLATZ

Es ist wunderbar, wenn Sie über einen eigenen Arbeitsplatz verfügen. Auch hierbei gibt es einiges zu beachten.

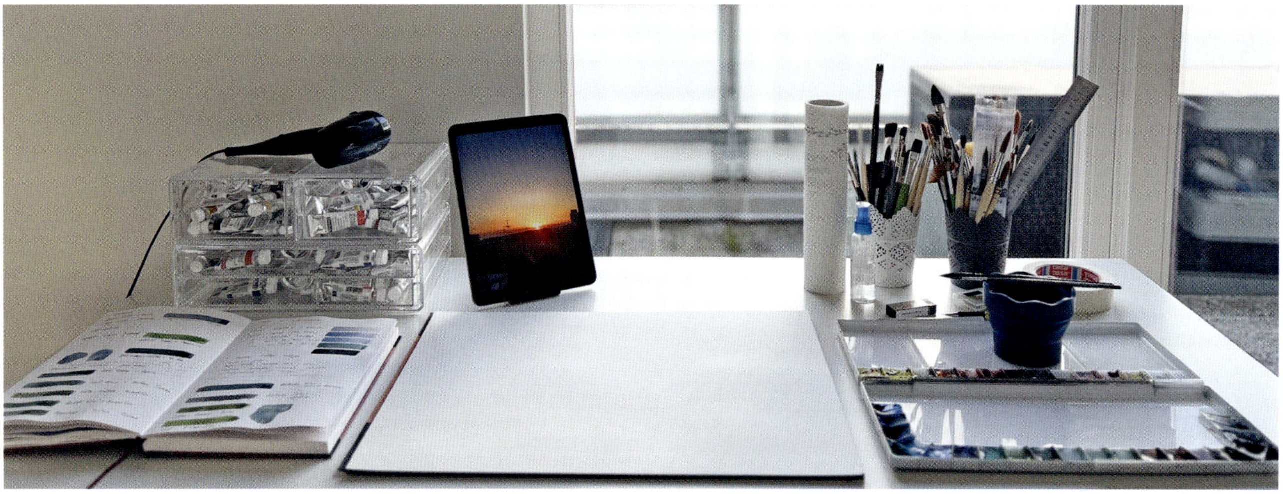

Arbeitsplatzorganisation

- Legen Sie nur die Materialien auf der Arbeitsfläche bereit, die Sie aktuell benötigen – wenn Ihr Tisch überfüllt ist, fühlen Sie sich beengt und Ihr Pinselstrich wird nicht so frei sein.

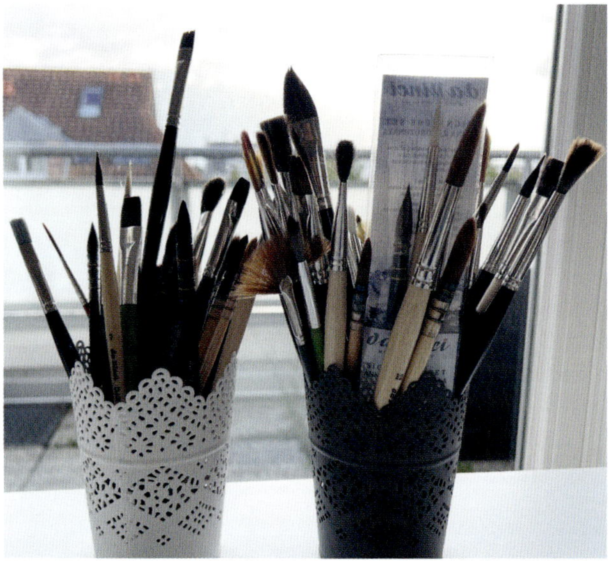

- Verschaffen Sie sich einen guten Überblick über Ihre Materialien und darüber, was Sie am häufigsten verwenden. Auf diese Materialien sollten Sie schnellen Zugriff haben.
- Im Idealfall steht Ihr Arbeitstisch an einem Fenster ohne direkte Sonneneinstrahlung. Wenn Sie mit künstlichen Lichtquellen arbeiten, sollten Sie Lampen mit einer Temperatur von 5000–5500 Kelvin verwenden.
- Es gibt viele kleine Dinge, die Ihnen beim Malen das Leben erleichtern können: von einer Halterung für Ihr Buch oder Handy, damit Sie die Vorlage immer im Blick haben, über einen Behälter für Müll bis hin zu Küchentüchern, um überschüssige Feuchtigkeit vom Pinsel abzuwischen. Gute Dienste leisten auch ein Föhn zum rascheren Trocknen und eine Wassersprühflasche zum Befeuchten.

TIPPS & TRICKS

Mit ein paar einfachen Tricks und Kniffen können Sie sich Ihr Malerleben erleichtern.

- Erwärmen Sie Abklebeband nach dem Trocknen des Bildes mit einem Föhn – so löst sich der Kleber besser vom Papier, ohne die Oberfläche zu beschädigen.
- Keine Zeit? Wenn Sie die natürliche Trocknungszeit Ihres Aquarells nicht abwarten möchten, spricht nichts dagegen, das Bild vorsichtig mit einem Föhn zu trocknen.
- Um die ausgefranste Spitze eines Synthetikpinsels wieder zu einer Spitze zu formen, können Sie ihn bis zur Zwinge für einige Sekunden in kochendes Wasser tauchen. Vorsicht, das geht nur mit synthetischen Pinseln!
- Die Farbtube lässt sich nicht öffnen, da sie mit Farbresten verklebt ist? Erwärmen Sie die Tube unter heißem Wasser, dann sollte sich der Deckel leicht abschrauben lassen.
- Eingetrocknete Farbe auf weißen Kunststoffpaletten können Sie entweder mit einem Melaminschwamm oder mit Zahnbürste und Zahnpasta abbürsten.
- Gegen herumrutschende Näpfchen im Aquarellkasten hilft doppelseitiges Klebeband oder ein kleines Stück Knetgummiradierer, das am Boden des Näpfchens befestigt wird.
- Ihr Aquarellpaper wellt sich auch nach dem Trocknen noch? Feuchten Sie die Rückseite des Bilds mit einem Schwamm an und beschweren Sie es anschließend mit einer schweren Platte oder Büchern. Sie können auch versuchen, das Papier von der Rückseite vorsichtig bei der niedrigsten Temperatur zu bügeln.

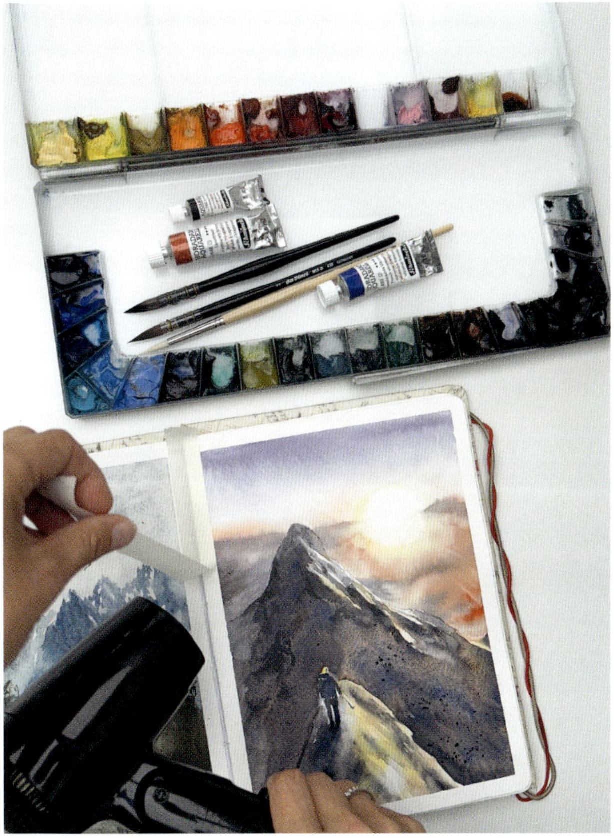

- Um zu verhindern, dass Ihr Wasser beim Malen im Freien im Winter gefriert, können Sie einige Tropfen hochprozentigen Alkohols – Wodka oder Schnaps – ins Wasser geben.

MEINE MATERIALIEN

Wer sich länger mit der Aquarellmalerei beschäftigt, wird im Lauf der Zeit eine Vorliebe für bestimmte Farben, Pinsel und Papiere entwickeln. Hier stelle ich mein ideales Set vor.

Mein Farbsortiment

Meine Palette teilt sich in zwei Kategorien: die „absolut unverzichtbaren“ Farben und die Farben, die ich häufig verwende. Alle Farben sind von Schmincke.

ABSOLUT UNVERZICHTBAR

Aureolinton, Lichter Ocker, Kadmiumorange dunkel

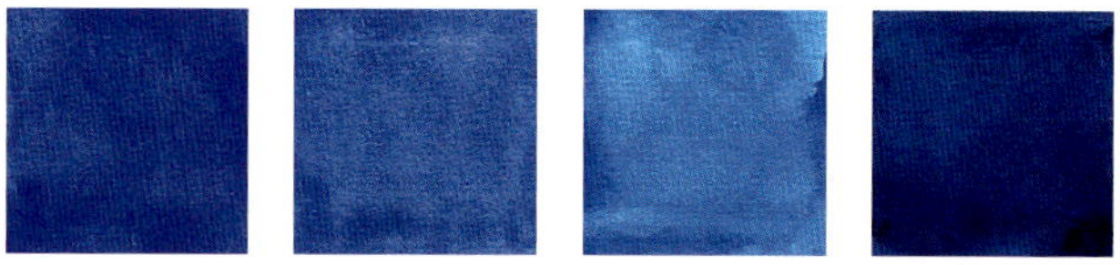

Ultramarin feinst, Kobaltblau hell, Heliocoelin, Delftblau

Chinacridon Magenta, Phthalogrün, Galaxie Violett

Lasurbraun, Umbra gebrannt, Sepiabraun rötlich, Neutraltinte

HÄUFIG VERWENDET

Icy Blau, Gletscher Blau, Kobalttürkis

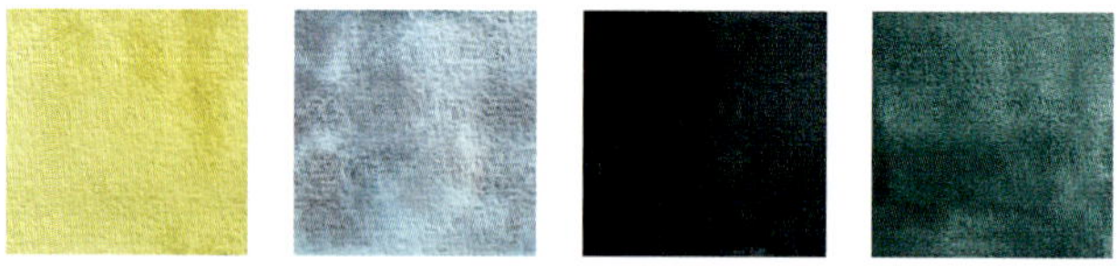

Lasurgoldgrün, Gletscher Grün, Perylengrün, Kobaltgrün tief

Galaxie Rosa, Wald Braun, Gletscher Schwarz

Tipp

Diese Farben befinden sich ständig auf meiner Arbeitspalette. Den Rest der benötigten Farben drücke ich tropfenweise aus der Tube, wenn ich sie brauche.

Mein Pinselsortiment

Diese Pinsel kommen bei mir sehr oft zum Einsatz:

- Weicher Rundpinsel für Farbaufträge (da Vinci Casaneo, Gr. 2 oder da Vinci Mix-B, Gr. 2)
- Rundpinsel aus Synthetik mit kräftiger Spitze für Details (da Vinci Dartana, Gr. 7)
- Flachpinsel für saubere Linien und Objekte mit geraden Kanten (da Vinci Colineo, Gr. 12 oder da Vinci Casaneo White, Gr. 8)
- großer Flachpinsel zum Anfeuchten des Papiers und für flächige Farbaufträge (da Vinci Cosmotop Mix B, Gr.16)

Pinsel für Effekte:

- Abgeschrägter Ziegenhaarpinsel zum Verblenden der Pigmente auf dem Papier und für Effekte (da Vinci Classic Luxe Make-up-Pinsel)
- Flachpinsel mit elastischen Synthetikhaaren zum Wischen (da Vinci Top-Acryl, Gr. 10 aus dem Sortiment der Acrylpinsel)
- Schlepperpinsel für feine Linien (da Vinci Cosmotop Spin, Gr. 6)

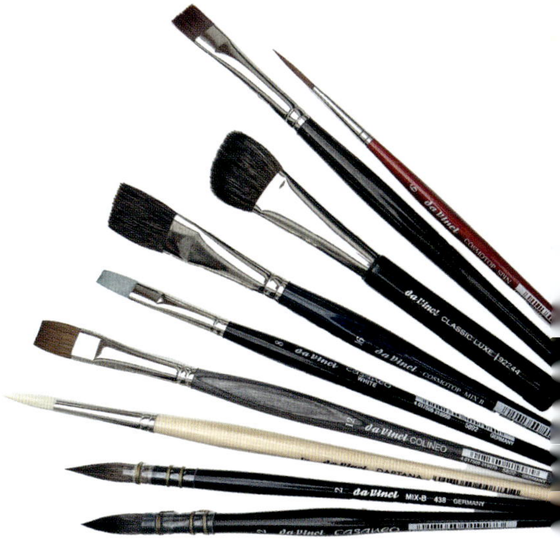

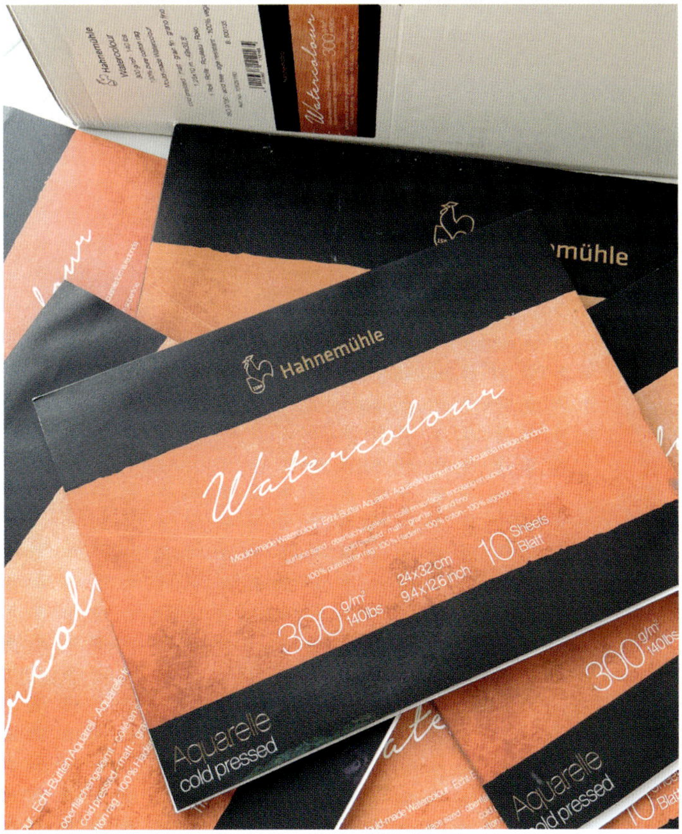

Papier

Ich habe so gut wie alle Aquarellpapiere auf dem Markt ausprobiert, bis ich das perfekte Papier für meine Bedürfnisse gefunden habe: das echte Bütten-Aquarellpapier „The Collection Watercolour" der Firma Hahnemühle. Es besteht aus 100% Baumwollfasern, hat eine Grammatur von 300g/m² und eine matte Oberfläche. Auf diesem Papier entstanden übrigens auch alle Illustrationen in diesem Buch.

FARBVERHALTEN UND TECHNIKEN

Um Aquarelltechniken richtig anwenden zu können, müssen Sie wissen, wie sich die Farben verhalten.

So verhält sich Aquarellfarbe

- Die Farbintensität ist abhängig von der Wasserzugabe: Mehr Wasser führt zu einer transparenteren Farbe, weniger Wasser zu einem intensiveren Farbton.
- Ein Fließen der Farbe entsteht nur, wenn die Oberfläche nass ist. Sobald das Wasser im Papier zu trocknen beginnt, ist es meist nicht mehr möglich, Farbverläufe zu malen.
- Ist das Papier angefeuchtet, sind die Kanten unscharf und die Farbe verschwimmt. Ist die Oberfläche trocken, werden die Kanten scharf.
- Aquarellfarben sind beliebt wegen ihrer Transparenz. Trotzdem darf die Farbe auch kräftig aufgetragen werden. Wenn die Farbe zu hell und zu dünn ist, entstehen keine Tonwertkontraste.
- Aquarellmalen erfordert, seine Handlungen zeitlich zu koordinieren, da alle Techniken auf dem Verhältnis von Wasser auf dem Papier, im Pinsel und in der Farbe zur selben Zeit basieren.

Aquarelltechniken

Nass-in-nass-Technik

Nass-in-nass-Technik: Bei dieser Technik wird wässrige Farbe auf nasses Papier aufgetragen. Die Farbe fließt und es entstehen einheitliche Flächen ohne scharfe Kanten.

Nass-auf-trocken-Technik

Nass-auf-trocken-Technik: Hier wird wässrige Farbe auf trockenes Papier aufgetragen. Es entsteht eine klare Kontur, aber mit einem fließenden Farbauftrag. Diese Technik wird manchmal auch als Lavieren bezeichnet.

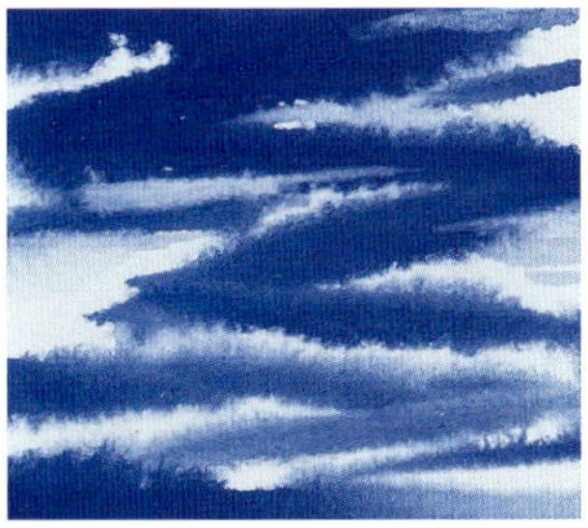

Trocken-auf-nass-Technik

Trocken-auf-nass-Technik: Bei dieser Technik tragen Sie konzentrierte Farbe auf nasses Papier auf. In diesem Fall fließt die Farbe viel weniger als beim Nass-in-nass-Verfahren, aber die Kanten sind unscharf und durch die Intensität der Farbe entsteht ein Tonwertkontrast.

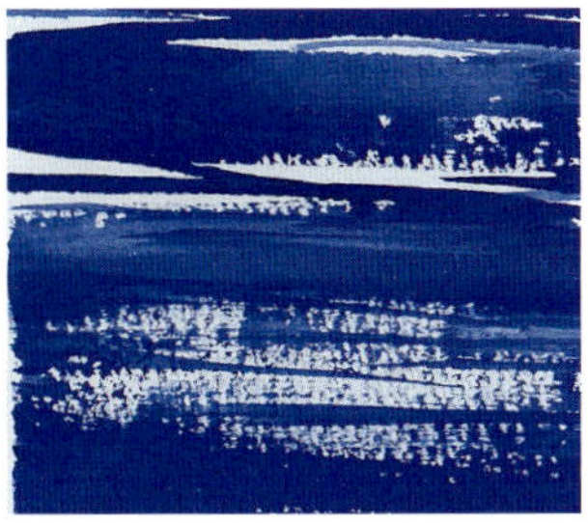

Trocken-auf-trocken-Technik

Trocken-auf-trocken-Technik: Hier wird konzentrierte Farbe auf trockenes Papier aufgetragen. Diese Technik eignet sich gut für Details und die Trockenpinseltechnik. Sie haben dabei die absolute Kontrolle über die Farbe, da sie nicht fließt.

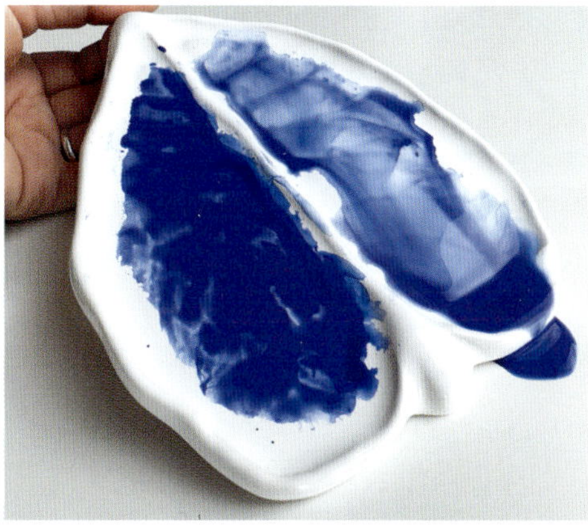

Konzentrierte und transparente Farbe auf der Palette

Was ist Lasieren?

Beim Lasieren wird eine dünne Farbschicht auf eine andere, bereits getrocknete Farbe aufgetragen. Die darunterliegende Schicht scheint dann noch durch die obere Schicht hindurch. Man verwendet diese Technik für Aquarelle mit vielen Schichten wie botanische Gemälde, Porträts oder Stillleben, um eine Farbe mit demselben Farbton abzudunkeln oder Farben zu verändern.

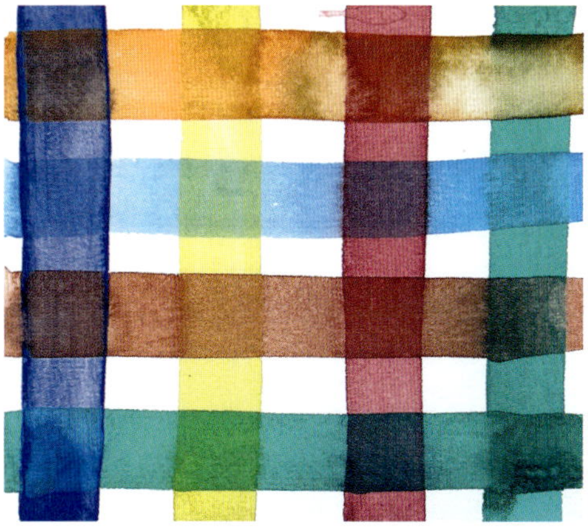

Lasierende Farbaufträge

AQUARELLFARBE KONTROLLIEREN

Aquarell gilt als eines der anspruchsvollsten Malmedien, da viele Menschen fälschlicherweise denken, dass die Farbe unvorhersehbar in verschiedene Richtungen fließt und nicht kontrolliert werden kann.

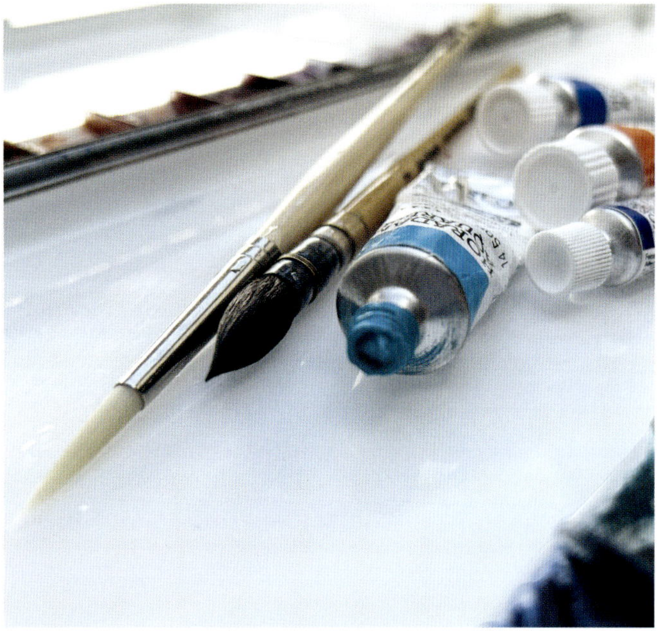

So kontrollieren Sie die Farbe

Um die Farbe zu kontrollieren, müssen Sie bei der Zeitplanung sehr konsequent sein und dabei die folgenden Kriterien überwachen und ständig anpassen:

- Wasser im Papier: Zeichnen sich noch weiche oder bereits harte Kanten ab und kann man mit dem Farbauftrag noch weiterarbeiten?
- Feuchtigkeit im Pinsel: Wie wässrig oder konzentriert ist die Farbe, wie wird sie fließen?
- Die Konsistenz der Farbe auf der Palette: Die Konsistenz wirkt sich direkt auf das Aussehen des Farbauftrags aus
- Schwerkraft: Wohin wird die Farbe fließen?

Alle Aquarelltechniken beruhen auf der Kontrolle der Wassermenge!

Wie erhalte ich einen gleichmäßigen Farbauftrag?

Dafür gibt es zwei Möglichkeiten. Die erste besteht darin, das Papier schräg zu halten und den Pinsel mit ausreichend wässriger Farbe so zu führen, dass sich die Farbe unten sammelt. Die Farbe fließt und bildet eine einheitliche Farbschicht.

Die zweite Methode besteht darin, die gesamte Oberfläche des Papiers mit sauberem Wasser zu befeuchten, die Farbe aufzutragen und die Schwerkraft zu nutzen, damit die Farbe nach unten fließt.

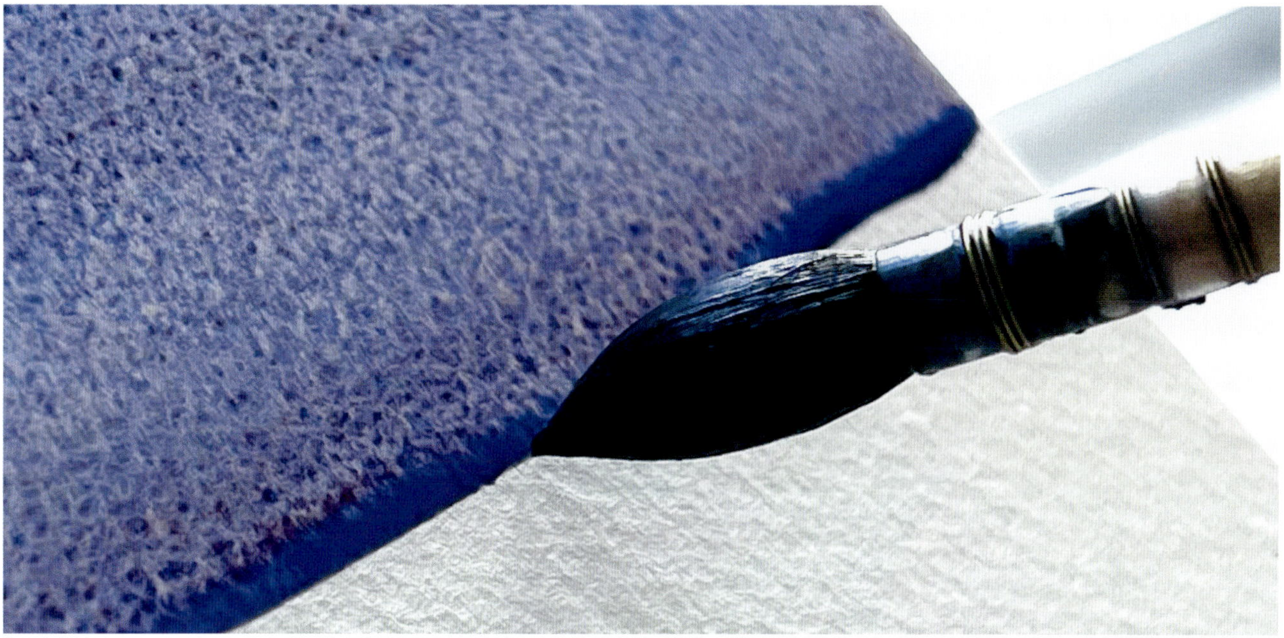

CHECKLISTE FÜR EINEN GLEICHMÄSSIGEN FARBAUFTRAG

- ☐ **Farbkonzentration.** Ist die Farbe wässrig genug, kann sie fließen? Befindet sich Wasser in der Farbe und auf dem Papier?
- ☐ **Weichheit und Größe der Pinsel.** Es ist schwierig, manchmal sogar unmöglich, mit einem kleinen, steifen Pinsel einen streifenfreien Farbauftrag zu malen. Verwenden Sie einen großen, weichen Pinsel.
- ☐ **Schwerkraft.** Wenn das Papier schräg gestellt wird, fließt die Farbe auf Grund der Schwerkraft nach unten, sodass eine homogene Farbschicht entsteht.
- ☐ **Pinseldruck.** Wenn zu viel Druck ausgeübt wird, gibt der Pinselkopf das Pigment nicht gleichmäßig ab. Eine leichte, flatternde Bewegung rettet den Tag.
- ☐ **Papierqualität.** Wenn das Papier kein Aquarellpapier ist oder überhaupt keine Textur hat, wird es schwieriger, einen gleichmäßigen Farbauftrag zu erzielen.

AQUARELLFARBE KONTROLLIEREN

Hier lernen Sie weitere Möglichkeiten kennen, Ihre Farben zu kontrollieren. Übrigens: Wenn das Papier zu trocknen beginnt – meist erkennbar daran, dass es nicht mehr im Licht glänzt – müssen Sie mit dem Malen aufhören. Die Arbeit ist dann im Prinzip „vollständig" trocken.

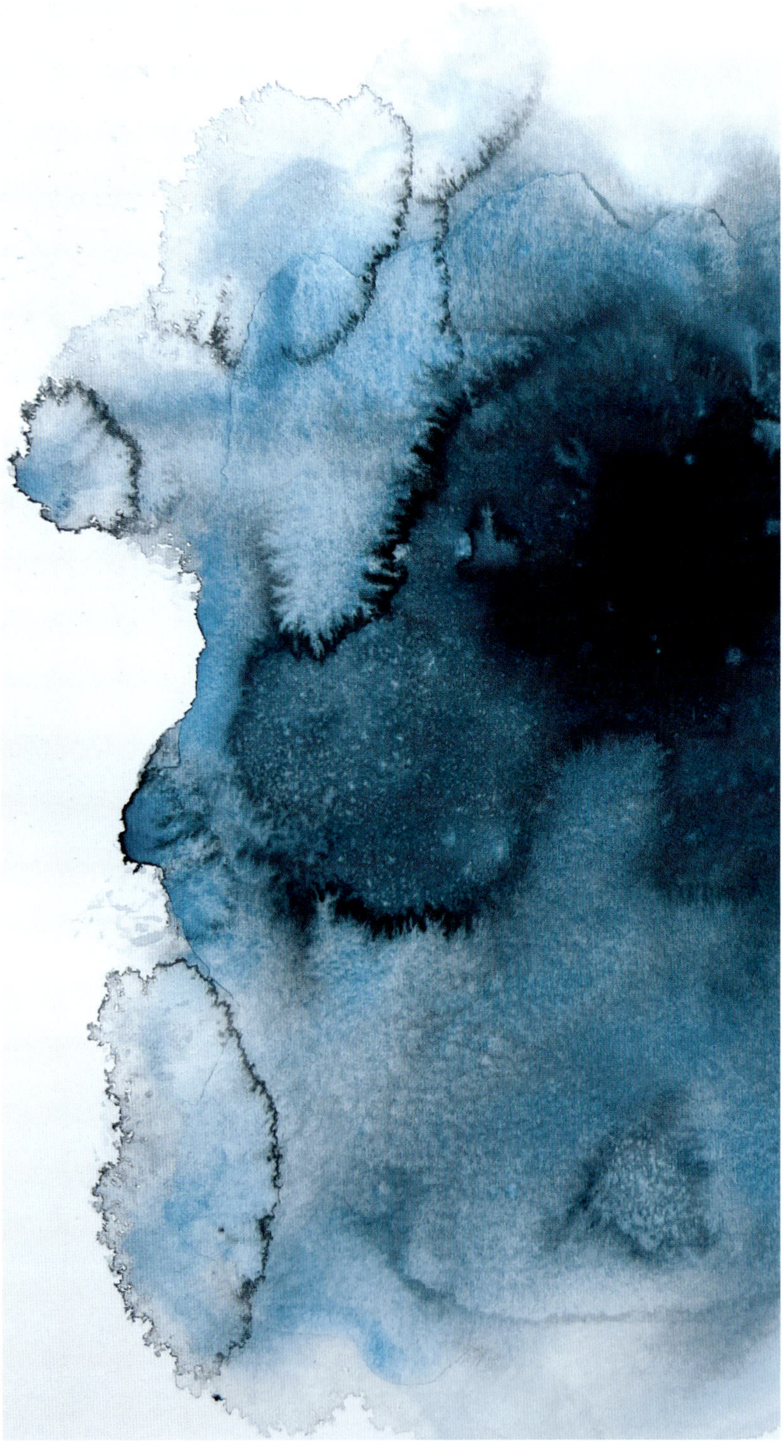

Blumen-Flecken

Wenn Sie Wasser oder wässrige Farbe zu einer noch nicht vollständig getrockneten Farbschicht hinzufügen, erhalten Sie auf Grund des Zusammenspiels von Wasser und Pigment sogenannte „Blumen"- oder, weniger poetisch, „Blumenkohl-Flecken". Was passiert da? Das Wasser der neuen Schicht fließt in die Pigmente der vorherigen, noch nicht getrockneten Schicht und verdrängt sie. Das führt zu charakteristischen Flecken, die meist zufällig entstehen, aber auch als Effekt, zum Beispiel für den Eindruck weit entfernter Bäume, genutzt werden können.

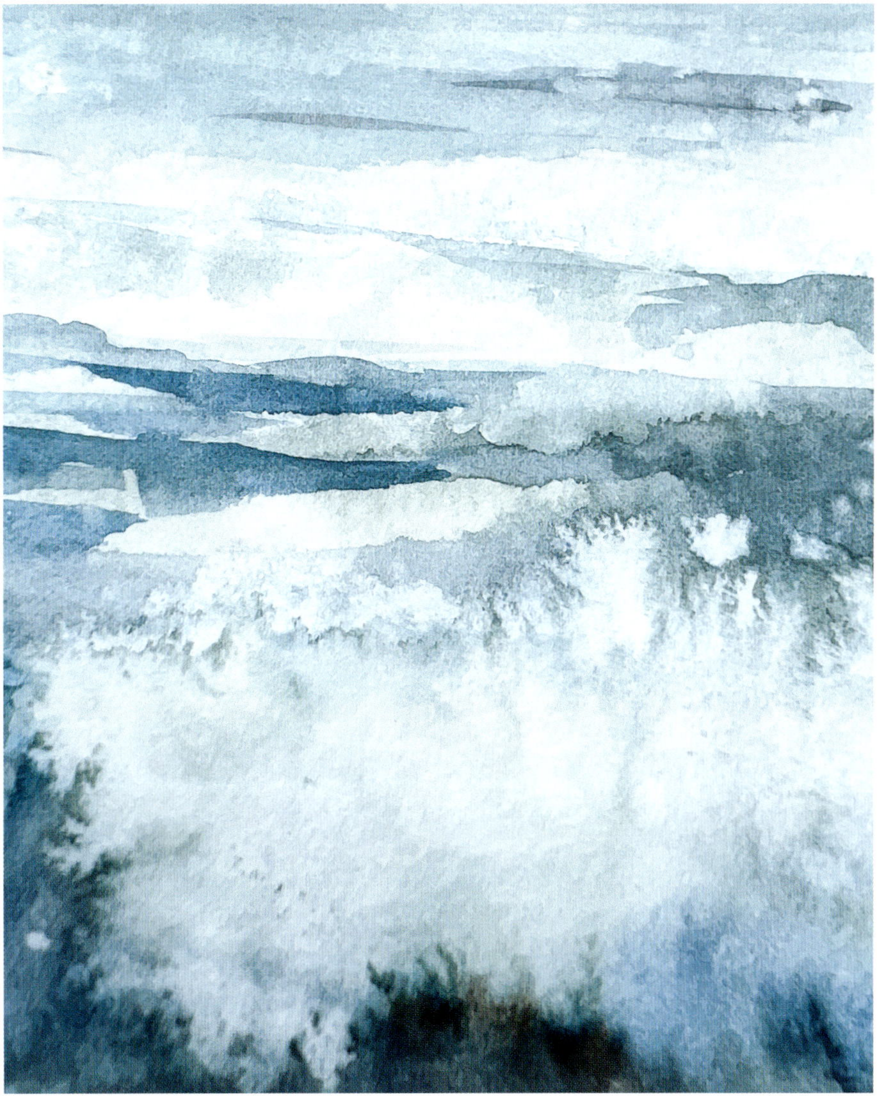

Blumen-Flecken werden auch bewusst eingesetzt: Sie sind zum Beispiel sehr praktisch beim Malen von Meeresmotiven

Der Charme des Zufalls

Auch wenn sich Aquarellfarben mit Wissen und Erfahrung immer besser verarbeiten lassen, ist es doch unmöglich, die absolute Kontrolle über ein Aquarell zu erlangen. Aber gerade das macht den Charme der Aquarellfarbe aus – dass sie ihren eigenen Charakter hat, dass es immer einen Spielraum für Entscheidungen gibt, die das Material selbst trifft.

Aquarell und Physik

Um die Funktionsweise der Aquarellfarben präzise zu verstehen, lohnt es, sich einige Grundkenntnisse der Physik in Erinnerung zu rufen:

- Konzentrierte Farbe breitet sich auf nassem Papier viel weniger aus, da das Pigment schwerer ist als Wasser.
- Je mehr Wasser sich in der Farbe und auf dem Papier befindet, desto mehr Pigment wird verteilt und desto blasser wird das Ergebnis.
- Das Pigment lagert sich in den Vertiefungen der Papierstruktur ab. Wenn die Körnchen groß genug sind, ist der Effekt des Granulierens der Farbe sichtbar.
- Je wärmer das Malwasser ist, desto schneller breitet sich das Pigment aus.
- Aquarellfarbe verblasst auf Baumwollpapier stärker, weil das Pigment ins Innere des Papiers gelangt und dort trocknet, sodass weniger Licht auf die Farbe fällt.

EFFEKTE

Beim Malen mit Aquarellfarben lassen sich schnell und ohne zusätzliche komplizierte Werkzeuge oder Medien erstaunliche Effekte und Texturen erzielen.

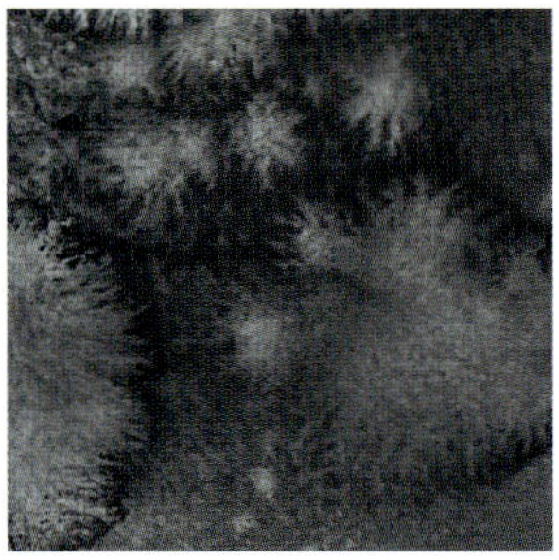

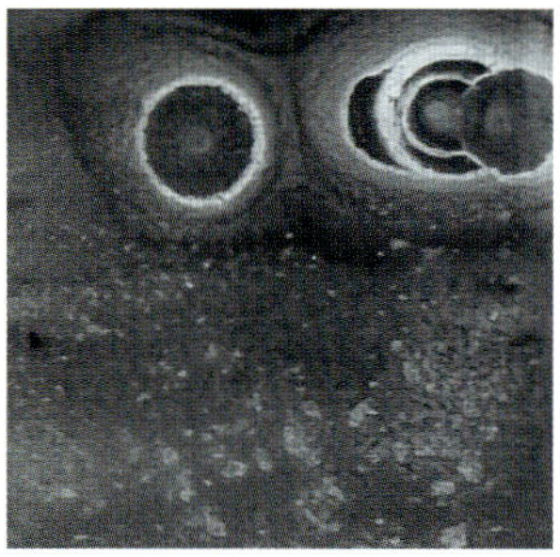

VIDEO 1

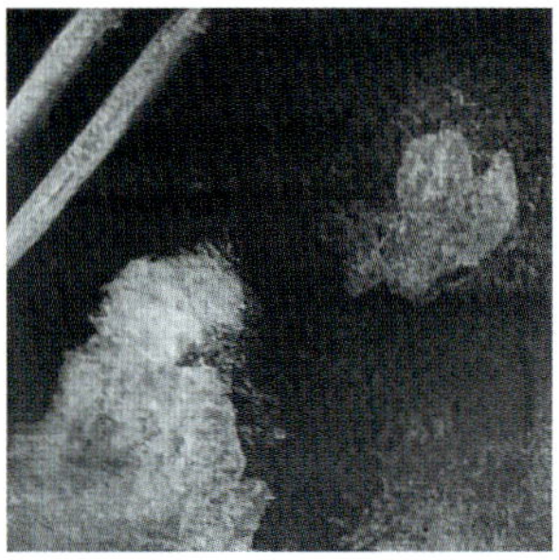
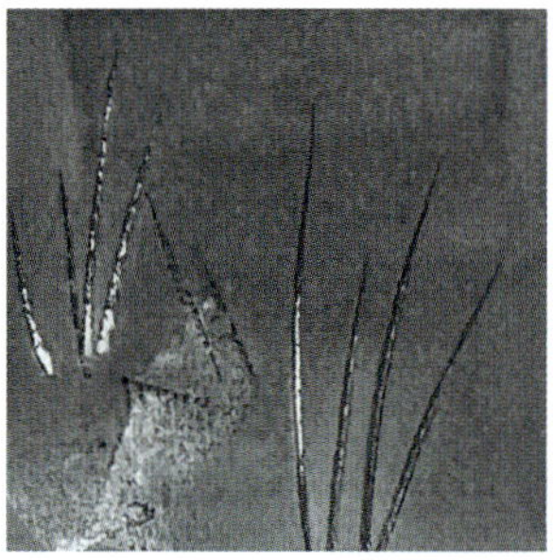

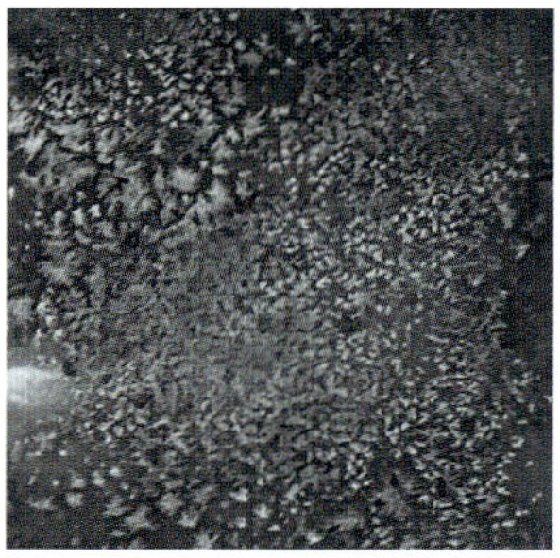
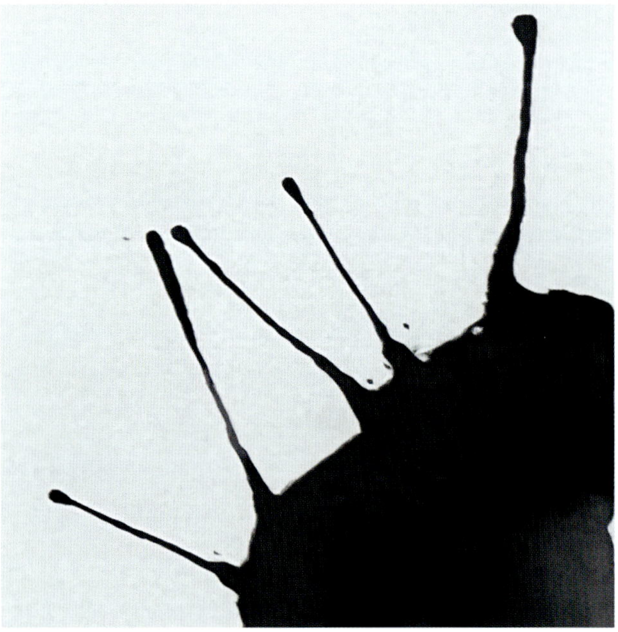
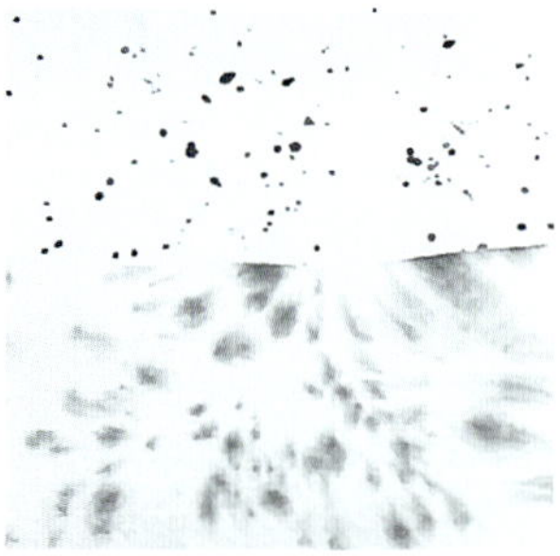

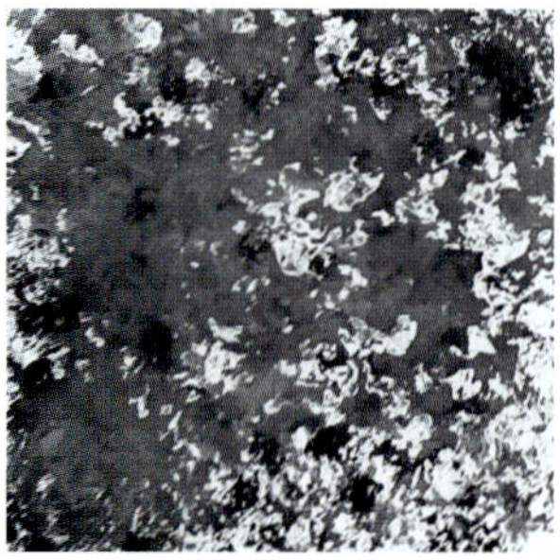
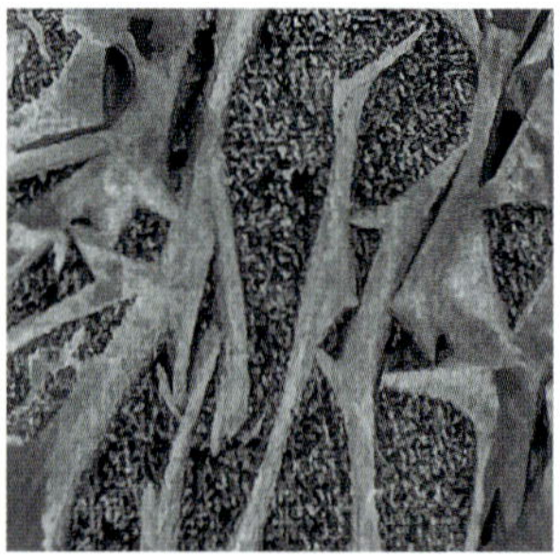

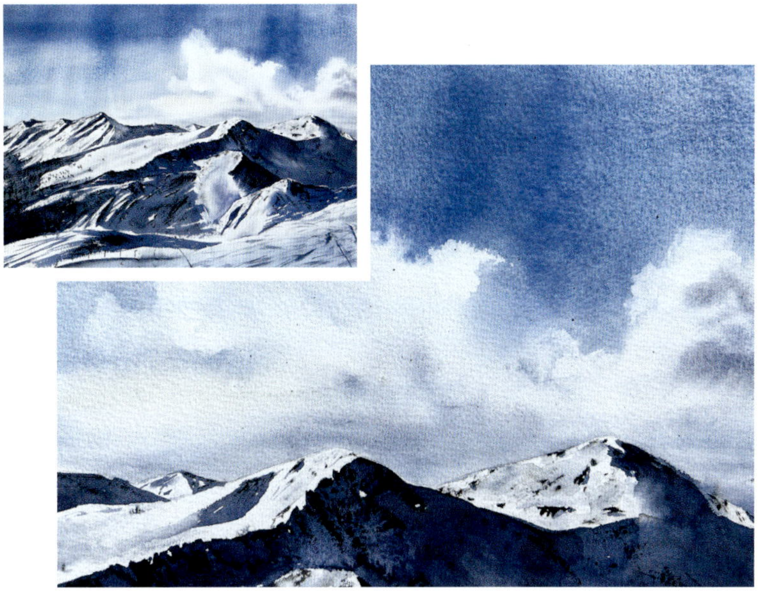

Farbe abnehmen

Besonders gut geeignet für Wolkenstimmungen. Die noch feuchte Farbe wird am besten mit Küchen- oder Kosmetiktüchern abgenommen. Für gerade Linien und kleine Fragmente eignet sich ein harter Flachpinsel besser.

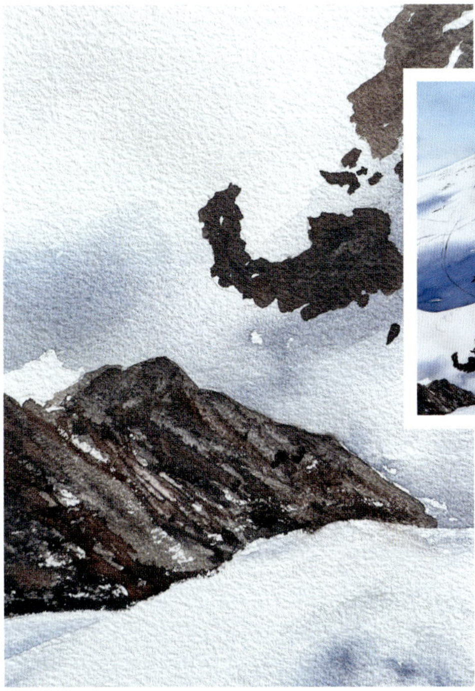
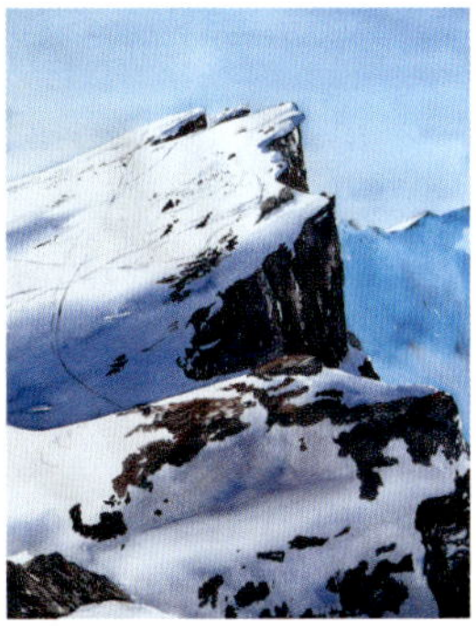

Farbe herauskratzen

Scharfe Linien lassen sich am besten mit dem Palettmesser oder dem Rand einer Plastikkarte aus dem noch nassen Farbauftrag herauskratzen.

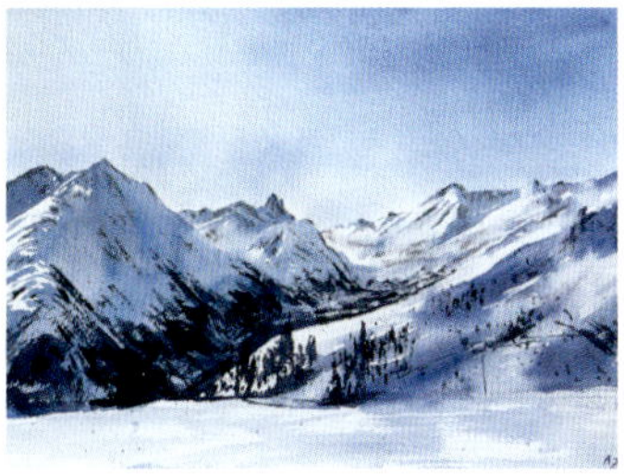
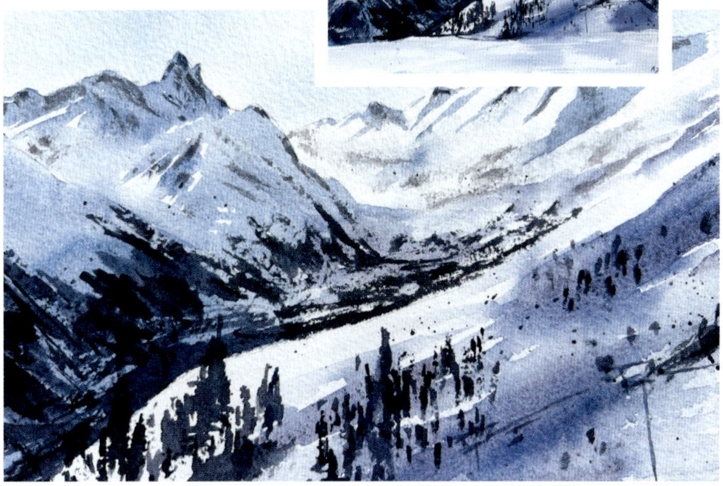

Trockenpinseltechnik

Bei dieser Technik sollte der Pinsel mit konzentrierter Farbe gefüllt sein, er wird jedoch vor dem Farbauftrag nochmals an einem Küchentuch abgewischt. Anschließend bewegen Sie ihn seitlich über das Papier.

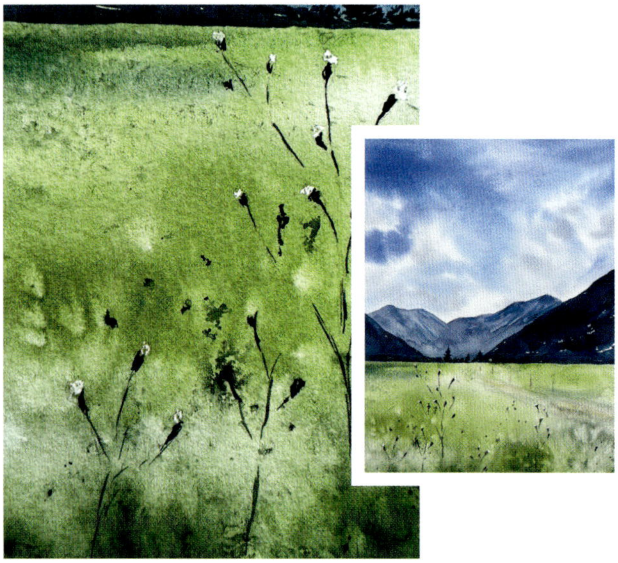

Strukturen mit Salz

Wird Salz auf eine feuchte Oberfläche gestreut, entstehen auf dem Papier ungewöhnliche, kristalline Strukturen, da das Salz die wässrige Farbe aufsaugt. Sie können damit beispielsweise den Eindruck eines Sternenhimmels oder einer Blumenwiese erzeugen. Entfernen Sie das Salz erst, wenn alles gut getrocknet ist.

Farbsprenkel

Eine sehr einfache Methode, um ein Motiv zu beleben. Denken Sie daran, dass Farbspritzer auf nassem Papier verlaufen, auf trockenem Papier bleiben sie stehen. Je kleiner und härter der Pinsel ist, den Sie verwenden, desto feiner werden die Sprenkel. Füllen Sie den Pinsel mit Farbe und klopfen Sie ihn mit einem Abstand von 10-15 Zentimetern zur Oberfläche leicht über einem Finger der anderen Hand ab. Decken Sie beim Spitzen von Farbe immer die Bereiche ab, die nicht mit Farbe bespritzt werden dürfen, da sich das Sprenkeln kaum kontrollieren lässt.

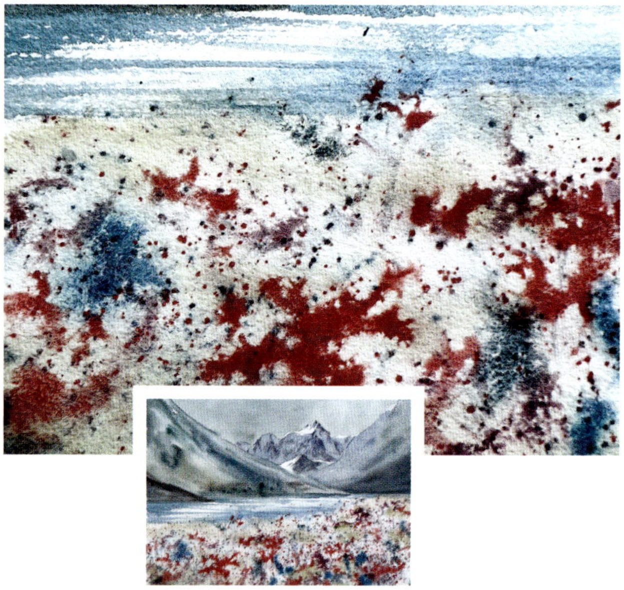

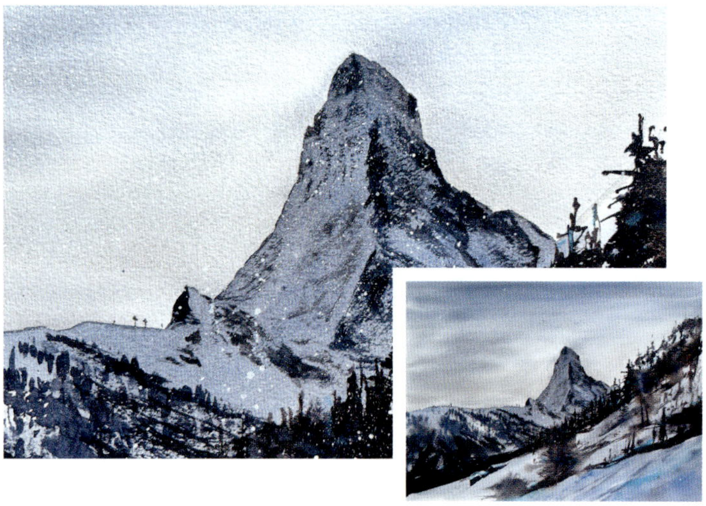

Spritzer mit einer Zahnbürste

Eine Zahnbürste, die über einen Finger oder ein Sieb abgestreift wird, erzeugt sehr feine Spritzer, die sich ideal zur Darstellung von Schnee oder Sternen eignen. Sie können mit Maskierflüssigkeit oder einer deckenden Aquarell-/Gouachefarbe sprenkeln.

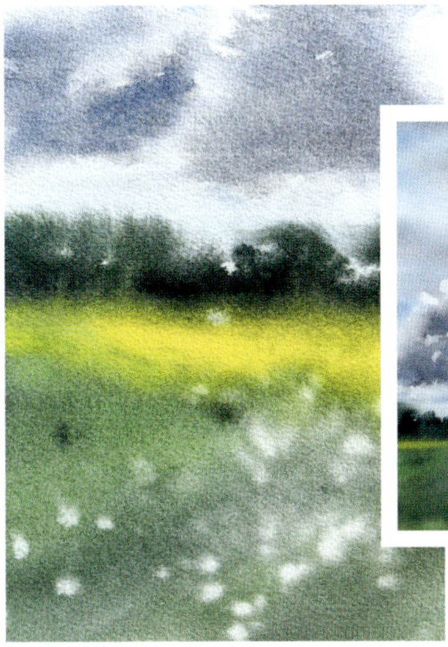
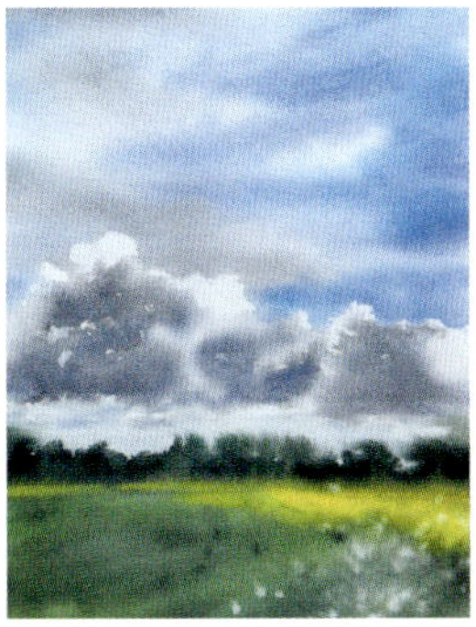

Sprenkel mit Wasser

Nicht nur Farbe kann aufgespritzt werden, sondern auch Wasser. Dafür eignet sch entweder ein mit Wasser gefüllter Pinsel oder eine Sprühflasche. Die Effekte mit Wasserspritzern wirken weich und verschwommen.

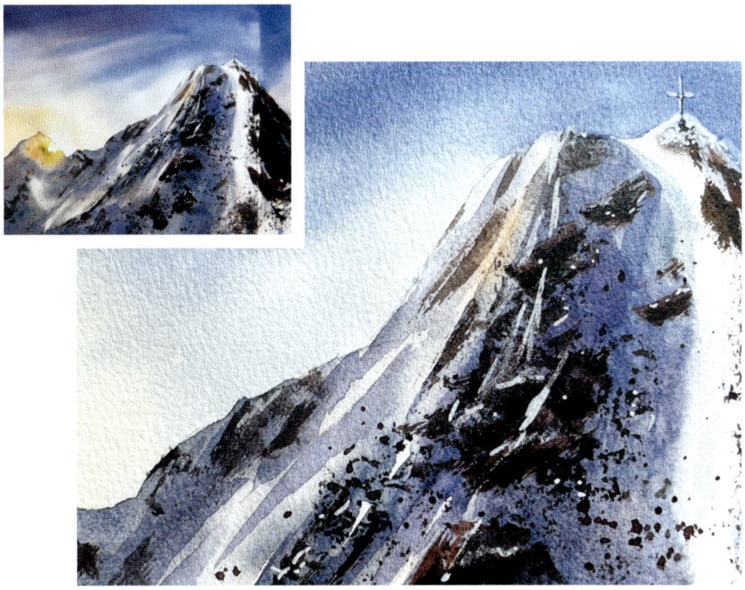

Stempeltechnik

Mit Stempeln unterschiedlichster Art können Sie interessante Strukturen in den nassen Farbauftrag einbringen. Dafür eignen sich beispielsweise Schwämme, auch handgefertigte Stempel, die aus einem Radiergummi ausgeschnitten wurden oder Naturmaterialien wie gepresste Blätter ergeben aussagekräftige Texturen.

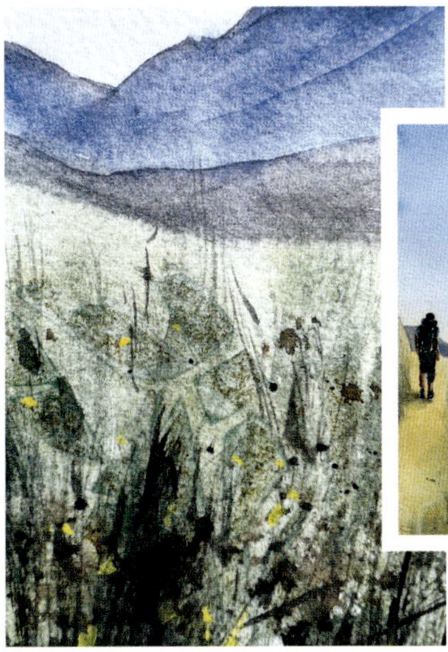
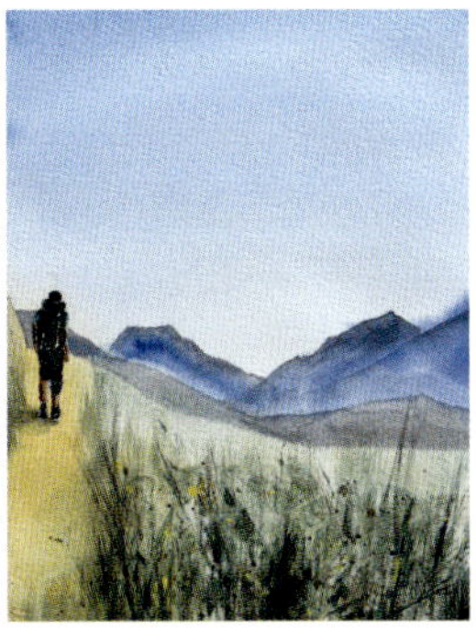

Strukturen mit Folie

Markante und ungewöhnliche Texturen lassen sich mit einfacher Frischhaltefolie aus der Küche erzeugen. Legen Sie die Folie auf den nassen Farbauftrag und drücken Sie sie mit den Händen mehrere Minuten an. Anschließen ziehen Sie die Folie nach oben ab.

ATMOSPHÄRE SCHAFFEN

Es gibt viele Faktoren, die die Atmosphäre einer Landschaft und damit die Wahrnehmung eines Bildes beeinflussen. Sie können sie hinzufügen, bearbeiten oder aus Ihrem Bild entfernen, wenn Sie möchten.

Jahreszeit

Je nach Jahreszeit verändert sich die Landschaft – hier geht es vor allem um die Farbgebung, das Vorhandensein oder Fehlen von Blättern an den Bäumen, den Schnee und die Eisbildung auf dem Wasser.

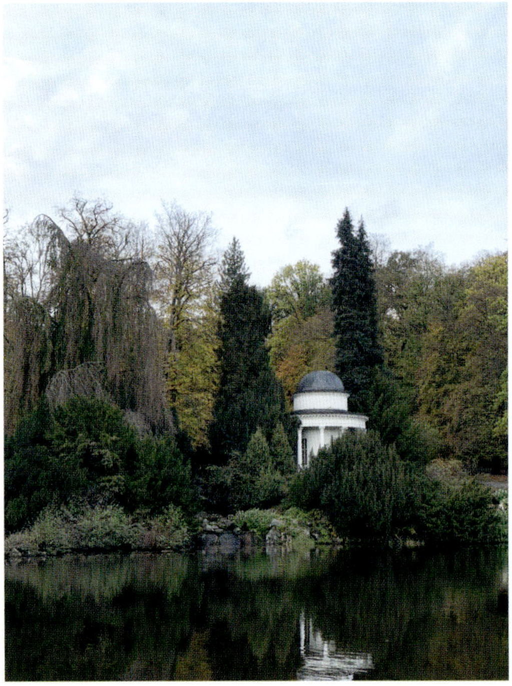

Dieses Foto ist die Vorlage aller hier abgebildeten Illustrationen.

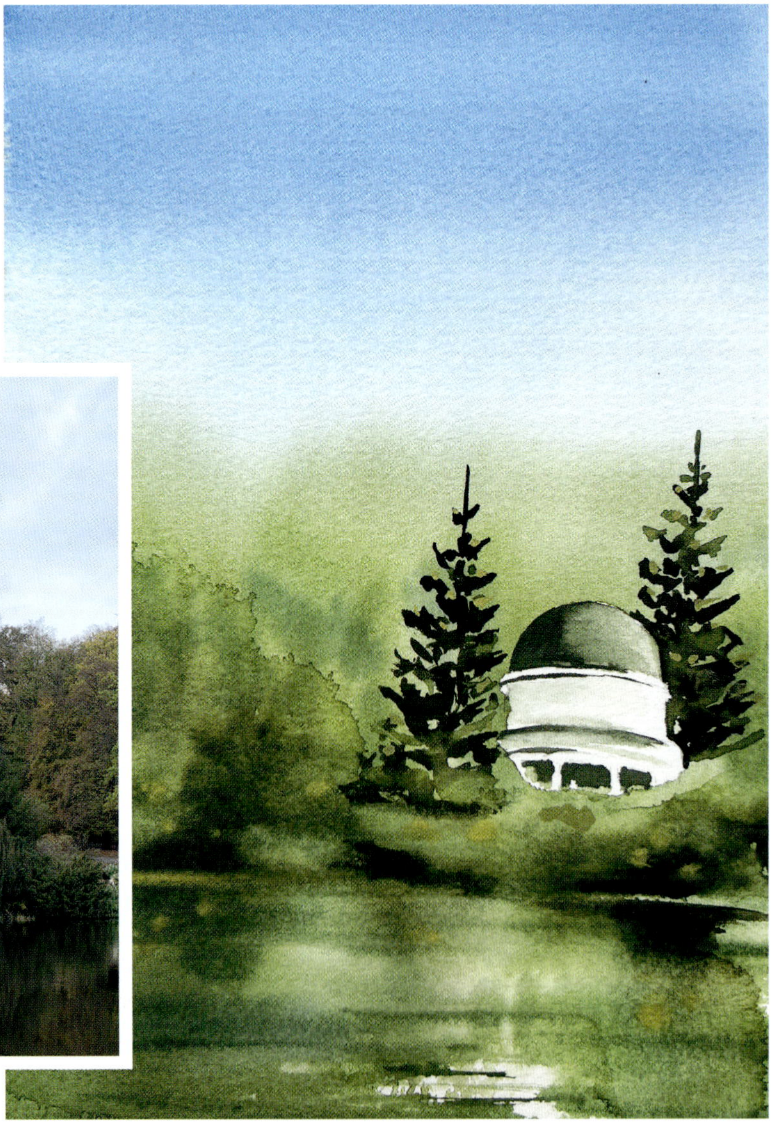

Frühling

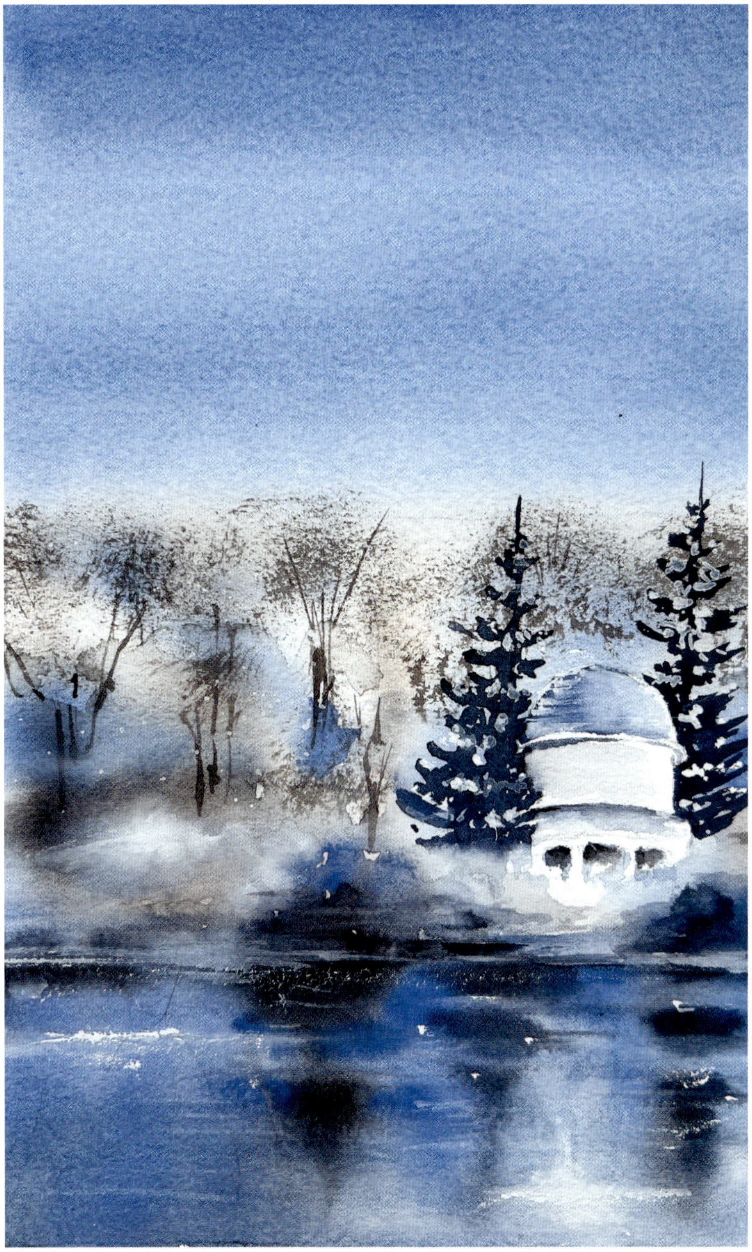

Winter

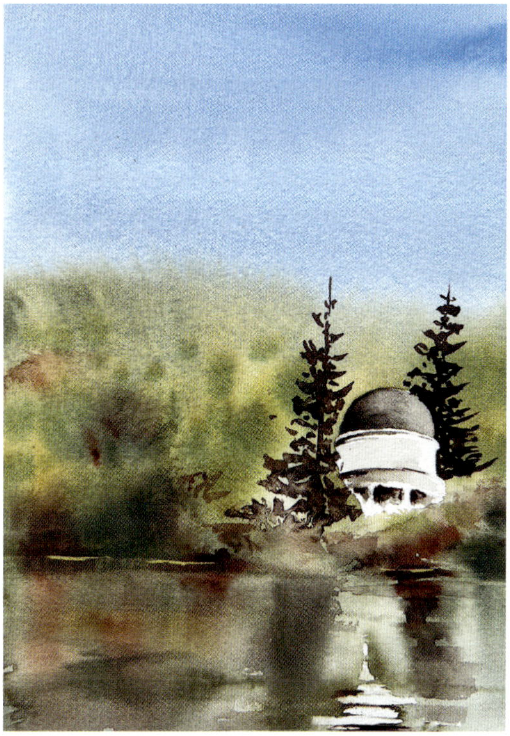

Herbst

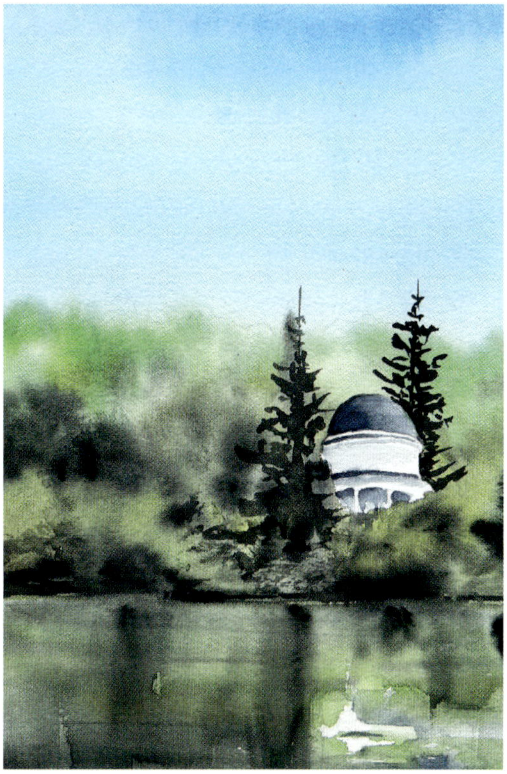

Sommer

Wetterphänomene

Dazu gehört alles, was uns ein Verständnis für reale Naturphänomene vermittelt, von hellem Sonnenlicht oder der Position der Sonne bei Sonnenaufgang oder -untergang über dunkelgraue, dichte Wolken bis hin zu Nebel oder sich biegenden Baumkronen bei Wind.

ATMOSPHÄRE SCHAFFEN

Dies bezieht sich nicht nur auf das Farbschema und die allgemeine Farbtemperatur des Gemäldes, sondern auch auf die Sättigung der Farbe – sie kann leuchtend und gesättigt oder gedämpft sein, auch dies schafft eine Atmosphäre im Gemälde.

Farbigkeit

Dies bezieht sich nicht nur auf das Farbschema und die allgemeine Farbtemperatur des Gemäldes, sondern auch auf die Sättigung der Farbe – sie kann leuchtend und gesättigt oder gedämpft sein, auch dies schafft eine Atmosphäre im Gemälde.

Raumempfinden

Ein sehr hoher oder sehr niedriger Horizont, sehr weit entfernte oder sehr nahe Details – auch diese Mittel der Komposition beeinflussen die allgemeine Wahrnehmung.

Schatten

Schatten zeigen an, woher das Licht kommt und welche Qualität es hat. Scharfe, harte Schatten verraten uns zum Beispiel, dass es ein heller, sonniger Tag ist, während die längsten, dunkelsten Schatten entweder am frühen Morgen oder spät in der Nacht auftreten. Die harten Kanten der Schatten und Elemente in einem Gemälde vermitteln einen dynamischeren und weniger realistischen Eindruck des Bildes als Formen und Kanten, die ineinander übergehen.

Ton

Ein und dasselbe Gemälde kann je nach der Verteilung der dunklen und hellen Bereiche und damit der Betonung des Schwerpunkts völlig unterschiedlich aussehen.

Lebendig

Bilder von Menschen und Tieren tragen in Landschaftsdarstellungen fast immer zur Atmosphäre eines Bildes bei und ob wir es als interessant empfinden, ebenso wie Hinweise auf menschliche Aktivitäten – von Hütten bis zu Zäunen, Wegen und Skipisten.

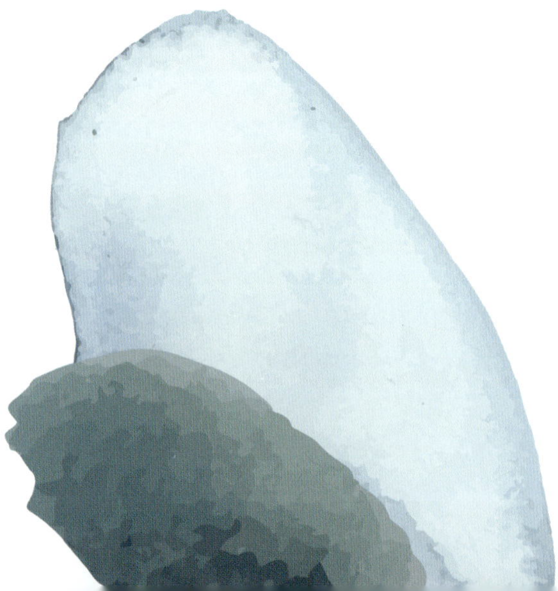

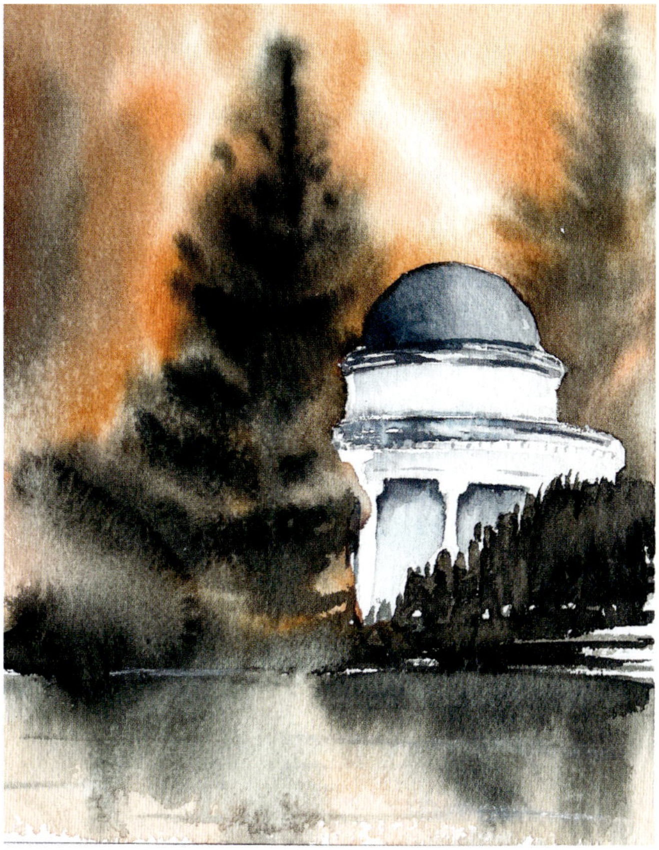

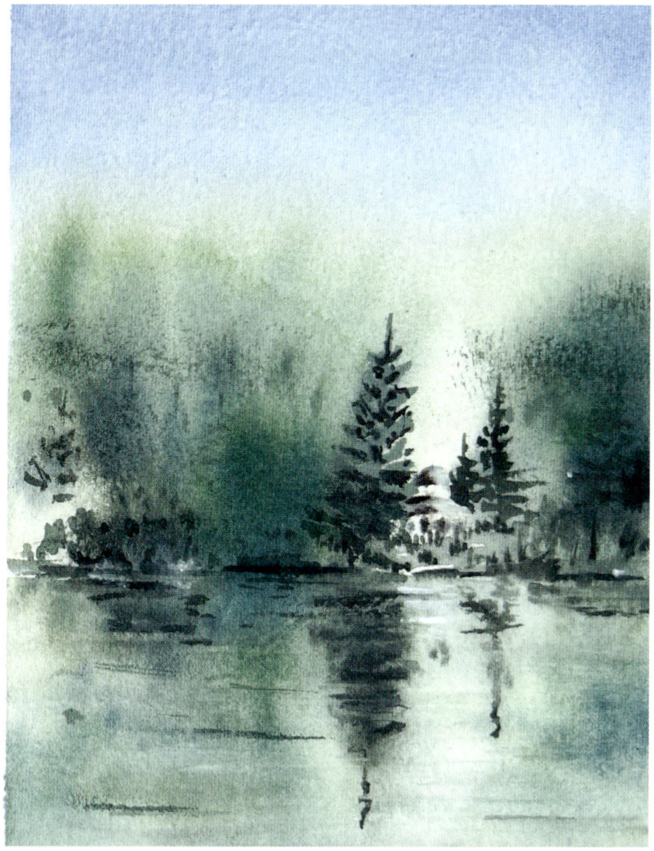

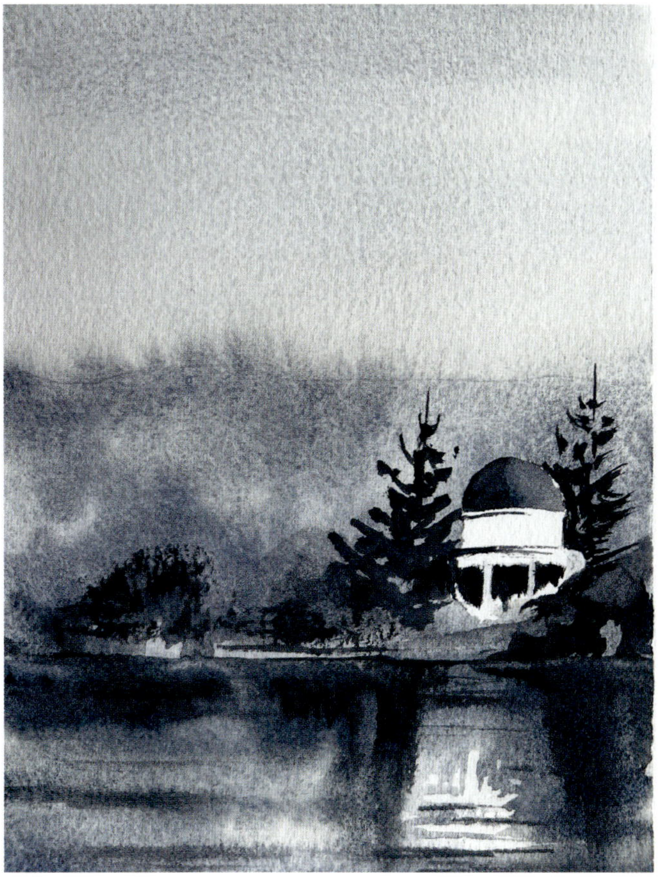

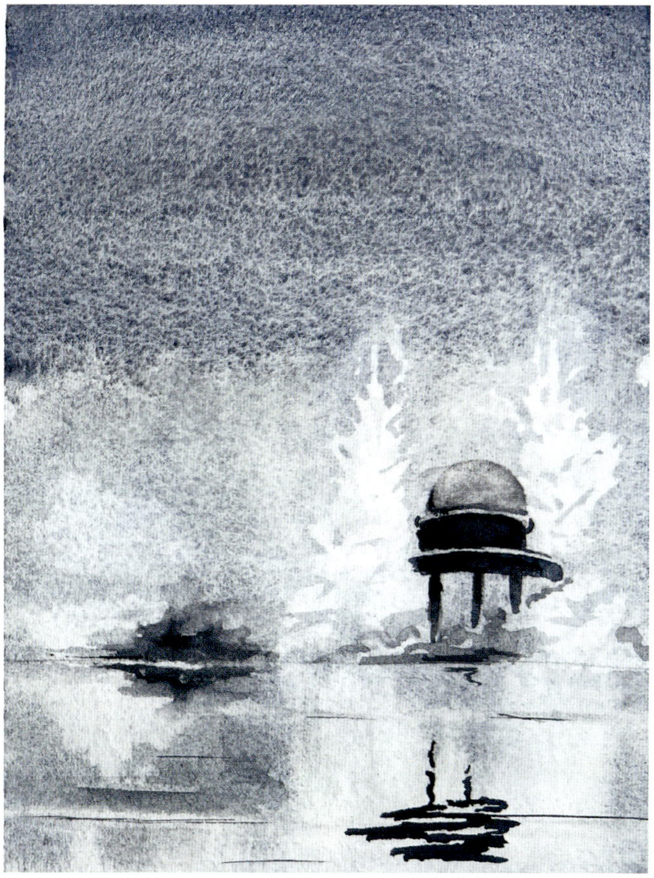

EIN AQUARELL KORRIGIEREN

Aquarellfarbe ist eines der kapriziösesten Malmedien, wenn es um Farbkorrekturen geht. Die Transparenz von Aquarellfarben macht jede nachträgliche Bearbeitung deutlich sichtbar.
Jede Überarbeitung nimmt dem Aquarell die ihm innewohnende Frische, besonders wenn zu viele Korrekturen vorgenommen werden. Oft ist die beste Lösung, ein neues Blatt zu nehmen. Fehler in der Zeichnung können Sie fast nie beheben, aber wenn es um die Farbebene geht, gibt es Mittel und Wege, Aquarelle zu korrigieren.

Problem: Zu dunkel oder zu hell

Zu dunkel geratene Farbaufträge können Sie teilweise wieder abwaschen, indem Sie auf die Bereiche Wasser aufsprühen und die überschüssige Farbe mit einem Pinsel oder Schwamm abnehmen.

Über zu hell geratene Farbaufträge tragen Sie einfach eine zweite Farbschicht auf.

Problem: „Blumen-Flecken"

Verteilen Sie das Pigment mit einem Pinsel, solange die Schicht noch feucht ist.

Problem: Die Farbe sieht schmutzig aus

Gehen Sie individuell vor und versuchen Sie, die problematischen Stellen mit einer transparenten Gegenfarbe zu überdecken.

Problem: Stellen, die weiß bleiben sollten, sind versehentlich mit Farbe bedeckt

Übermalen Sie für Akzente die Stellen mit deckender Aquarell- oder Gouachefarbe. Um größere Farbschichten abzuwischen, können Sie einen Melaminschwamm oder ein Palettmesser verwenden.

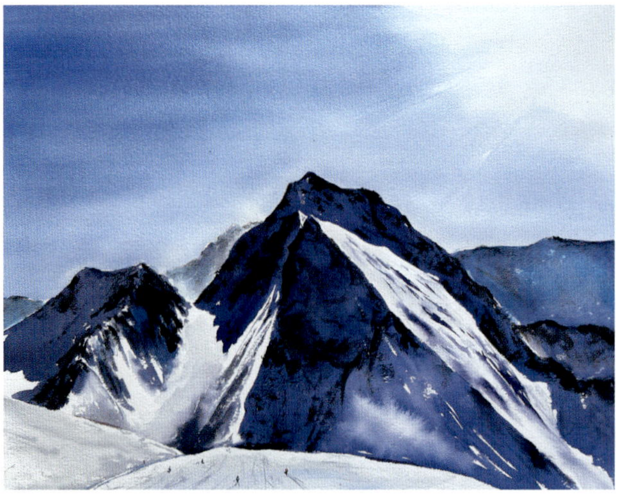

Das Ausgangsbild: Der Farbauftrag wirkt stumpf und die Farbgebung übertrieben.

Meine Korrekturen

Beim Vergleich der beiden Bilder lässt sich gut erkennen, welche Bereiche ich mit welchen Methoden abgeändert habe, um zu einem besseren Bildergebnis zu gelangen:

- Auf der linken, oberen Bildseite habe ich den Himmel durch Befeuchten der Fläche und Zugabe von Pigment verdunkelt. Dort, wo das Sonnenlicht herkommt, wurde Gelb hinzugefügt.
- Die Ränder der Bergkette im Hintergrund erschienen mir zu scharf. Für eine luftigere Perspektive habe ich die Farbe der Ränder mit einem feuchten Pinsel angelöst und die Blautöne von Himmel und Bergen etwas mehr ineinander übergehen lassen.
- Die Farbschichten der Bergmassive links und in der Mitte waren mir zu intensiv. Ich habe hier Farbe herausgewaschen.
- Als direkte Reflexion des Sonnenlichts wurden gelbe Lichter in den Schnee gesetzt.
- Als indirekte Reflexion des Sonnenlichts entstand ein rosafarbener Schimmer im Schnee.
- Für Spuren von Schnee an den Berghängen habe ich deckendes Titanweiß eingesetzt.
- Zum Schluss habe ich Vögel hinzugefügt und dabei zufällige Farbspritzer am Himmel entfernt.

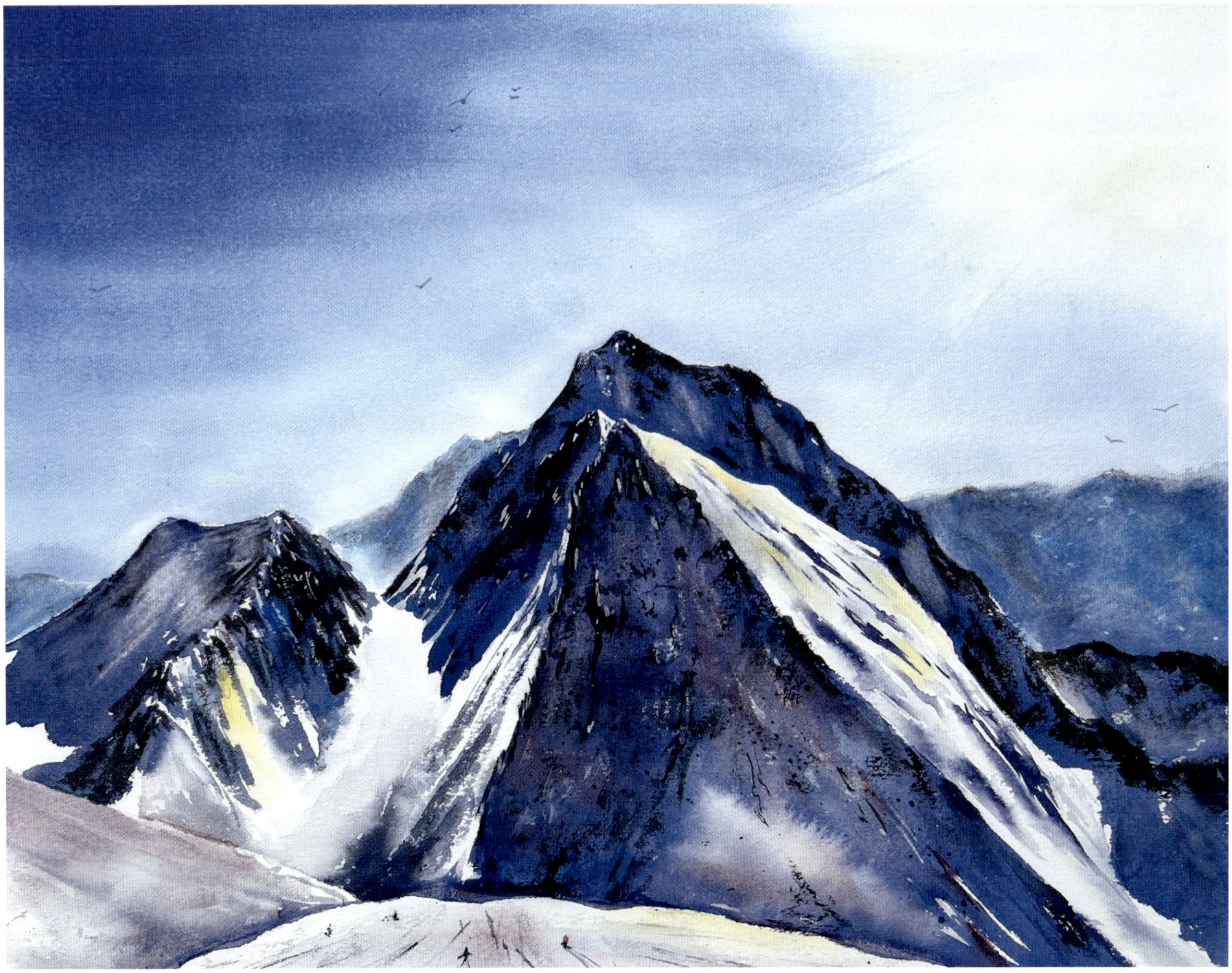

Dasselbe Bild, nach der Korrektur.

MYTHEN UND MISSVERSTÄNDNISSE ÜBER AQUARELL

Es gibt viele falsche Vorstellungen und weit verbreitete Mythen über Aquarellfarben – hier werden sie widerlegt.

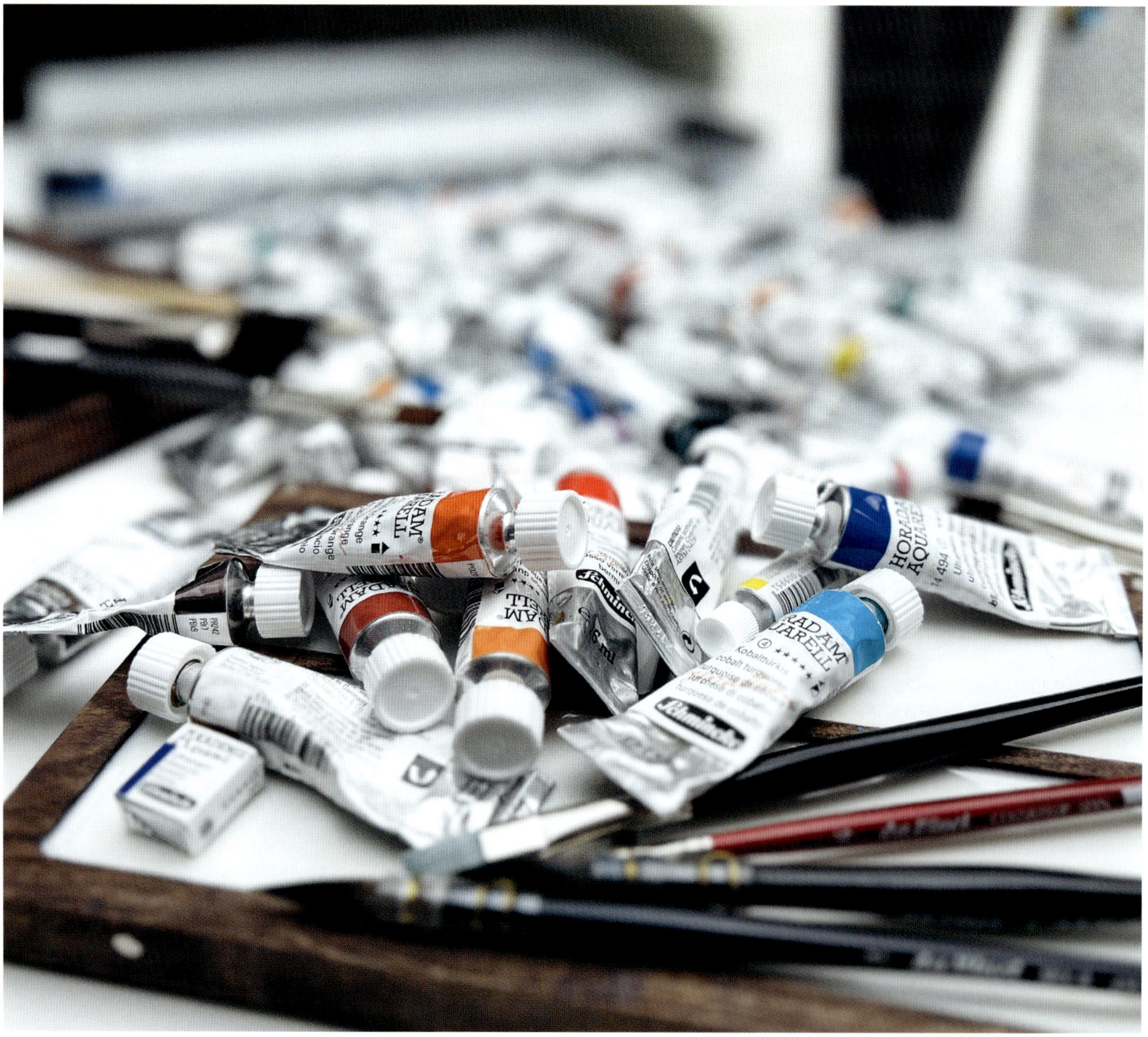

Studienfarben sind von minderer Qualität.

Der Unterschied zwischen den Studienfarben und den professionellen Serien besteht nur in der Menge, nicht in der Qualität der enthaltenen Pigmente.

Natürliche Pigmente sind besser.

Tatsächlich werden heute alle Aquarellfarben aus synthetischen Pigmenten hergestellt, die sauberer, stabiler und preiswerter sind, während natürliche Pigmente wie Mineralien nur noch in seltenen, gesondert gekennzeichneten Serien erhältlich sind

Schwarz und Weiß sind verboten.

Dieses Missverständnis stammt aus der akademischen Tradition der Kunstschulen. Wenn es sich jedoch um Malerei für nicht-akademische Zwecke handelt, können Sie sowohl Schwarz als auch deckendes Weiß verwenden.

Aquarellfarbe ist höchstens geeignet für schnelle Skizzen.

Tatsächlich wurden Aquarellfarben früher nicht als eigenständiges Malmaterial wahrgenommen, weil man damals begründete Zweifel an seiner Lichtechtheit hatte. Heutzutage hat sich die Produktionstechnologie und damit die Qualität weiterentwickelt und Aquarell ist ein eigenständiges und unabhängiges Malmedium.

Aquarellfarbe ist nur kurze Zeit haltbar und kann schnell verblassen.

Wenn Sie die empfohlenen Lagerungsbedingungen einhalten und Farben von guter Qualität mit guter Lichtechtheit und säurefreies Papier verwenden, ist das nicht der Fall.

Man sollte nie mehr als fünf Pigmente mischen, da sonst die Farbe schmutzig wird.

In dieser Aussage steckt ein Körnchen Wahrheit, aber: Es kommt darauf an, welche Pigmente gemischt werden. Es gibt Mischungen aus sieben oder mehr Pigmenten, die leuchtend aussehen, und es gibt Mischungen aus drei Pigmenten, die trüb aussehen. Im Großen und Ganzen lohnt es sich, auf die Anzahl der Pigmente zu achten, aber nehmen Sie diese Regel nicht als starres Postulat.

Aquarelle können nicht korrigiert werden.

Aufgrund der Transparenz des Materials sind Korrekturen schwieriger und viel deutlicher sichtbar als etwa bei Acryl- oder Gouachebildern. Aber auch für Aquarelle gibt es Korrekturmöglichkeiten (siehe Seite 74/75).

Aquarelle gibt es nicht in großen Formaten.

Ab einer Blattgröße von 56 x 76 Zentimetern wird es technisch anspruchsvoller zu malen, da es schwieriger ist, das Wasser im Blatt, in der Farbe und auf dem Pinsel zu koordinieren. Allerdings gibt es auch Aquarelle in großen und sehr großen Formaten – ich selbst habe ein Aquarell von 3 x 6 Metern gesehen.

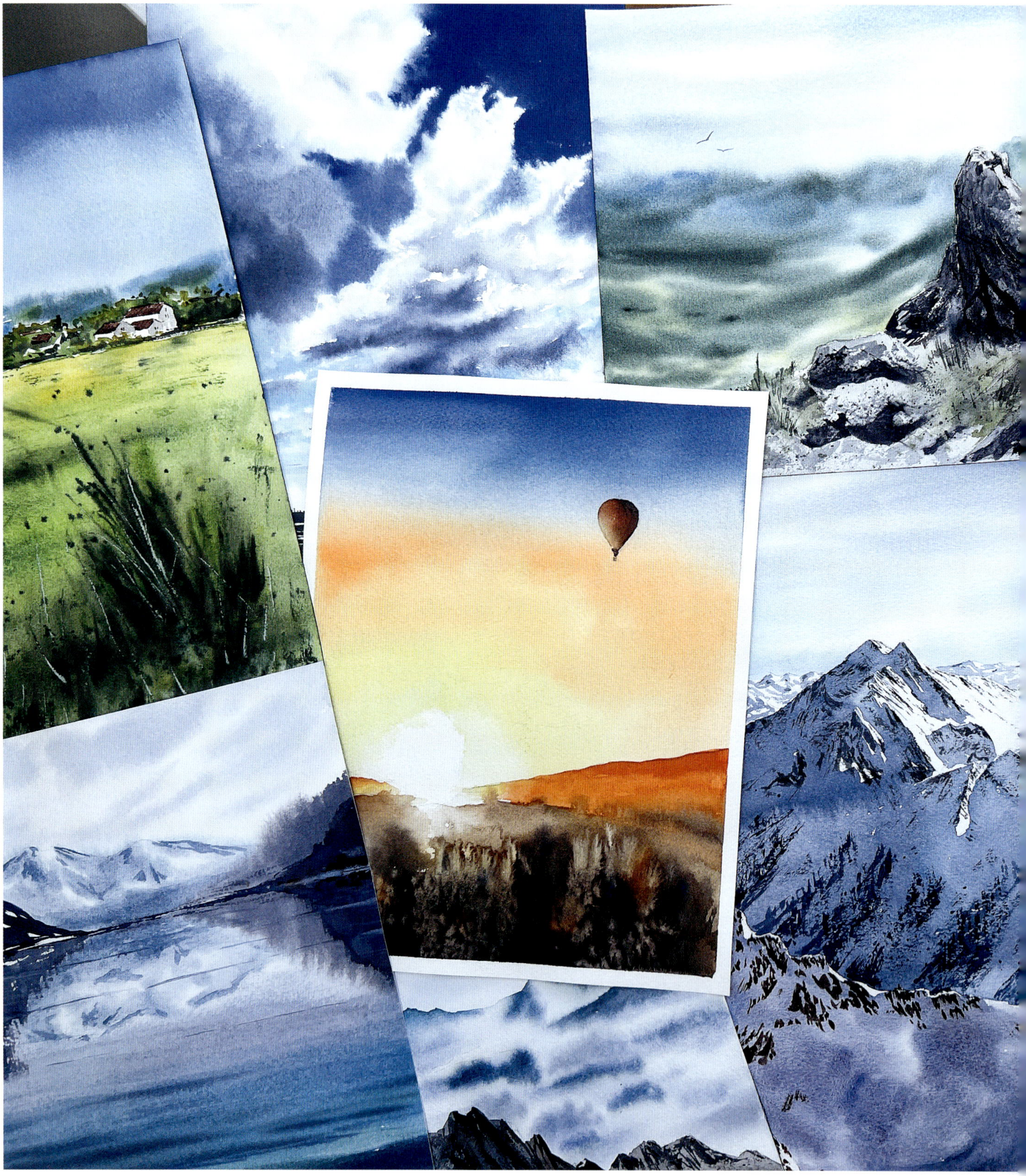

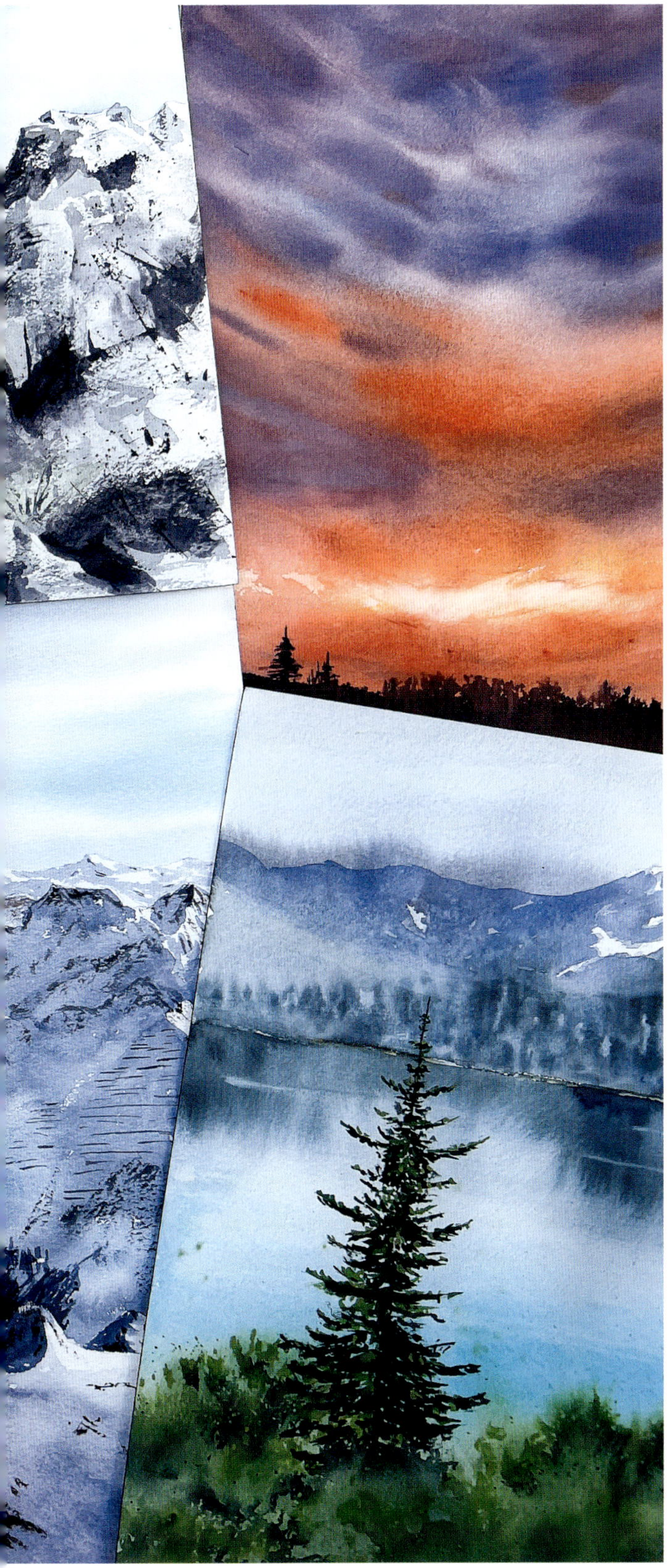

In diesem Kapitel zeige ich Ihnen Schritt für Schritt, wie Sie die spektakulärsten und häufigsten Landschaftsmotive malen können. Ihrer Kreativität sind dabei keine Grenzen gesetzt, dasselbe Motiv kann immer wieder anders gemalt werden. Auch gleiche Farbtöne können auf unterschiedlichste Weise gemischt werden. Probieren Sie aus, experimentieren Sie, malen Sie – und vor allem: Haben Sie Spaß dabei!

FARBMISCHUNGEN

Mit der Zeit werden Sie beim Mischen Ihrer Farben immer freier werden. Trotzdem ist es gut, dabei einige Regeln zu beherzigen. Wenn es um das Mischen von Aquarellfarben geht, sind die zwei Farbtongruppen, die die meisten Probleme verursachen, Grau- und Grüntöne. Es gibt aber allgemeingültige Regeln für das Mischen von Aquarellfarben, die für das Auge angenehme Kombinationen ergeben. Auf der gegenüberliegenden Seite sehen Sie meine „Lieblings"-Mischfarben für Grau- und Grüntöne, die ich am häufigsten in meinen Motiven verwende.

Grautöne

Neutrale Grautöne erhält man durch das Mischen von warmem Rot mit kühlem Blau, kühlem Grün mit kühlem Rot und warmem Blau mit beliebigem Braun und etwas Orange.

Grüntöne

Wenn Sie ein kühles Blau mit einem warmen Gelb mischen, erhalten Sie ein leuchtendes und lebendiges Grün. Verwenden Sie wärmere Varianten von Blau in Mischungen mit Gelb, werden die Farben gedämpft. Wenn Sie ein kühles Blau mit einem kalten Gelb kombinieren, erhalten Sie sehr helle und fast immer unnatürliche Farben. Grüntöne können nicht nur aus Blau- und Gelbtönen gemischt werden, sondern auch durch Hinzufügen von Gelb oder Blau zu den bereits vorhandenen Grüntönen.

Violetttöne

Ein kräftiges Violett erhält man, wenn man kühle Rottöne mit kühlen Blautönen mischt. Die Mischung von warmen Rottönen mit warmen Blautönen ergibt hingegen gedecktere und gedämpftere Farbtöne.

Orangetöne

Reines Orange wird aus warmen Rottönen und warmen Gelbtönen gemischt. Kühle Rottöne und kalte Gelbtöne ergeben dunklere, staubigere Farbtöne.

GRAUTÖNE

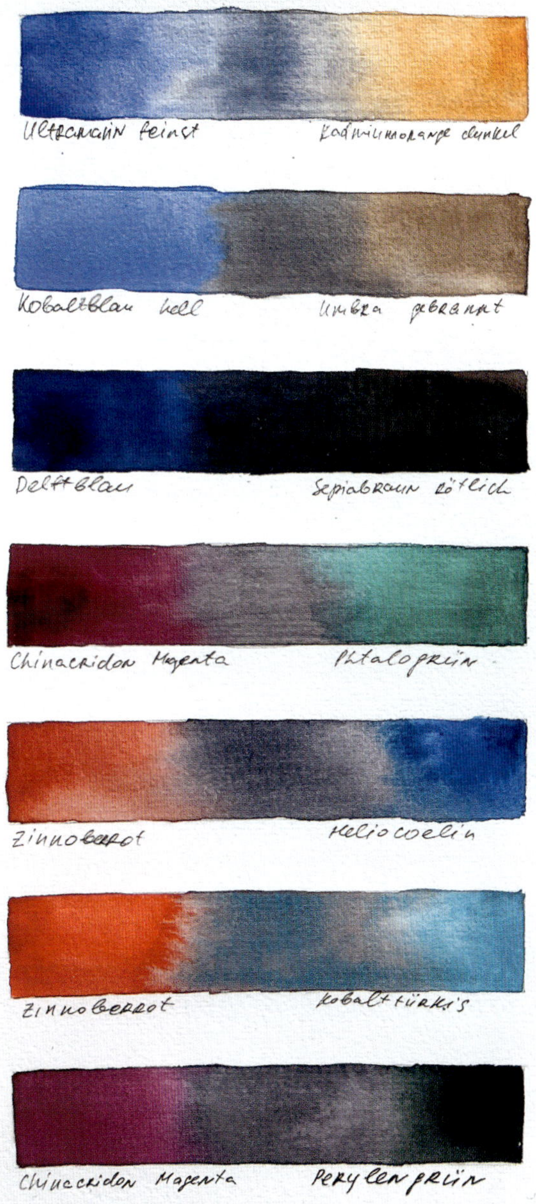

GRÜNTÖNE

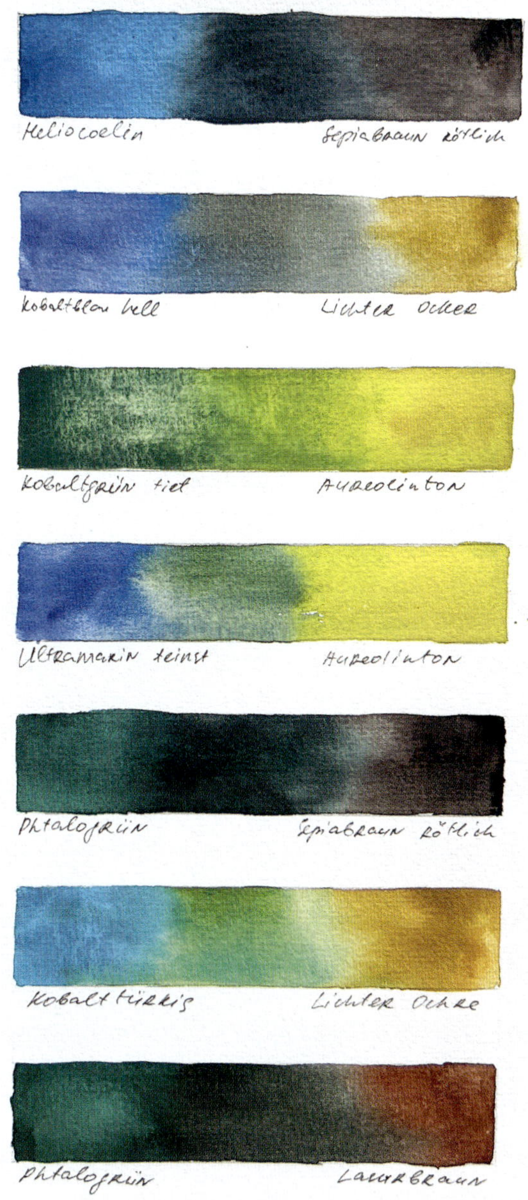

HELLES LICHT

Die Morgenstimmung und das helle Licht der aufgehenden Sonne sind klassische Motive für die Aquarellmalerei – ineinander übergehende Farbverläufe, nass in nass aufgetragen, werden hier mit Struktureffekten kombiniert.

DAS BRAUCHEN SIE:

AQUARELLPAPIER
- 300g/m², 100% Baumwolle, kaltgepresst

AQUARELLFARBE
- Lasurgelb, Turners Gelb, Lasurorange, Kobaltblau hell, Sepiabraun rötlich

PINSEL
- mittelgroßer Rundpinsel für den Farbauftrag, Synthetikpinsel für Details, Schminkpinsel oder Rundpinsel mit weichem Naturhaar

- Salz, Sprühflasche mit Wasser

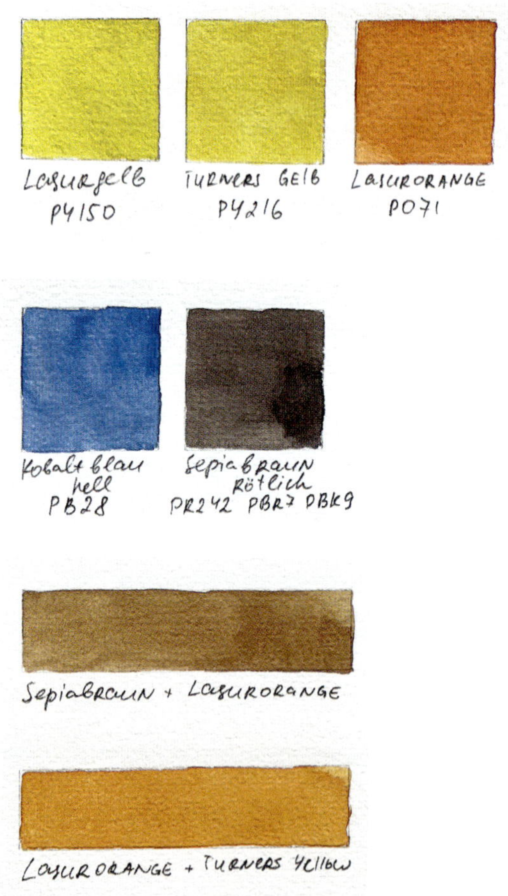

VIDEO 2

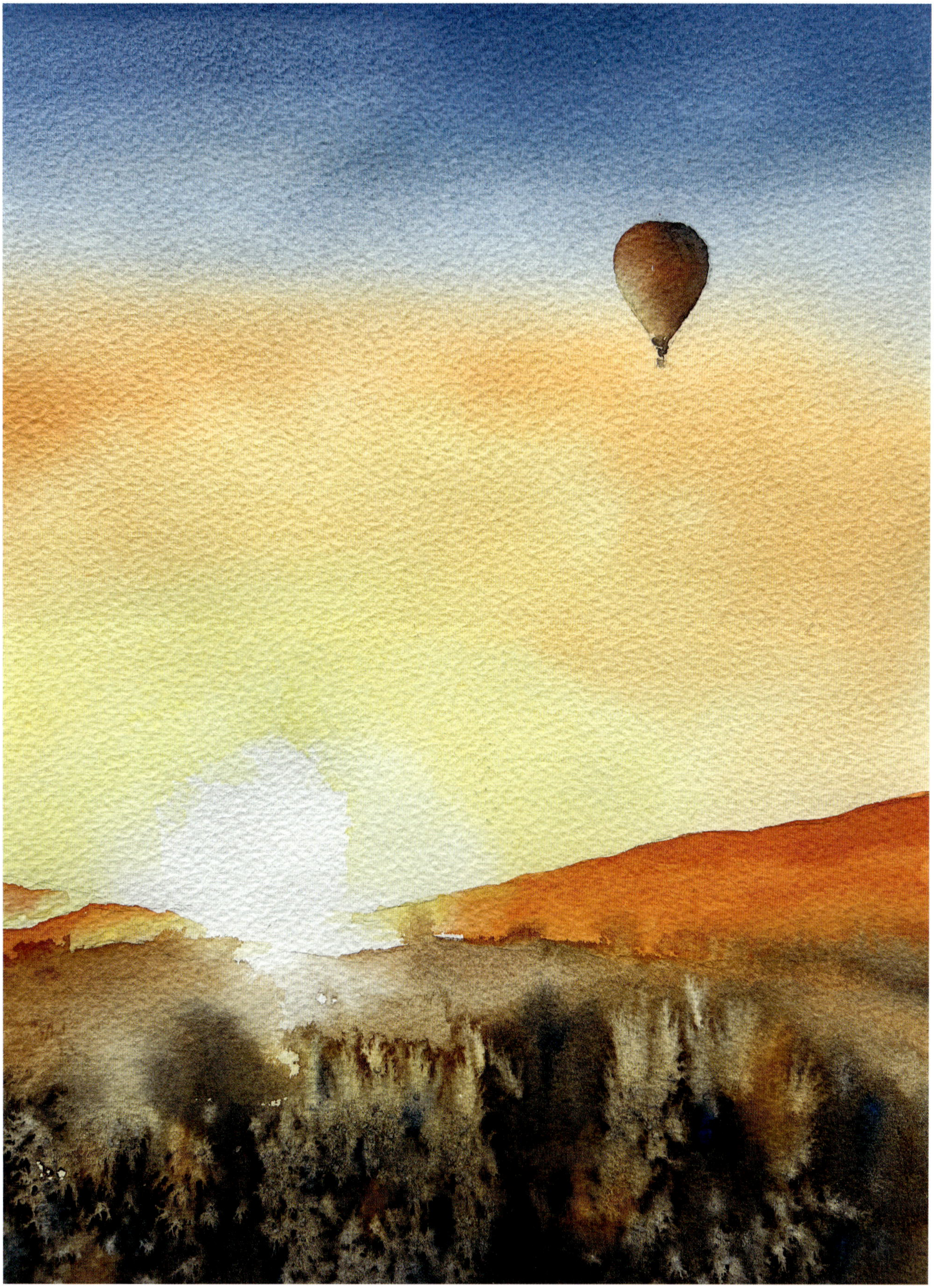

SCHRITT 1

Die Vorzeichnung besteht nur aus den Silhouetten der Hügel im Hintergrund. Kleben Sie mit einem Stück Malerkrepp den Bereich ab, in dem sich die Sonne befinden wird, damit Sie nicht versehentlich über den Bereich malen. Feuchten Sie das Papier mit Hilfe eines Schwamms vollständig und ausgiebig mit sauberem Wasser an. Formen Sie dann Lichtkreise – zuerst mit dem kühlen Lasurgelb, dann mit dem warmen Turners Gelb. Zum Schluss folgt Lasurorange.

SCHRITT 2

Verteilen Sie die Farbe mit einem Make-up-Pinsel auf dem Blatt, um weiche und gleichmäßige Übergänge zu erzielen. Tragen Sie im Bereich des Himmels Kobaltblau hell auf, das nach oben hin intensiver wird. Lassen Sie das Blatt vollständig trocknen und entfernen Sie das Klebeband vor der Sonne. Tragen Sie das transparente Lasurorange auf die Silhouette der Hügel im Hintergrund auf.

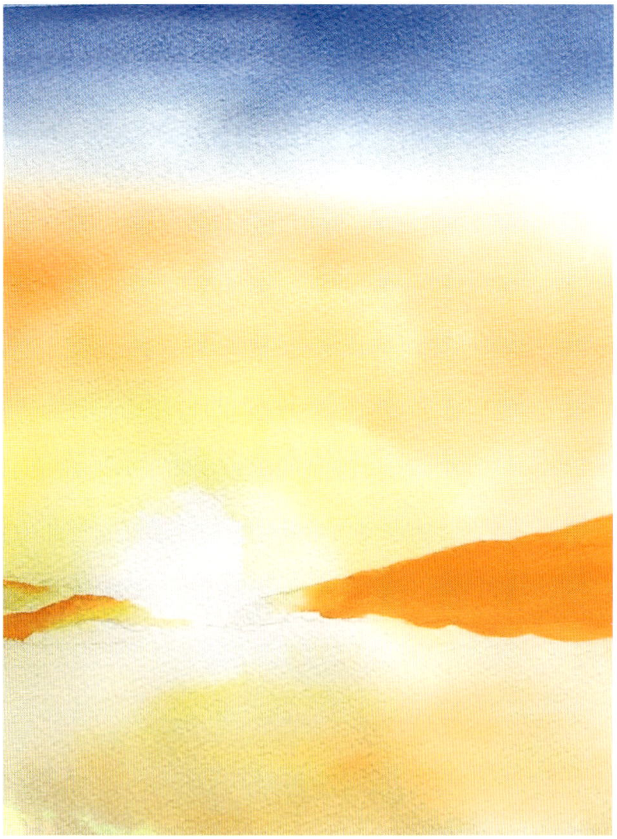

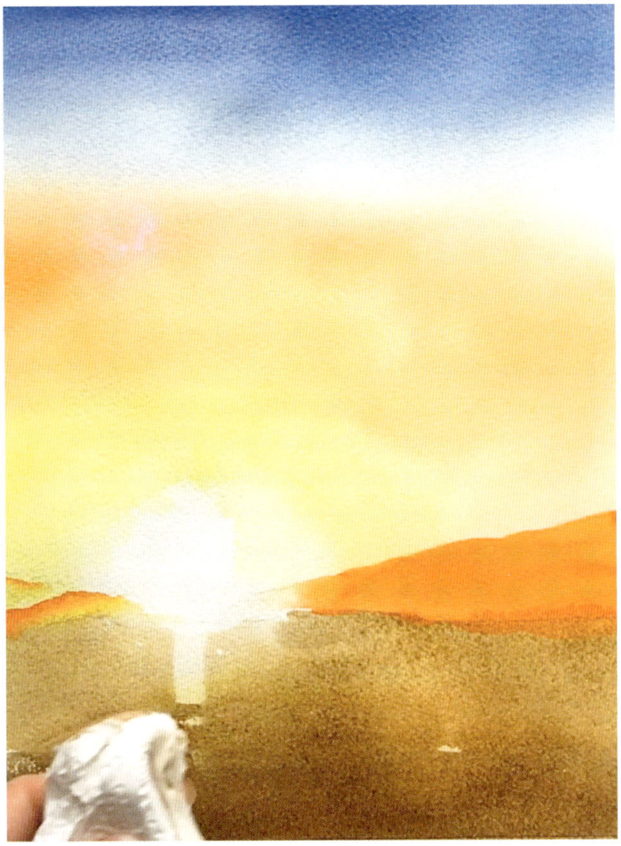

SCHRITT 3

Verwenden Sie für den Mittelgrund eine recht flüssige Mischung aus Lasurorange und Sepiabraun rötlich. Bevor die Farbe trocknet, wischen Sie mit einem Küchentuch einen Streifen Sonnenlicht heraus und saugen Sie überschüssige Farbe in diesem Bereich mit einem Pinsel heraus.

SCHRITT 4

Tragen Sie eine sehr dicke Schicht Sepiabraun rötlich in die noch feuchte Grundierung auf und geben Sie Salz hinzu. Mein Salz ist grobes Salz aus der Mühle, aber auch normales Kochsalz eignet sich gut für diesen Zweck. Je feiner es ist, umso feiner sind die kristallinen Effekte.

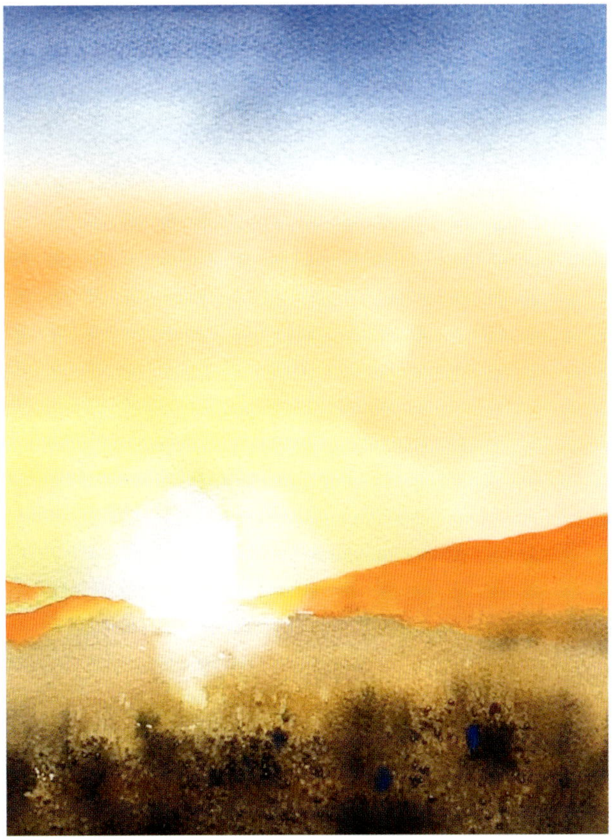

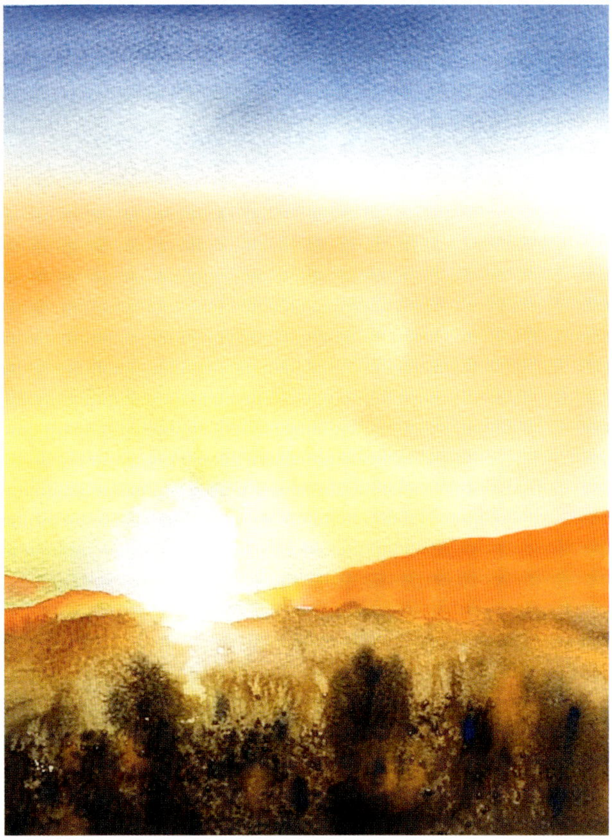

SCHRITT 5

Geben Sie nun für die Himmelsreflexe etwas Kobaltblau hell auf den nassen Farbauftrag und fügen Sie an einigen Stellen Lasurorange hinzu, um einen Farbkontrast zu schaffen. Ich habe hier den Mittelgrund noch weiter abgedunkelt und im Vordergrund Wasser aufgesprüht, um noch interessantere Texturen zu schaffen. Alles gut trocknen lassen.

SCHRITT 6

Markieren Sie die Form des Ballons mit einem Bleistift an der gewünschten Stelle. Malen Sie den Fesselballon nass in nass in orange-braunen Farbtönen. Achten Sie darauf, dass die der Sonne zugewandte Seite viel heller ist.

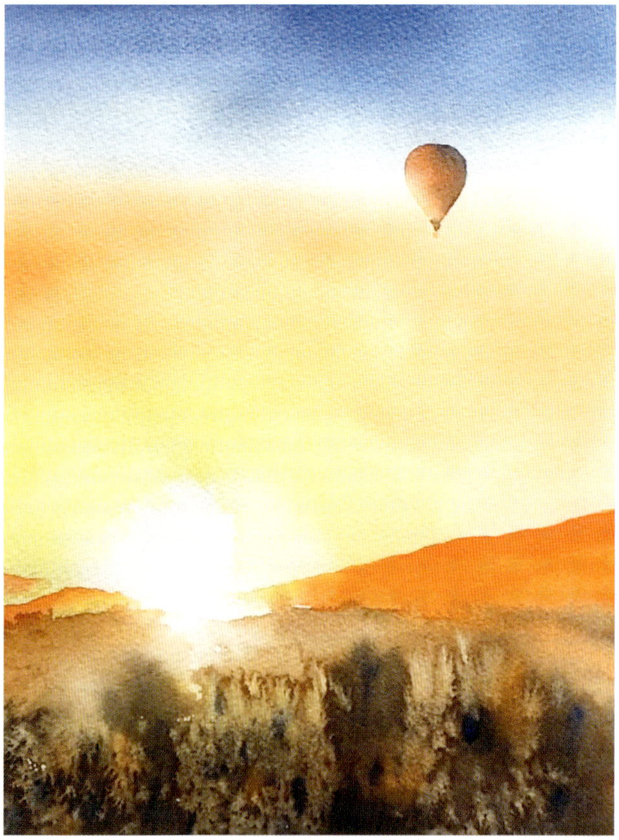

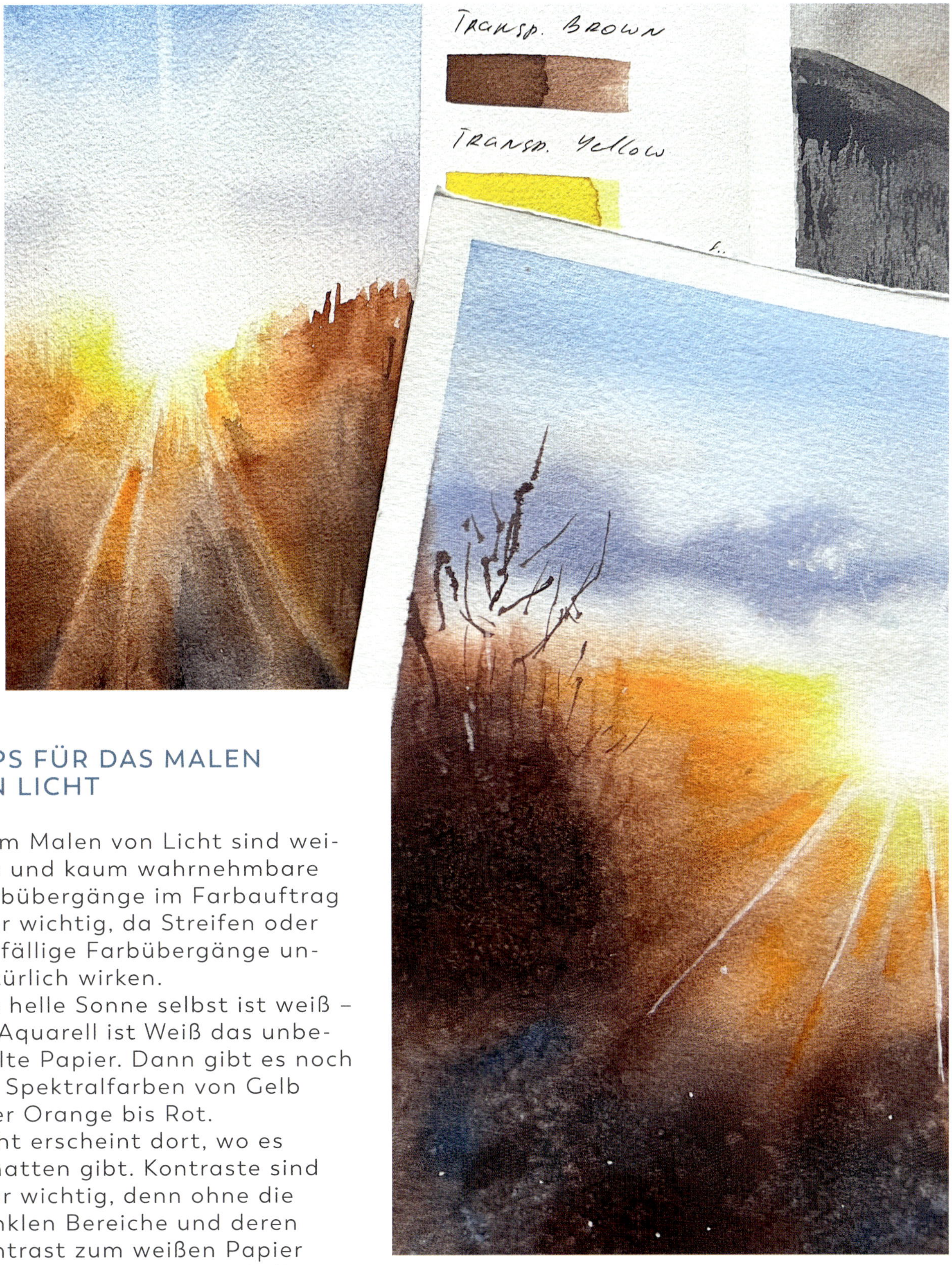

TIPPS FÜR DAS MALEN VON LICHT

- Beim Malen von Licht sind weiche und kaum wahrnehmbare Farbübergänge im Farbauftrag sehr wichtig, da Streifen oder auffällige Farbübergänge unnatürlich wirken.
- Die helle Sonne selbst ist weiß – im Aquarell ist Weiß das unbemalte Papier. Dann gibt es noch die Spektralfarben von Gelb über Orange bis Rot.
- Licht erscheint dort, wo es Schatten gibt. Kontraste sind sehr wichtig, denn ohne die dunklen Bereiche und deren Kontrast zum weißen Papier wird das Licht nicht so hell leuchten, wie es könnte.

WOLKEN

Wolken und Himmel sind ein fester Bestandteil fast jeder Landschaft. Wir arbeiten hier mit 100% Baumwolle Aquarellpapier, das zu Beginn auf beiden Seiten großzügig mit Wasser getränkt oder zehn Minuten lang ganz in Wasser eingeweicht wird. Kleben Sie es auf eine wasserfeste Zeichenunterlage nur mit Wasser, ohne Klebeband.

DAS BRAUCHEN SIE:

AQUARELLPAPIER

- 300g/m^2, 100% Baumwolle, kaltgepresst

AQUARELLFARBE

- Lichter Ocker, Kadmiumorange dunkel Ultramarin feinst, Coelinblau, Delftblau

PINSEL

- Rundpinsel in mittlerer Größe, Schminkpinsel oder Rundpinsel mit weichem Naturhaar, Modler, Flachpinsel mit härteren Borsten

- Wasserfeste Zeichenunterlage

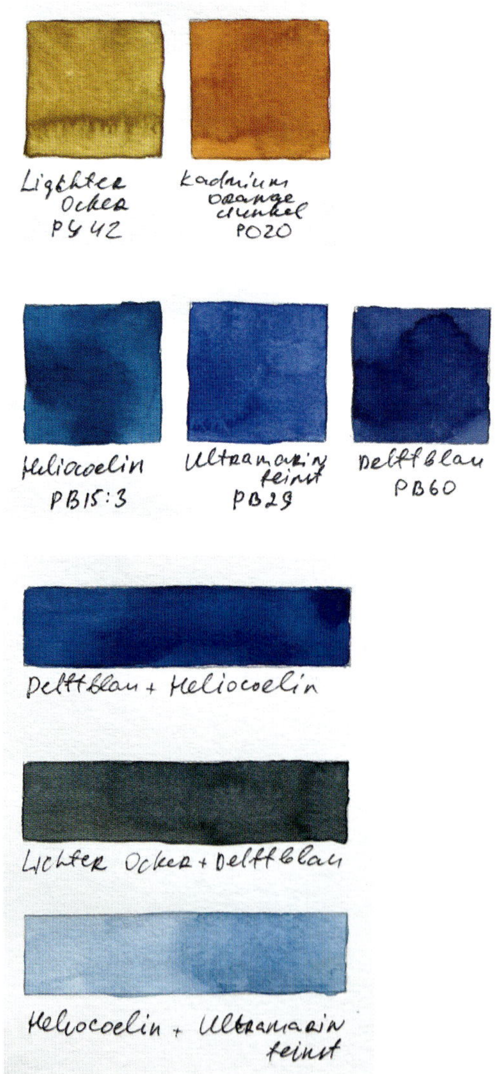

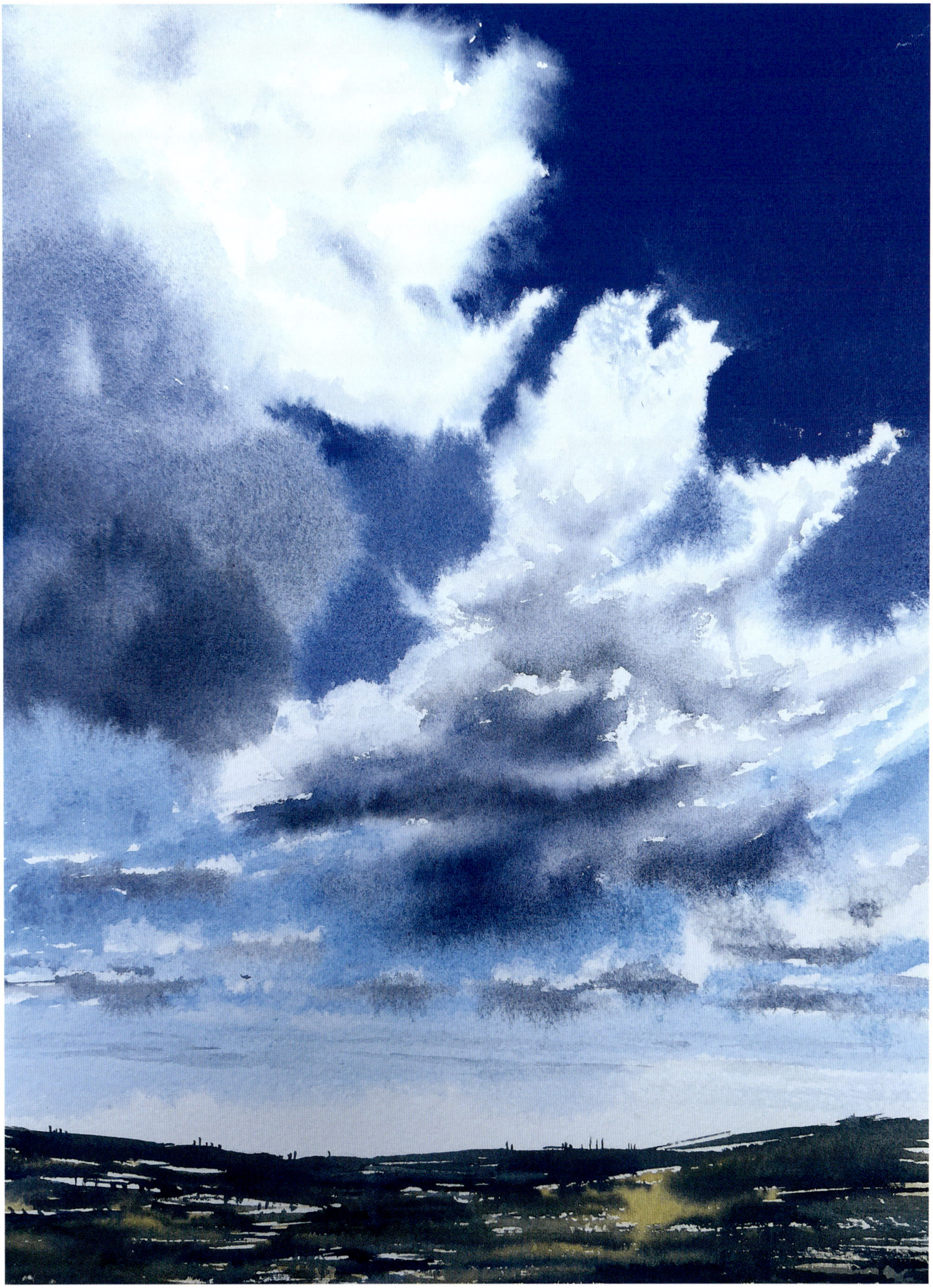

SCHRITT 1

Wenn ich Wolken male, mache ich meistens keine Vorzeichnung, sondern arbeite direkt mit dem Pinsel. Ich beginne damit, die Silhouetten der Wolken in der Negativtechnik zu formen – das heißt, ich male die dunkleren Stellen des Himmels und lasse die Wolken hell stehen. Beginnen Sie am rechten Bildrand mit einer Mischung aus Coelin- und Delftblau. Fügen Sie in der Mitte Ultramarin feinst und auf der linken Seite eine dunkelgraue Mischung aus Kadmiumorange dunkel und Ultramarin feinst hinzu, um einen Wolkenschatten zu bilden.

SCHRITT 2

Verwenden Sie einen Make-up-Pinsel oder einen weichen Rundpinsel aus Naturhaar, um die Übergänge sanft zu verblenden. Tragen Sie innerhalb der Wolke einen wässrigen Blauton auf und verwischen Sie vorsichtig alle harten Kanten, die sich dabei bilden.

SCHRITT 3

Verwischen Sie den Wolkenrand mit einem harten Flachpinsel nach oben und nehmen Sie dabei Farbe ab. Tupfen Sie die Farbe auch zusätzlich mit einem Küchentuch ab.

SCHRITT 4

Nun ist der untere Teil des Himmels an der Reihe. Malen Sie ihn mit reinem, verdünntem Coelinblau und achten Sie darauf, dass die Wolken in der Nähe der Horizontlinie kleiner sind als diejenigen weiter oben.

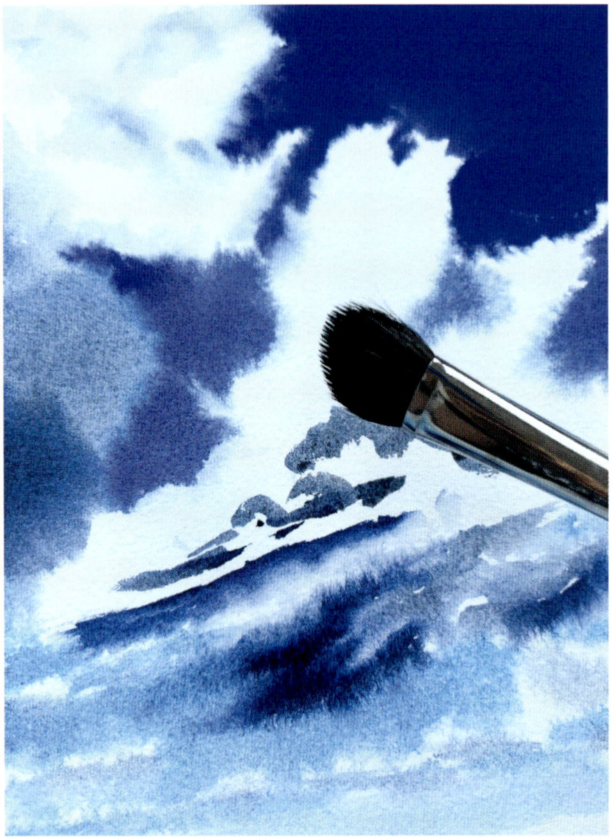

SCHRITT 5

Die Wolken wirken plastischer, wenn Sie ihnen mit Schattenbereichen Volumen verleihen. Malen Sie die Schatten mit einer sehr konzentrierten Mischung aus Kadmiumorange dunkel und Delftblau und verwischen Sie den Farbauftrag mit einem Schminkpinsel.

SCHRITT 6

Tragen Sie für die Landschaft unter dem weiten Himmel mit einem großen Pinsel Farbstreifen auf. Verwenden Sie Lichter Ocker für die hellen Stellen und eine Mischung aus Lichter Ocker und Delftblau für die dunkleren Bereiche.

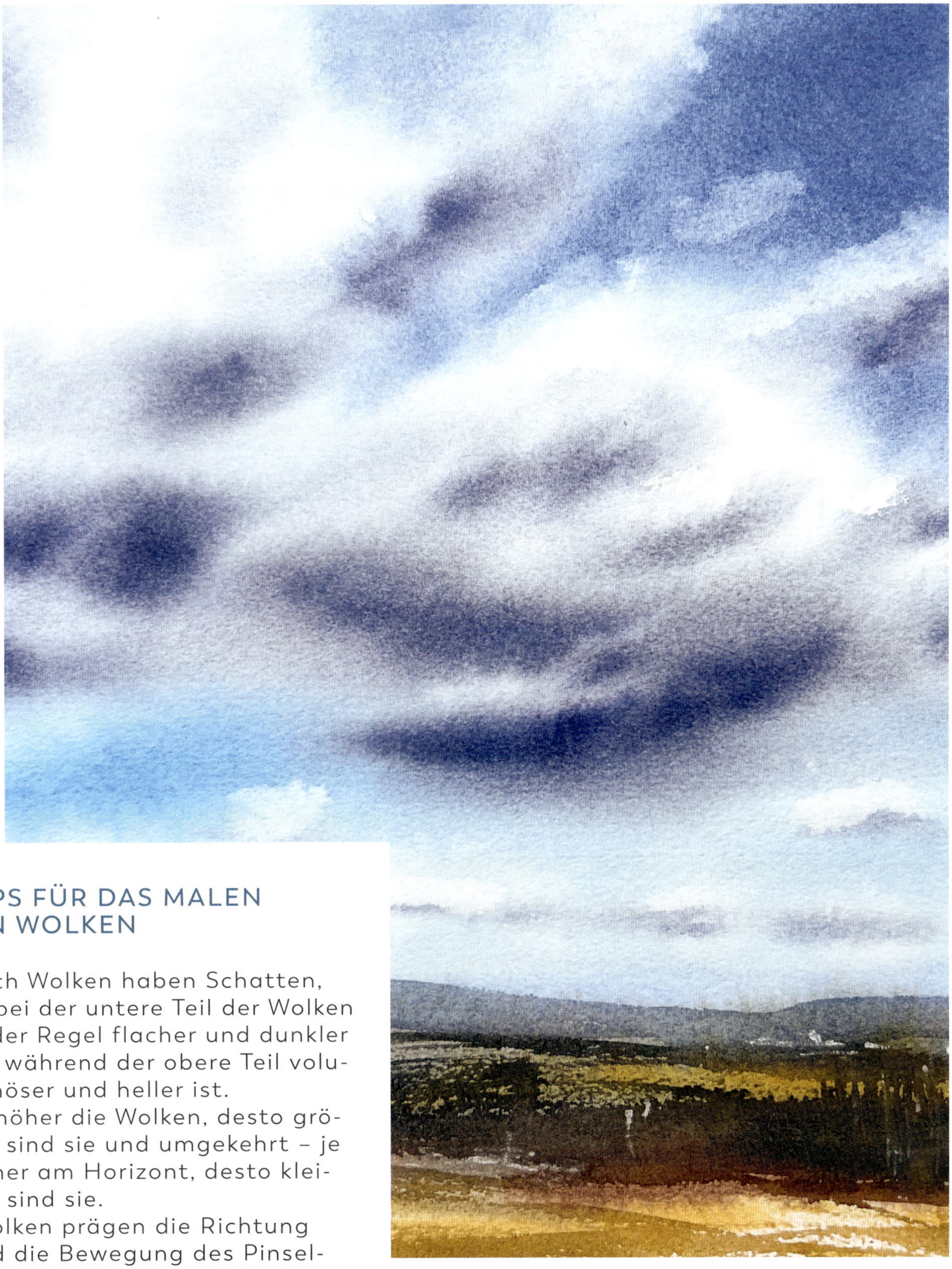

TIPPS FÜR DAS MALEN VON WOLKEN

- Auch Wolken haben Schatten, wobei der untere Teil der Wolken in der Regel flacher und dunkler ist, während der obere Teil voluminöser und heller ist.
- Je höher die Wolken, desto größer sind sie und umgekehrt – je näher am Horizont, desto kleiner sind sie.
- Wolken prägen die Richtung und die Bewegung des Pinselstrichs, und es gibt in ihnen fast nie gerade Linien und Winkel.

FELDER & BAUERNHÖFE

Das Malen idyllischer Landschaften, die die Ruhe und Schönheit der Natur atmen, hat eine meditative Wirkung.

DAS BRAUCHEN SIE:

AQUARELLPAPIER

- 300g/m², 100% Baumwolle, kaltgepresst

AQUARELLFARBE

- Aureolinton, Lasurgold Grün, Lasurbraun, Kobaltgrün tief, Kobaltblau hell, Sepiabraun rötlich

PINSEL

- Rundpinsel in mittlerer Größe, Synthetikpinsel für Details, Fächer- und/oder Kalligraphiepinsel

- Palettmesser oder Plastikkarte

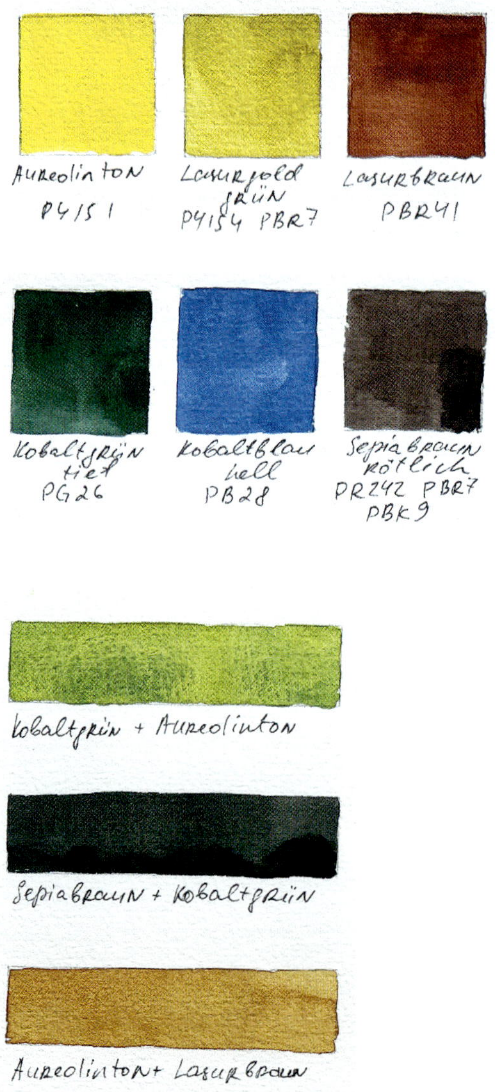

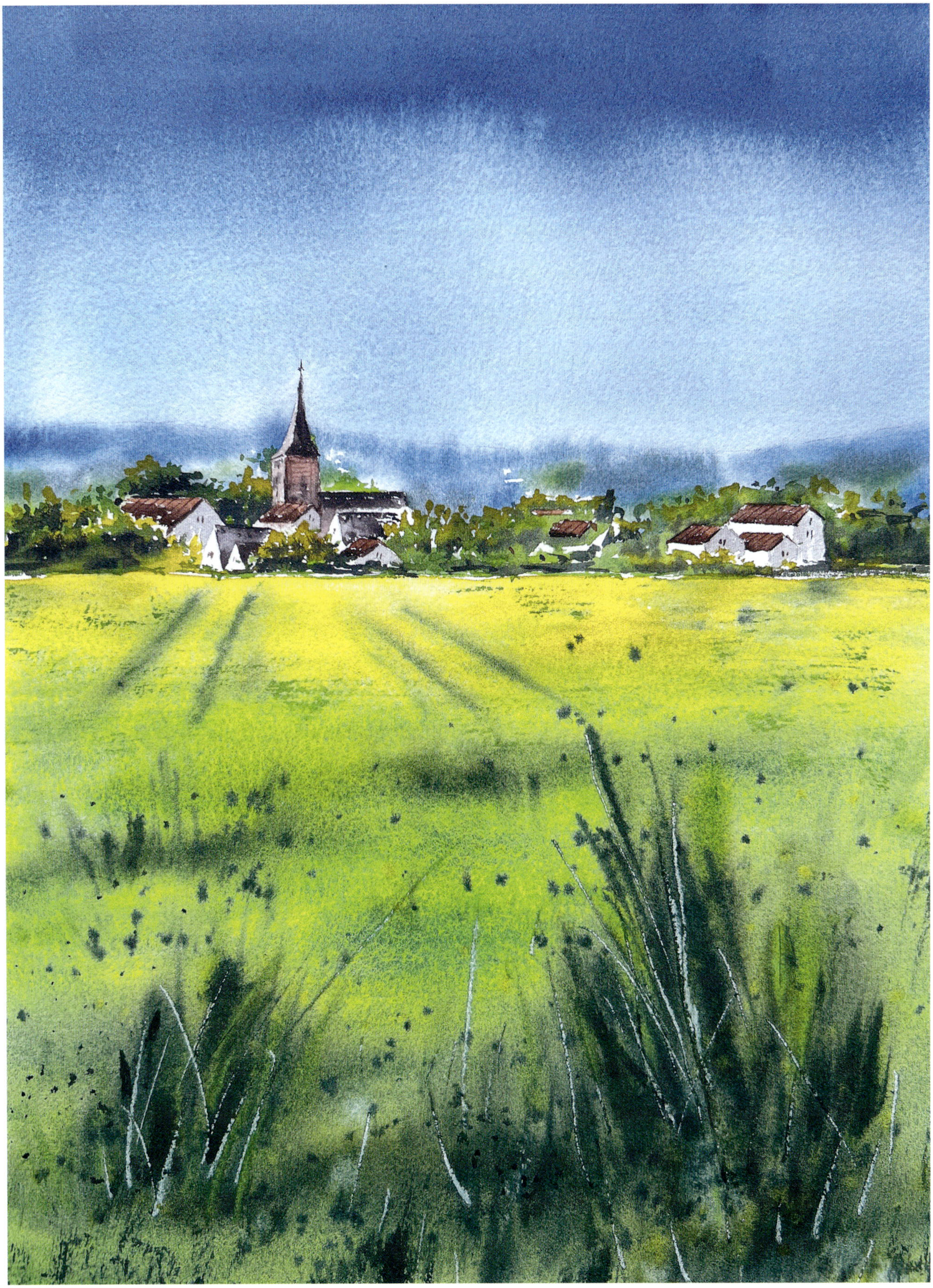

SCHRITT 1

Legen Sie eine einfache Vorzeichnung an. Markieren Sie den Horizont und die geschwungene Linie der Hügel, die Silhouette des Turms und der Häuser. Feuchten Sie dann den oberen Teil des Papiers bis zum Beginn des Felds mit dem Rundpinsel an. Sparen Sie die Dachlinien und den Turm samt Spitze dabei aus. Gestalten Sie den Himmel mit einer Lavur aus Kobaltblau, wobei der Farbverlauf durch Zugabe von Wasser von oben nach unten heller wird.

SCHRITT 2

Solange das Papier nass ist, können die Hügel im Hintergrund gestaltet werden. Tragen Sie hierfür eine Mischung aus Kobaltblau hell, Kobaltgrün tief und Lasurgold Grün auf. Achten Sie darauf, die Dächer nicht zu übermalen und hier und da weiße Stellen stehen zu lassen. Für das Grün der Bäume und Büsche kommen abermals die drei Farben Lasurgold Grün, Kobaltblau hell und Kobaltgrün tief zum Einsatz, diesmal aber vorwiegend unvermischt. Die Farbtemperatur sollte in den hellen Bereichen warm sein, die Farbe wässrig. In den dunklen Bereichen ist es umgekehrt: Hier ist die Farbe konzentrierter und kühler.

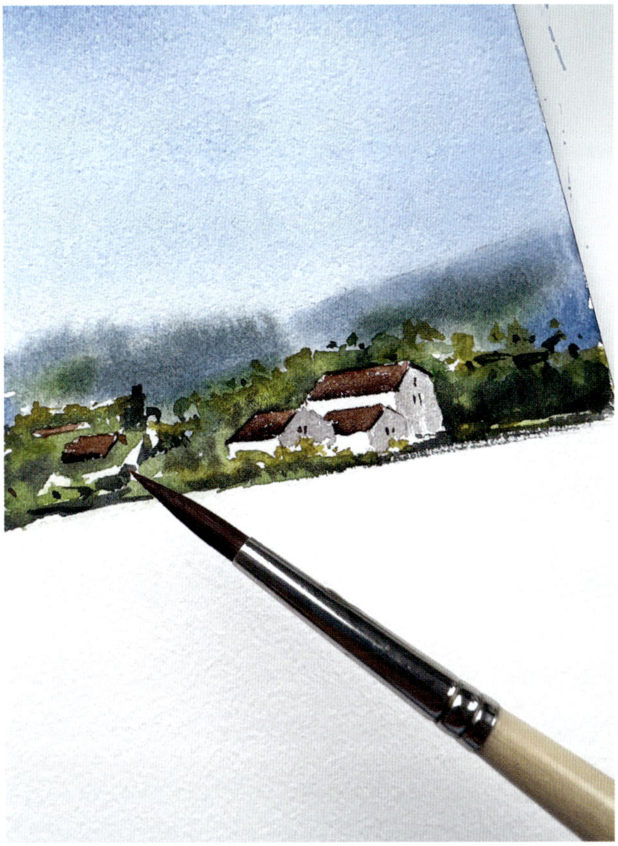

SCHRITT 3

Nun sind die Dächer und der Kirchturm an der Reihe. Verwenden Sie für die hellen Bereiche der Dächer und des Turms eine wässrige Mischung aus Lasurbraun und Aureolinton, für die dunklen Bereiche eine konzentriertere Mischung aus Lasurbraun und Sepiabraun rötlich. Für das Grau der Schatten an den Hauswänden mischen Sie Kobaltblau hell mit Lasurbraun. Achten Sie auf die Licht- und Schattenseiten: Das Licht kommt von links oben, sodass alle dem Licht abgewandten Gebäudewände dunkler sind als die im Licht stehenden.

SCHRITT 4

Für das Feld im Vordergrund benetzen Sie zuerst die gesamte Vordergrundfläche mit Wasser. Tragen Sie unterhalb des Dorfes einen Streifen Lasurgold Grün auf. Fügen Sie für den weiteren Verlauf eine Mischung aus Kobaltgrün tief und Aureolinton hinzu, was einen herrlich satten Grünton ergibt. Der Vordergrund sollte deutlich dunkler sein, verwenden Sie dafür eine konzentriertere Mischung aus Kobaltgrün tief und Sepiabraun rötlich. Die Abstufung von hellen Farben im Hintergrund und dunkleren Tönen im Vordergrund erzeugt den Eindruck von Raumtiefe.

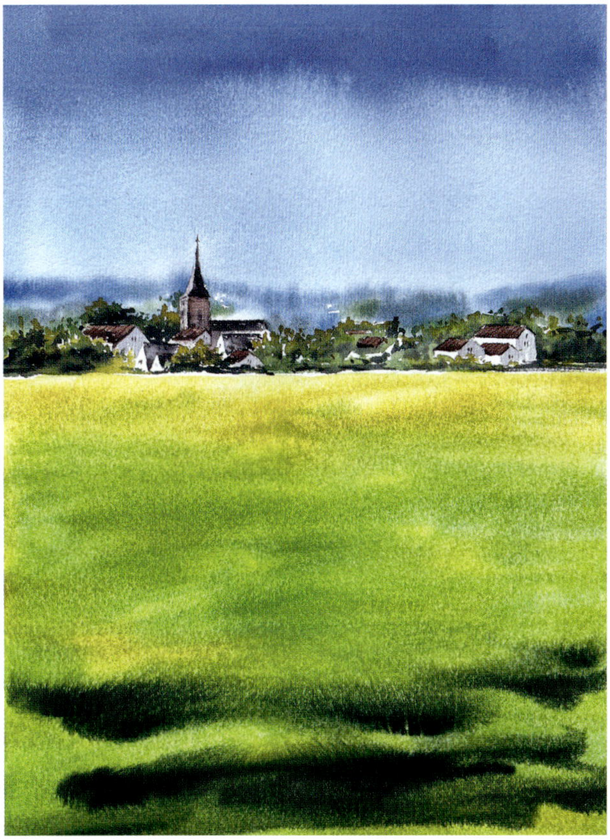

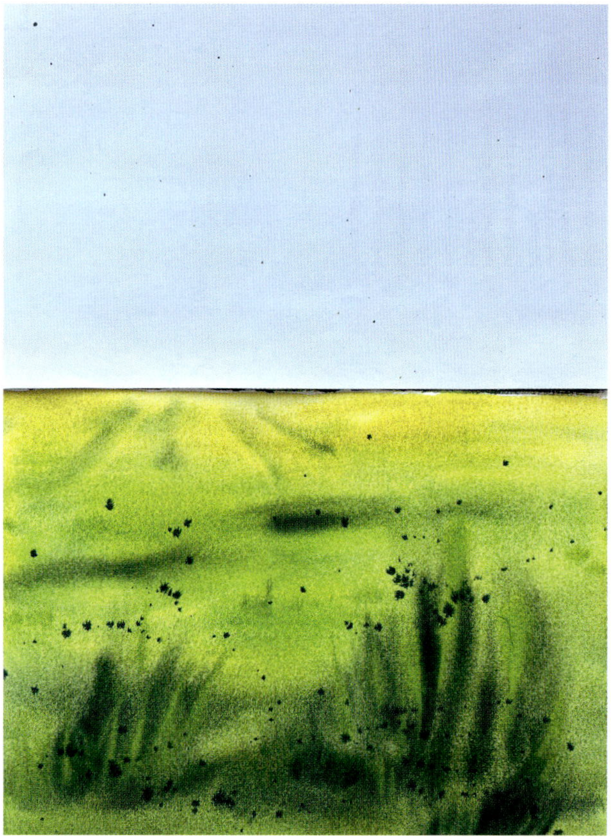

SCHRITT 5

Erzeugen Sie nun in dem noch nassen Papier Texturen: Für die Grasbüschel habe ich einen Schminkpinsel und einen Fächerpinsel eingesetzt. Je näher das Feld den Betrachtenden ist, umso mehr Strukturen und Effekte sind zu sehen. Um den Farbauftrag noch interessanter zu gestalten, können Sie Farbe hineinspritzen. Decken Sie den oberen Teil mit Papier ab, tunken Sie den Pinsel vorsichtig in wässrige, dunkelgrüne Farbe und klopfen Sie ihn sanft über einem Finger ab.

SCHRITT 6

Für einen weiteren, schönen Effekt können Sie aus den Grasbüscheln Farbe herauskratzen. Geeignet dafür sind ein Palettmesser, aber auch Plastikkarten, ein Lineal oder auch die Spitze eines Pinselstifts.

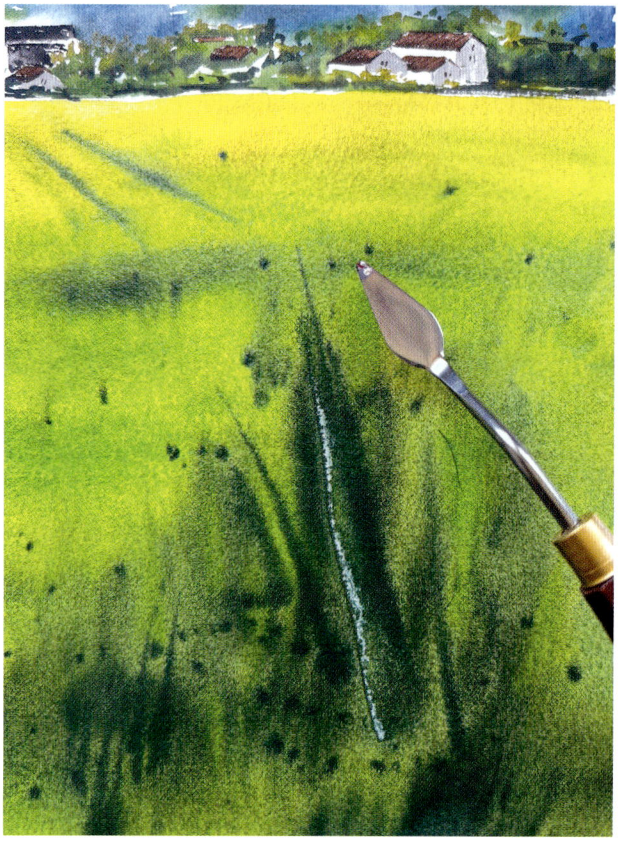

TIPPS FÜR DAS MALEN VON TEXTUREN IN FELDERN

- Für Texturen in großen, gleichmäßigen Flächen wie einem Feld können Sie verschiedene Pinsel, etwa Fächerpinsel, Schlepper oder kalligraphische Pinsel einsetzen.
- Eine gute Möglichkeit, schnell und effektiv Texturen zu erstellen, ist die Anwendung der „Trockenpinsel“-Technik.
- Sie können alle Techniken, die unter der Überschrift „Effekte“ in diesem Buch (siehe Seite 66ff.) gezeigt werden, verwenden, um Ihre Farbaufträge abwechslungsreicher und interessanter zu gestalten

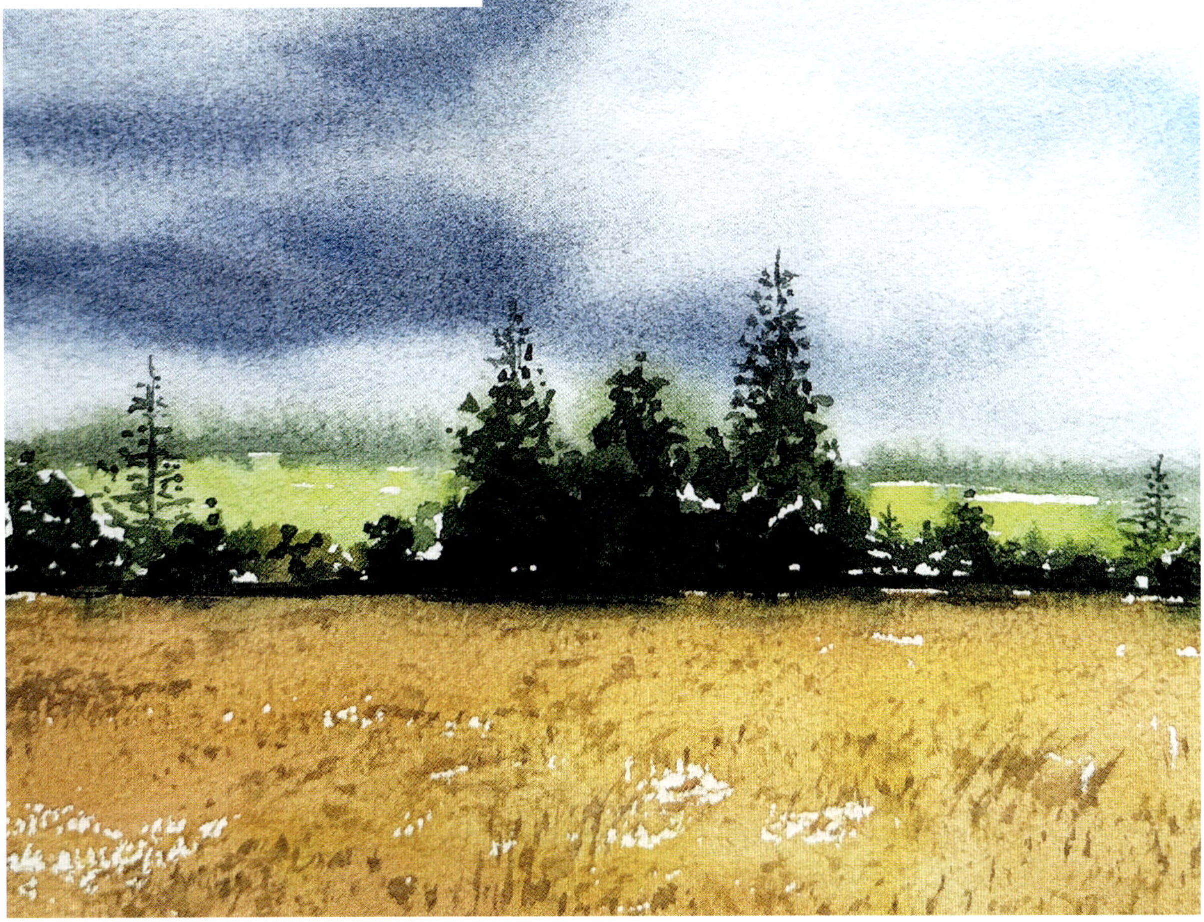

NEBEL & VÖGEL

Landschaften im Nebel haben ihren eigenen Reiz. Wie malt man das Verborgene so, dass das Bild Volumen, Stimmung und Tiefe widerspiegelt?

DAS BRAUCHEN SIE:

AQUARELLPAPIER

- 300g/m², 100% Baumwolle, kaltgepresst

AQUARELLFARBE

- Heliocoelin, Ultramarin feinst, Umbra gebrannt, Sepiabraun rötlich, Nebel blau

PINSEL

- Rundpinsel in mittlerer Größe, Synthetikpinsel für Details

- Palettmesser

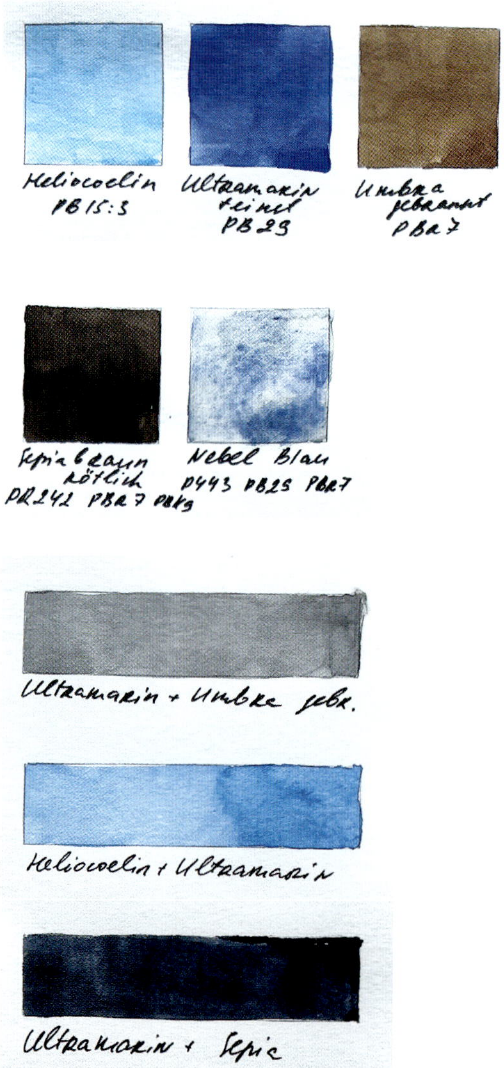

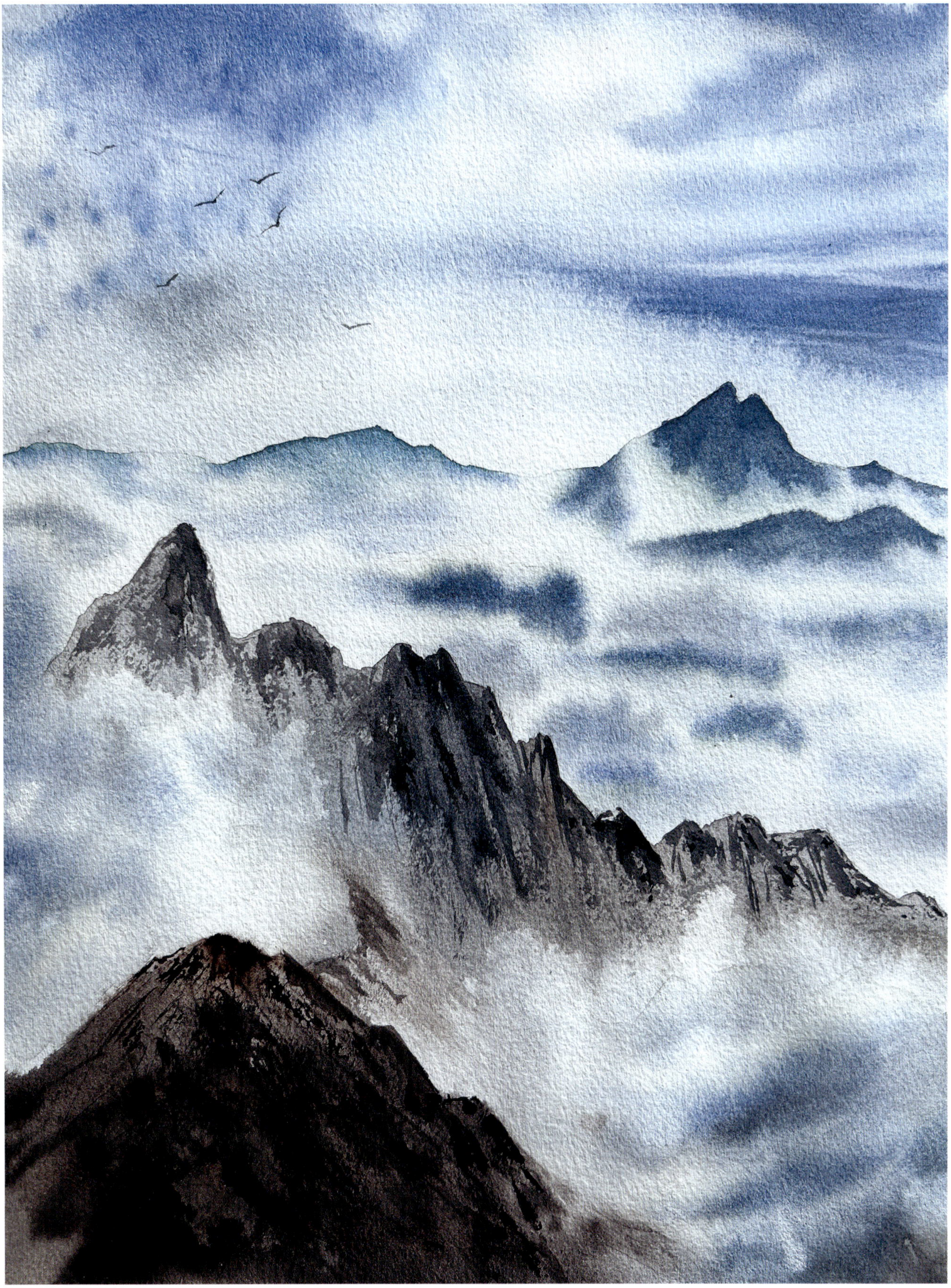

SCHRITT 1

Markieren Sie mit einem Bleistift, wo sich die Bergsilhouetten befinden sollen. Feuchten Sie das gesamte Blatt großzügig an. Tragen Sie an zwei Stellen des Himmels Ultramarin feinst auf und mischen Sie etwas Umbra gebrannt hinein. Um Wolken zu simulieren, spritzen Sie konzentrierte dunkelblaue Farbe in den nassen Farbauftrag.

SCHRITT 2

Für die Schatten auf den künftigen Nebelflächen tragen Sie, von unten nach oben, kleine, graublaue Farbflächen auf. Ich verwende dafür die Farbe Nebel blau.

SCHRITT 3

Feuchten Sie den Bereich der Umrisslinie der weiter entfernt liegenden Berge mit Wasser an. Geben Sie auf Ihrer Palette zum Nebelblau ein wenig Heliocoelin hinzu, um einen blaueren Farbton zu erhalten. Lassen Sie die Farbe mit dem Pinsel in die feuchten Bereiche einlaufen. An den Stellen, an denen der Nebel die Berge verdeckt, tragen Sie keine Farbe auf, sodass der Eindruck entsteht, der Nebel löse sich auf.

SCHRITT 4

Feuchten Sie für die Bergkette im Mittelgrund deren Silhouette an und tragen Sie ein Grau aus einer Mischung von Ultramarin feinst und Umbra gebrannt auf. An der Stelle, wo der Nebel beginnen soll, wischen Sie die Farbe anschließend mit einem Küchentuch wieder ab. Der Rand ist schärfer als bei der Methode aus Schritt 3, aber da sich der Nebel weiter im Vordergrund befindet, sieht es angemessen aus.

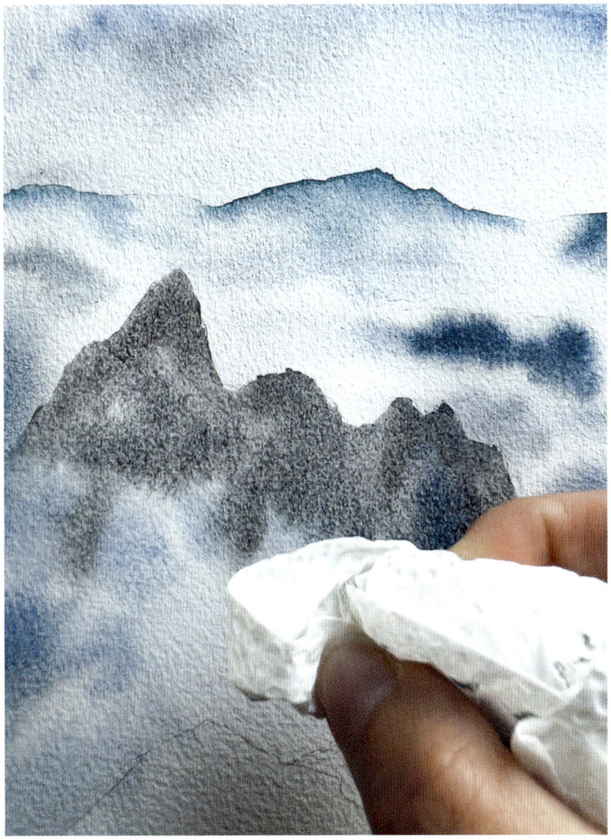

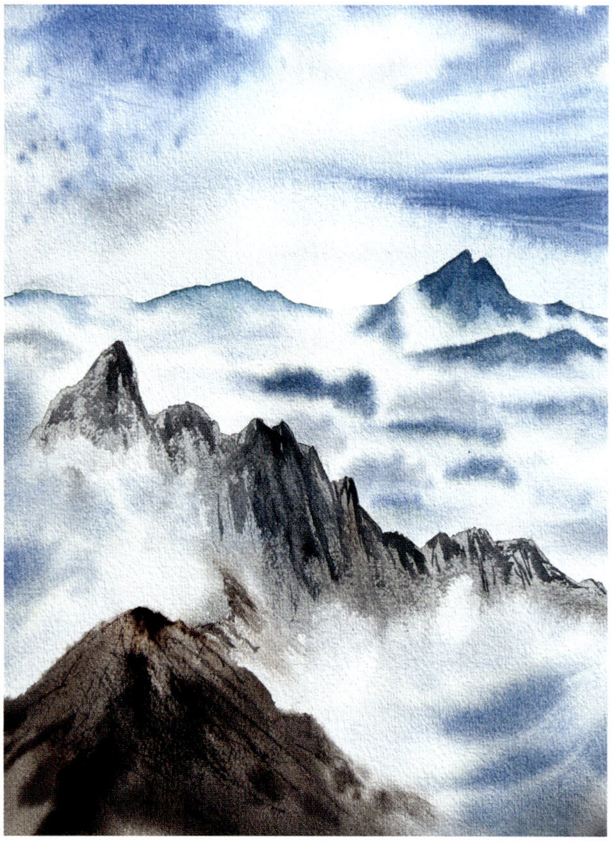

SCHRITT 5

Gestalten Sie die Struktur der Felsen mit einer Spachtel- und einer Trockenpinseltechnik. Der Fels links im Vordergrund ist derjenige, der uns am nächsten ist, daher sollte die Farbe dort konzentrierter und wärmer sein. Ich habe hier Sepiabraun rötlich verwendet.

SCHRITT 6

Wenn das Bild getrocknet ist, können Sie rechts oben noch ein paar Vögel in den Himmel malen. Das bringt Dynamik und Spannung in die Darstellung. Wählen Sie die Flügelspannweite der Vögel nicht zu klein und denken Sie daran, dass Vögel in der Luft ständig in Bewegung sind. Deshalb sind sie auf dem Bild nicht in genau der gleichen Position und mit der gleichen Flügelspannweite zu sehen.

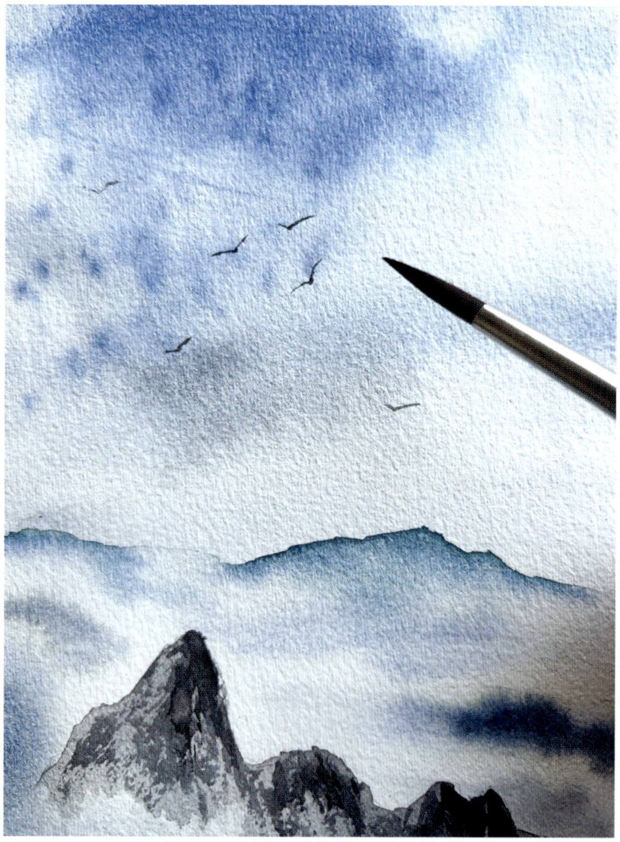

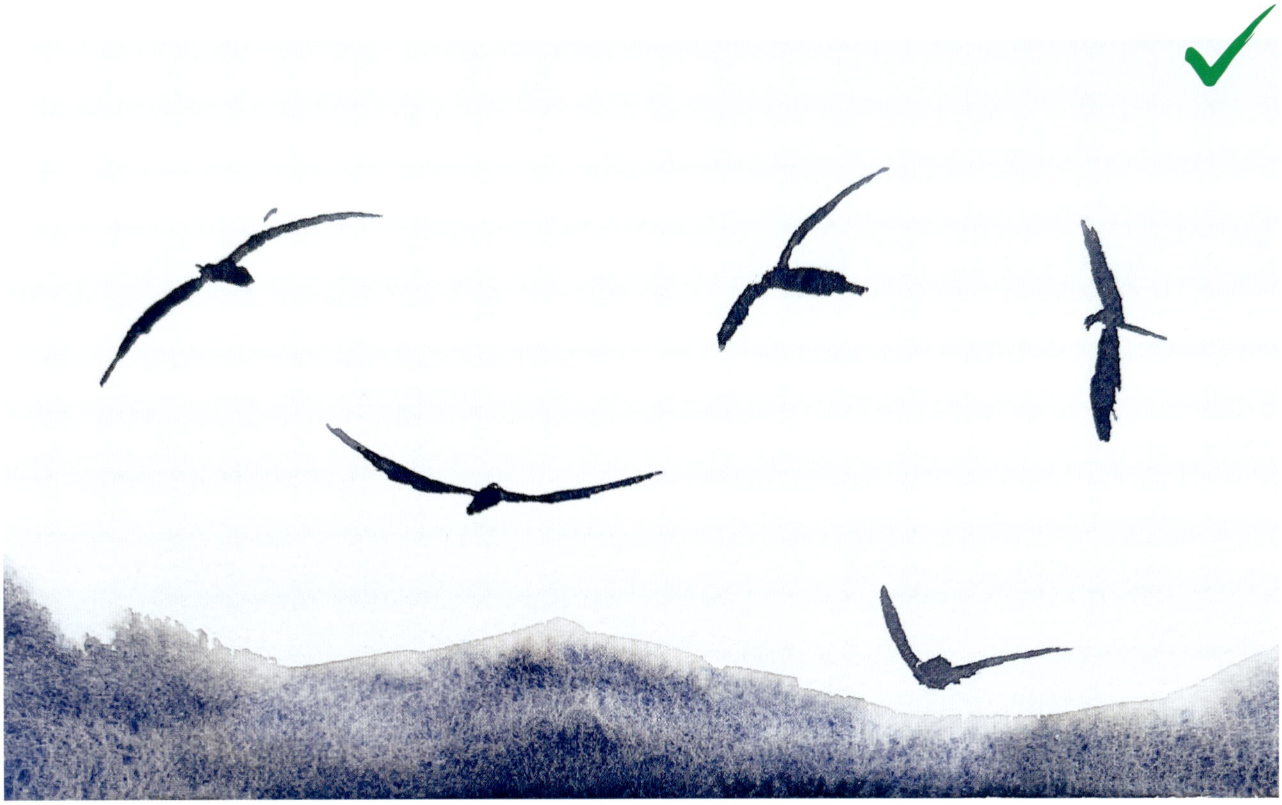

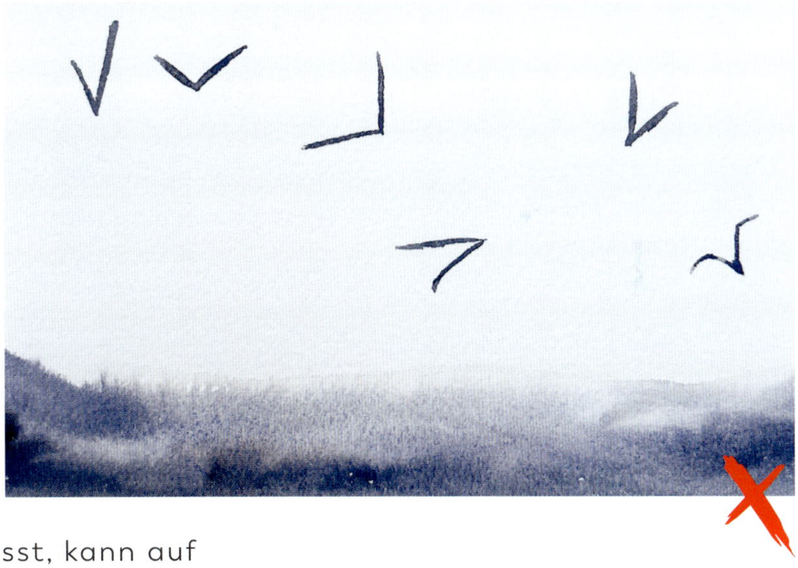

TIPPS FÜR DAS MALEN VON VÖGELN

- Beim Malen von Vögeln sollte man an deren Spannweite denken – der Winkel der Spannweite muss groß sein, sonst sehen die Vögel eher wie Zacken aus. Außerdem sind alle Vögel unterschiedlich und in der Luft ständig in Bewegung.
- Der Nebel, der Teile der Landschaft im Verborgenen lässt, kann auf zwei Arten gemalt werden: entweder, indem beim wässrigen Malen trockene, helle Bereiche ausgespart werden oder durch Auftragen und sofortiges Abwischen der Farbe mit einem Küchenpapier. In den Schritten 3 und 4 auf Seite 103 zeige ich beide Methoden.

SONNENUNTERGANG

Sonnenauf- und -untergänge sind immer lohnende Motive. Aber wie erkenne ich den Unterschied zwischen beiden? Ganz einfach: Bei Sonnenuntergängen sind sowohl der Himmel als auch die Wolken in der Regel dichter und farbstärker als in der Morgendämmerung.

DAS BRAUCHEN SIE:

AQUARELLPAPIER

- 300g/m², 100% Baumwolle, kaltgepresst

AQUARELLFARBE

- Lasurgelb, Kadmiumrot Orange, Zinnoberrot, Kobaltblau hell, Icy Blau, Neutraltinte

PINSEL

- Rundpinsel in mittlerer Größe, Synthetikpinsel für Details, Schminkpinsel oder Rundpinsel mit weichem Naturhaar, Flachpinsel mit härteren Borsten

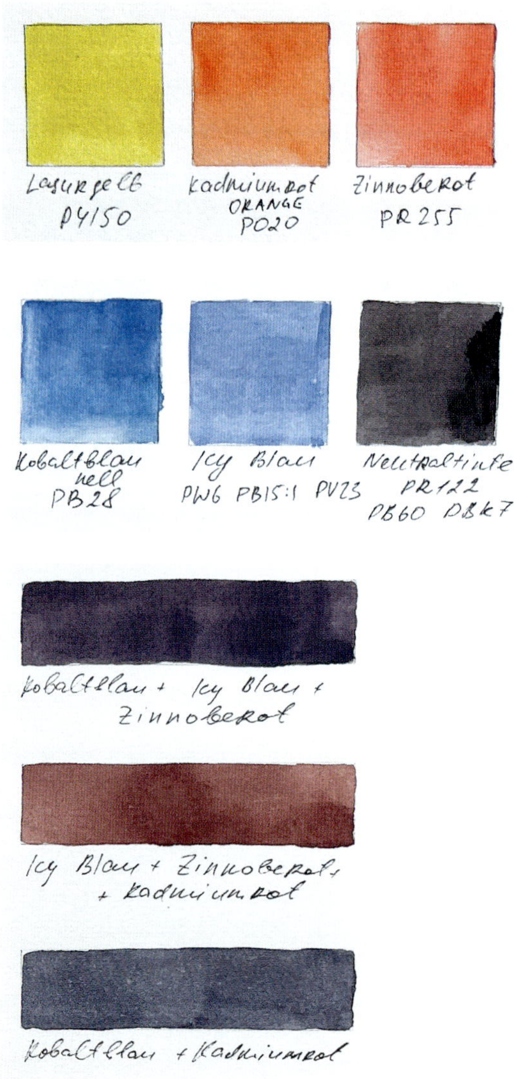

VIDEO 3

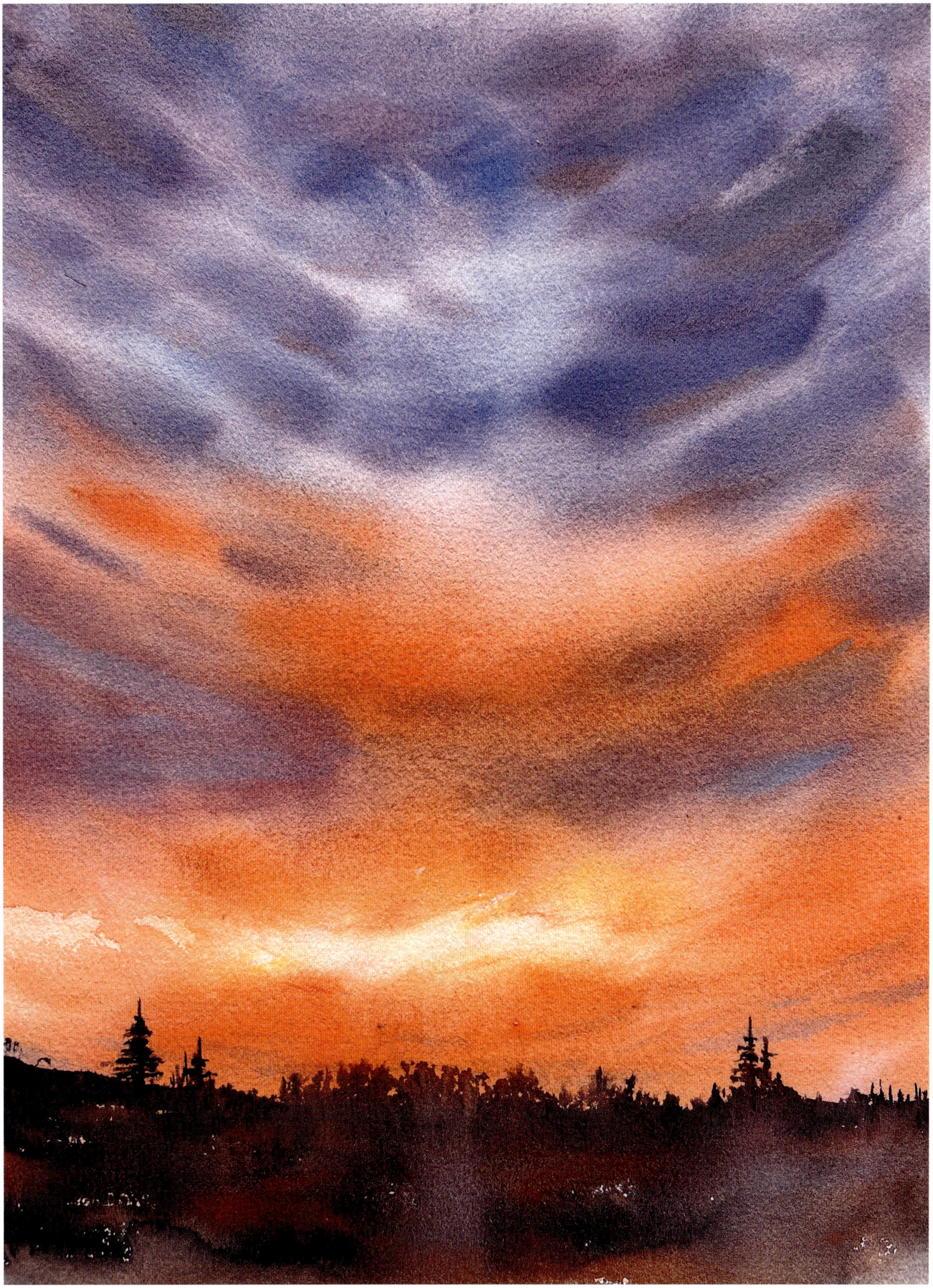

SCHRITT 1

Skizzieren Sie auf Ihrem Blatt nur die Horizontlinie und die Stelle, an der die Wolken enden und der Boden beginnen soll. Feuchten Sie das Papier gut mit klarem Wasser an, aber lassen Sie die Bereiche trocken, die später die untergehende Sonne darstellen werden.

Tragen Sie Lasurgelb – ein kühles Gelb – um die ausgesparten, weißen Bereiche herum auf.

SCHRITT 2

Tragen Sie nun konzentriertes Orange und Rot – die Farbe sollte auch nach dem Trocknen noch satt sein – um den gelben Bereich herum auf. Geben Sie in den Bereich, der schon in die Wolken übergeht, einen Violettton, gemischt aus Kobaltblau hell und Zinnoberrot.

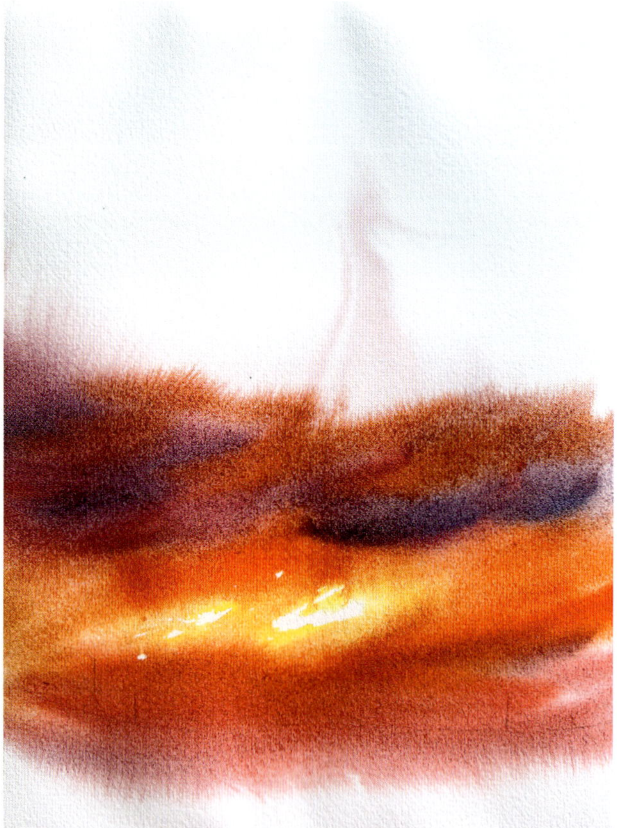

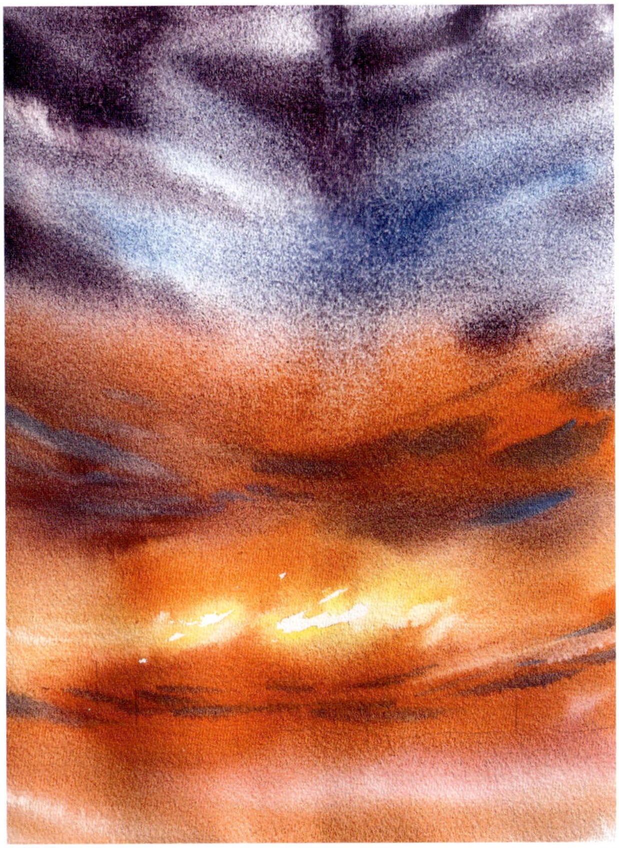

SCHRITT 3

Tragen Sie für den Himmel ein wässriges Kobaltblau hell auf. Für die unteren kleinen Wolken und die oberste Wolkenschicht kommt wieder der gemischte Violettton zum Einsatz. Um zu betonen, wie dicht und schwer die Wolken sind, fügen Sie zum Violett etwas Icy Blue hinzu. Die Sonderfarbe enthält einen Weißanteil, der für einen pastelligen Look sorgt.

SCHRITT 4

Zu der Zeit, als ich dieses Motiv malte, war es an meinem Arbeitsplatz sehr heiß und mein Papier trocknete doppelt so schnell wie sonst. In so einer Situation leistet eine Sprühflasche mit Wasser gute Dienste: Auf das trockene Papier aufgetragen, sorgt die Wasserschicht für das Fließen der Farben und es besteht weniger die Gefahr, dass der Pinsel untenliegende Farbschichten verletzt.

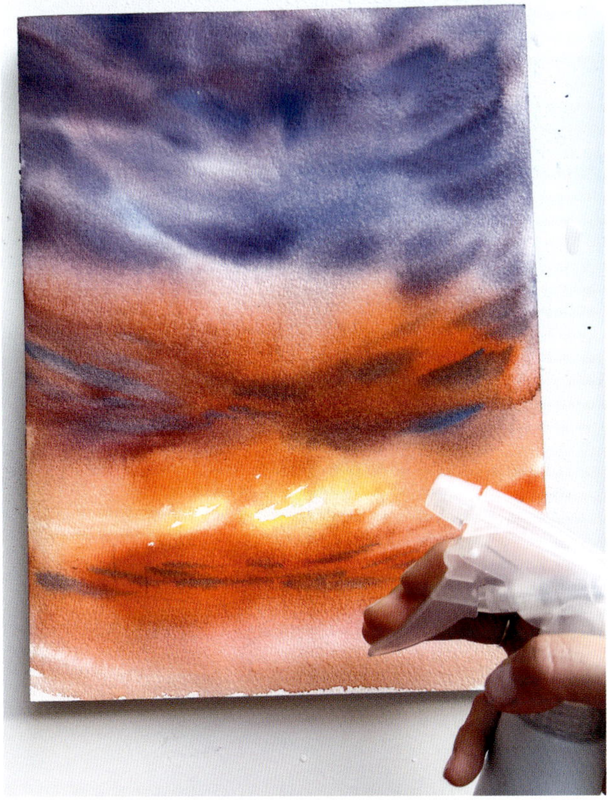

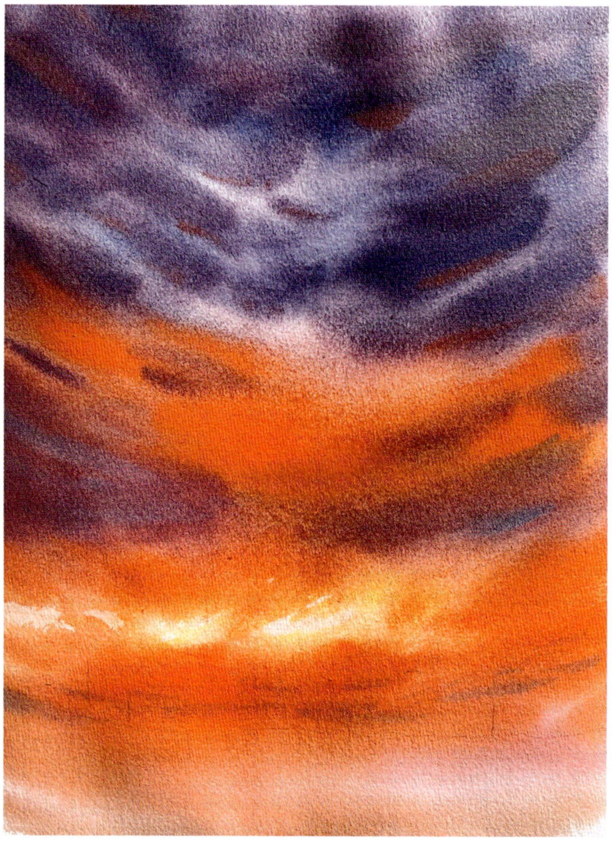

SCHRITT 5

Fahren Sie damit fort, leuchtende Farbe aufzutragen – Zinnoberrot in seiner reinsten Form, Orange, damit der Himmel aussieht, als stünde er in Flammen. Legen Sie über die violette Wolkenschicht eine weitere, die noch dichter und schwerer wirken soll. Verblenden Sie die Farbe direkt nach dem Auftragen sanft mit einem Schminkpinsel aus Synthetik. Lassen Sie alles gut trocknen.

SCHRITT 6

Im letzten Schritt widmen Sie sich dem Vordergrund. Gestalten Sie die Silhouetten der Bäume, und anschließend ganz vorn den Boden mit einem trockenen Pinsel und Neutraltinte. Das satte Licht des Himmels wirft Reflexe auf die dunklen Bereiche im Vordergrund – tragen Sie folglich eine Schicht Kadmiumrot Orange darüber auf, damit die Reflexfarbe mit der Farbe des Himmels übereinstimmt. Wischen Sie zum Schluss noch einmal mit einem sauberen, feuchten Flachpinsel über die weiße Stelle, an der die Sonne untergeht.

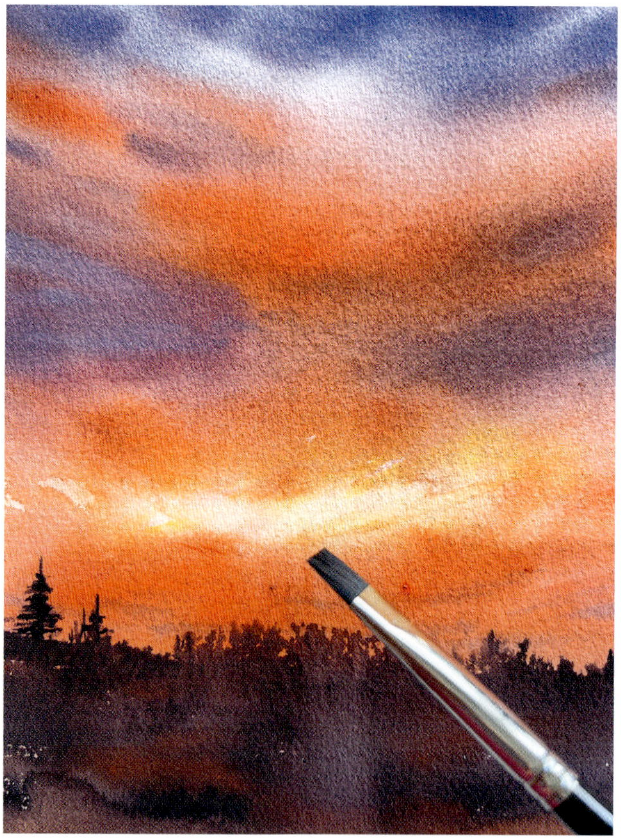

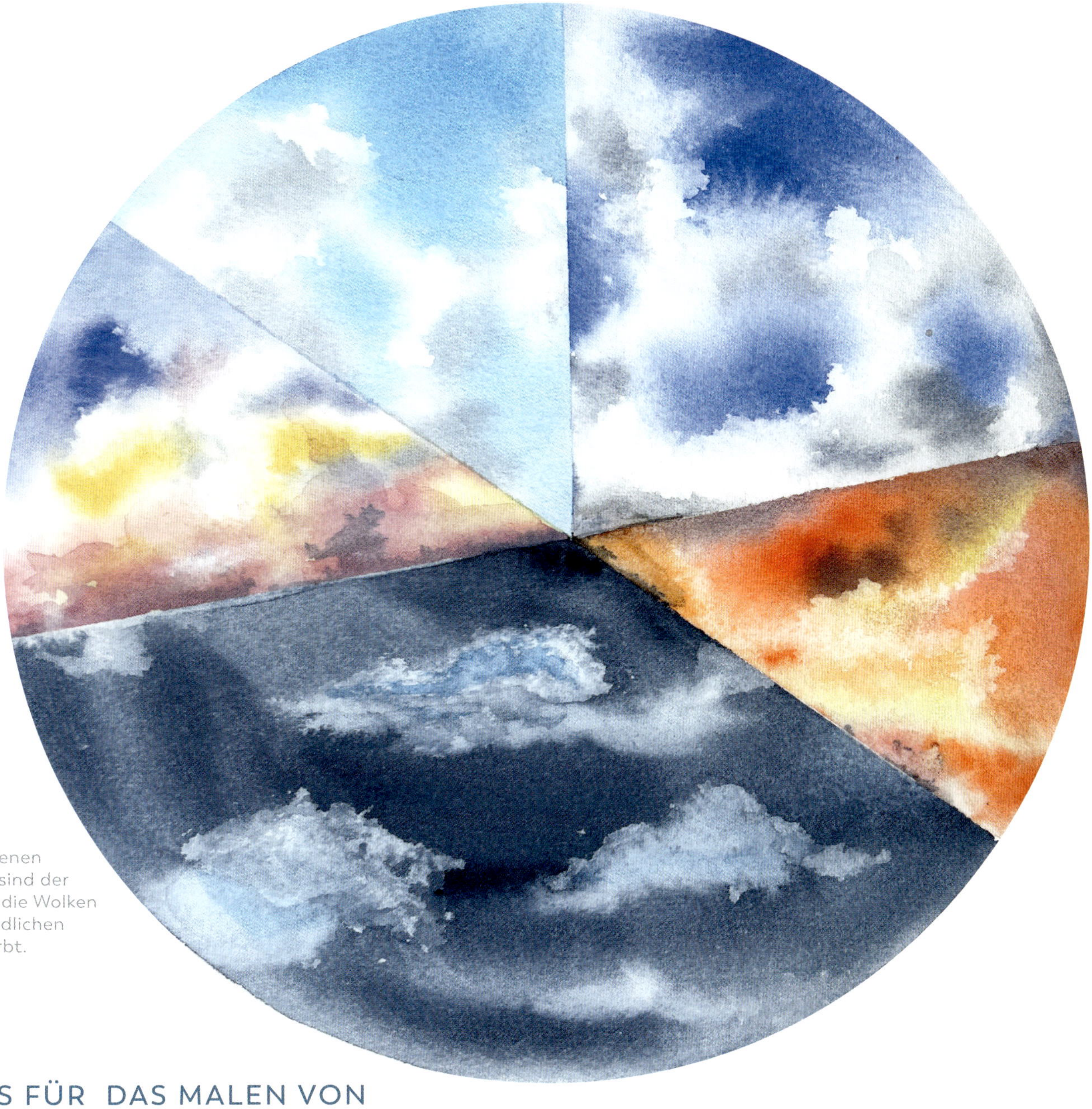

Zu verschiedenen Tageszeiten sind der Himmel und die Wolken in unterschiedlichen Farben gefärbt.

TIPPS FÜR DAS MALEN VON SONNENUNTERGÄNGEN

- Um zu verhindern, dass sich schlammige Stellen oder grüne Flecken im Farbauftrag bilden, sollten Sie bei der Kombination von Gelb und Blau aufpassen. Rot, Gelb und Orange können nach Belieben hinzugemischt werden, aber sobald Sie Blau zum Farbauftrag hinzufügen, achten Sie darauf, wo Sie vorher Gelb aufgetragen haben.
- Zu verschiedenen Tageszeiten sind der Himmel und die Wolken unterschiedlich gefärbt. Der Himmel ist bei Sonnenaufgang in der Regel rosa-gelb, morgens hellblau, nachmittags blau, bei Sonnenuntergang dominieren rötlich-orange Töne und nachts ist er dunkelblau, gräulich oder schwarz.
- Je näher man der Sonne kommt, desto heller und klarer ist sie. Je weiter sie entfernt ist, desto dichter und kälter sind die Schatten.

WASSER & SPIEGELUNGEN

Wasser, Wellen und Spiegelungen sind ein häufiges Element in Landschaftsdarstellungen. Das Wasser transparent ist, hängt seine Farbe hauptsächlich davon ab, was sich darin spiegelt und wie sichtbar der Grund ist.

DAS BRAUCHEN SIE:

AQUARELLPAPIER

- 300g/m², 100% Baumwolle, kaltgepresst

AQUARELLFARBE

- Lasurgoldgrün, Kobaltblau hell, Delftblau, Phthalogrün, Lasurbraun,Tiefsee Indigo

PINSEL

- Rundpinsel in mittlerer Größe, Synthetikpinsel für Details, Schminkpinsel oder Rundpinsel mit weichem Naturhaar, Flachpinsel mit härteren Borsten, Modler

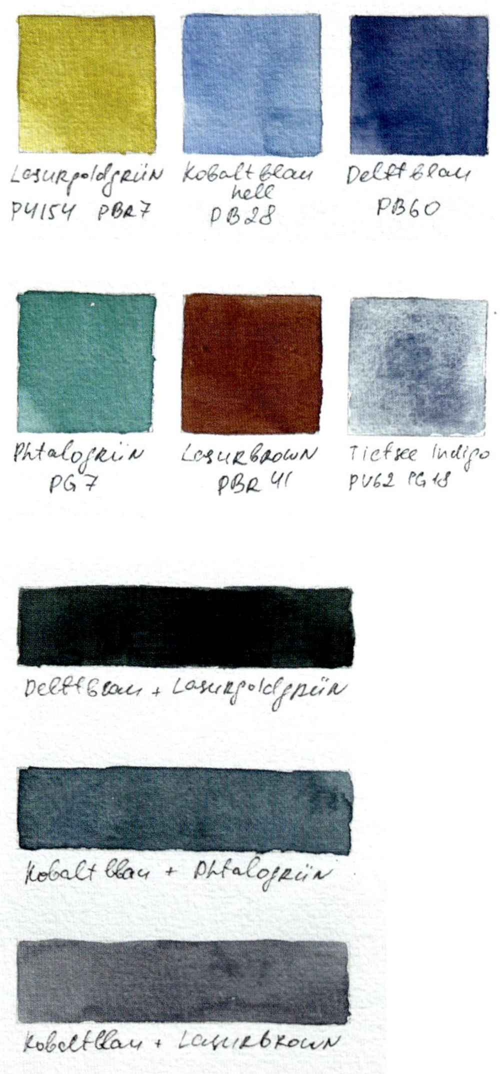

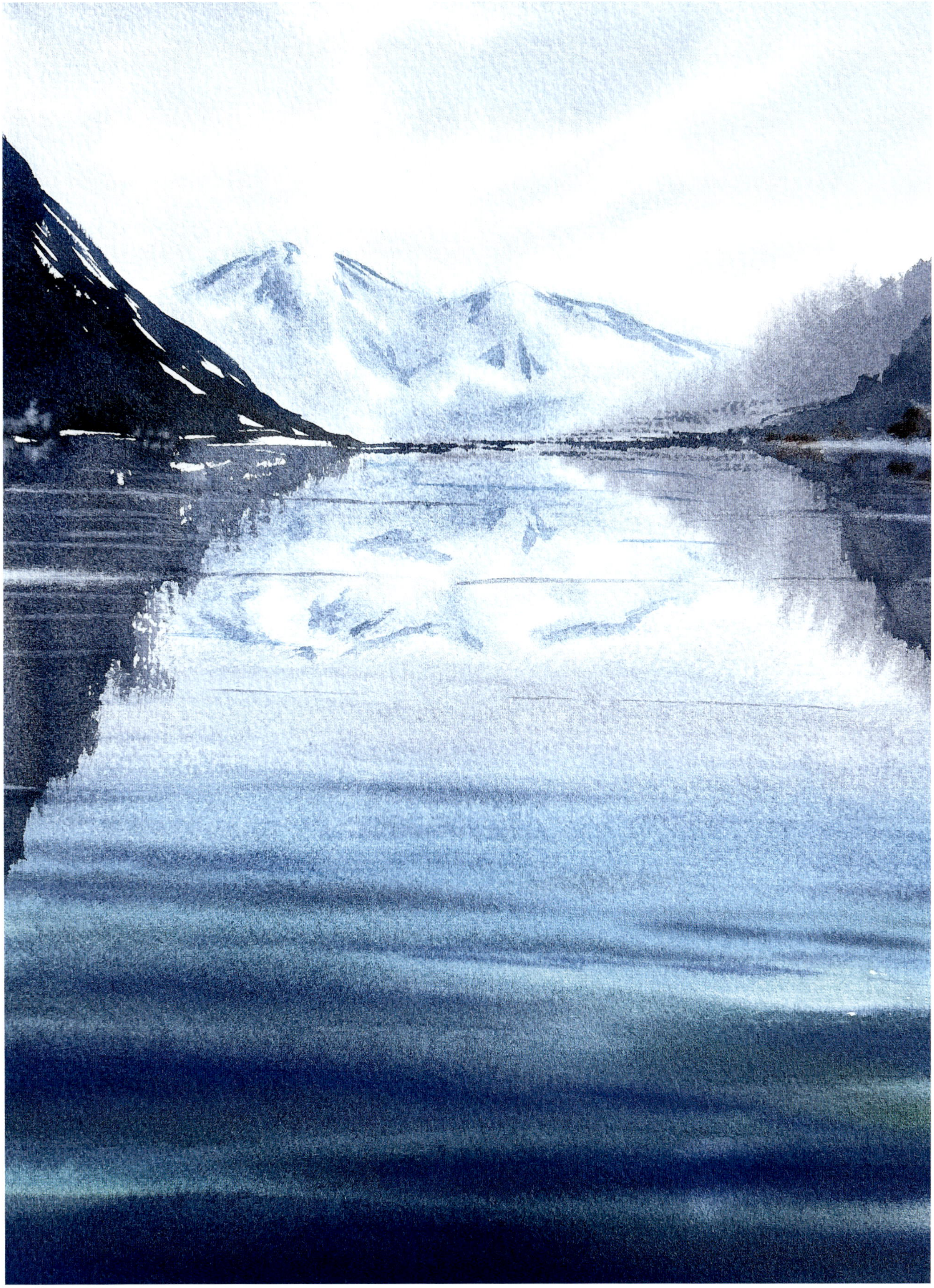

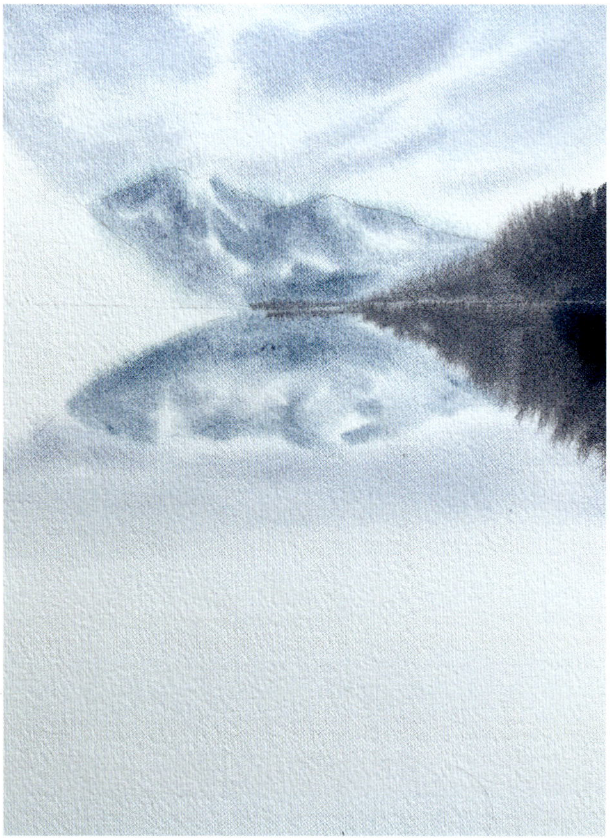

SCHRITT 1

Feuchten Sie das ganze Blatt mit Wasser an. Gestalten Sie den Himmel mit einer sehr transparenten Mischung aus Kobaltblau hell und Lasurbraun und bringen Sie dieselbe Farbe als Reflexion in das Wasser ein. Legen Sie die Schatten auf den Bergen im Hintergrund und ihre Spiegelung mit Tiefsee Indigo an.

Tragen Sie auf das noch nasse Blatt eine Mischung aus Delftblau und Lasurbraun auf, um die Uferlandschaft und ihr Spiegelbild abzubilden. Wenn der Farbauftrag trocknet, verblasst er und verleiht dem Bild ein Gefühl von Tiefe.

SCHRITT 2

Feuchten Sie den unteren Teil Ihres Blattes noch einmal an und beginnen Sie damit, den Teil des Wassers zu gestalten, der Ihnen näher ist. Tragen Sie Lasurgoldgrün und Phthalogrün auf den hellen Flächen auf und formen Sie durch dunklere Pinselstriche horizontale Wellen.

Fahren Sie damit fort, die Wellen kontrastreicher zu gestalten und die Schatten zu markieren, indem Sie eine konzentriertere Mischung aus Delftblau und Phthalogrün auf die nasse Farbe auftragen.

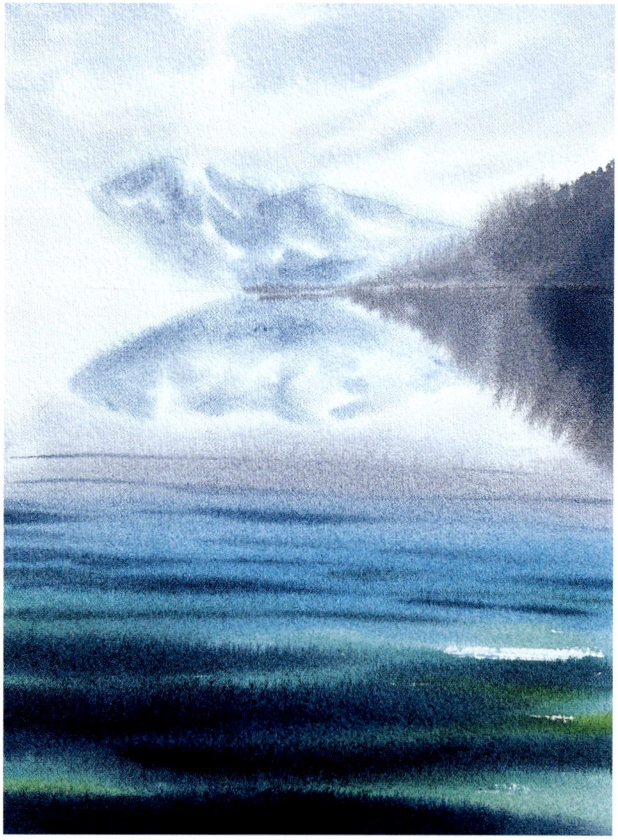

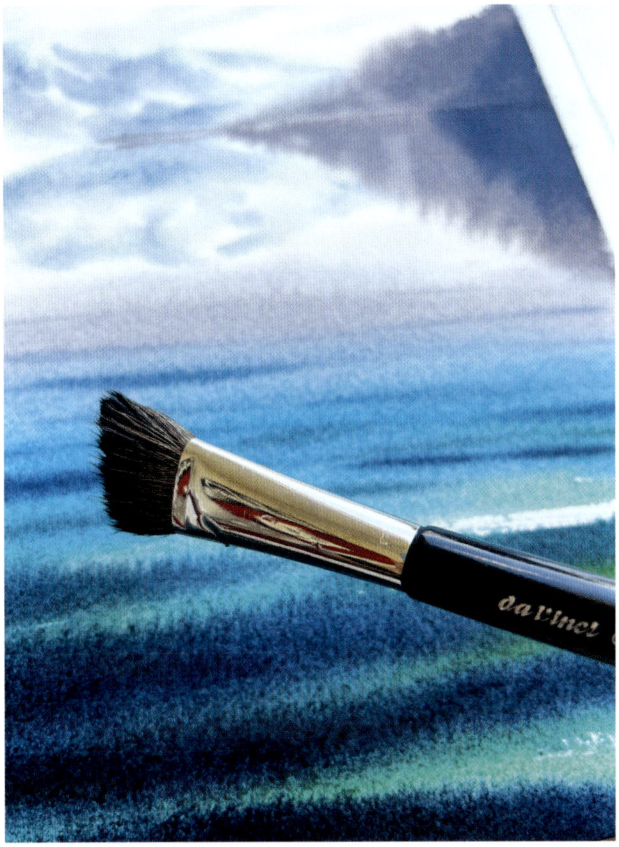

SCHRITT 3

Vermindern Sie den Kontrast zwischen transparenter und konzentrierter Farbe, indem Sie die Bereiche mit einem weichen Pinsel verblenden.

SCHRITT 4

Da Aquarellfarbe auf Baumwollpapier nach dem Trocknen recht blass ist, empfiehlt es sich, die Wellen mit noch mehr konzentrierter, dunkler Farbe zu betonen. Ich verwende dazu einen synthetischen Pinsel, um die Wassermenge im Pinsel besser kontrollieren zu können.

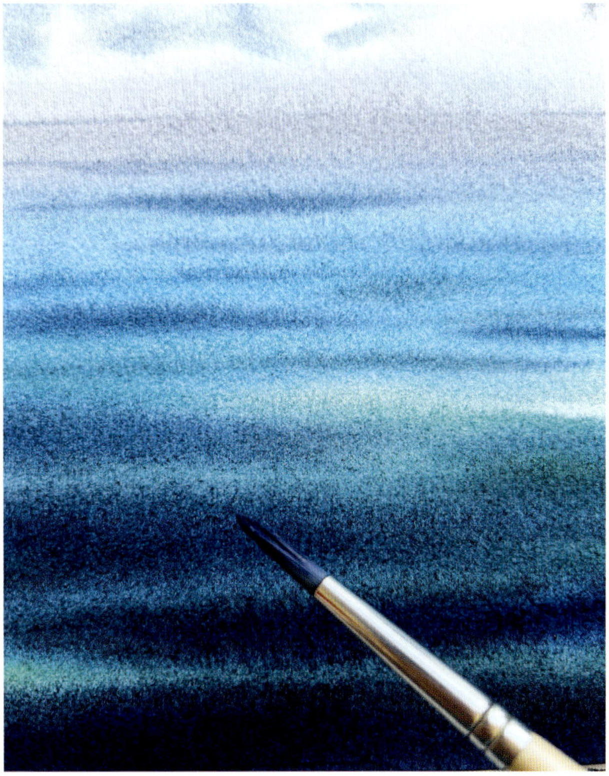

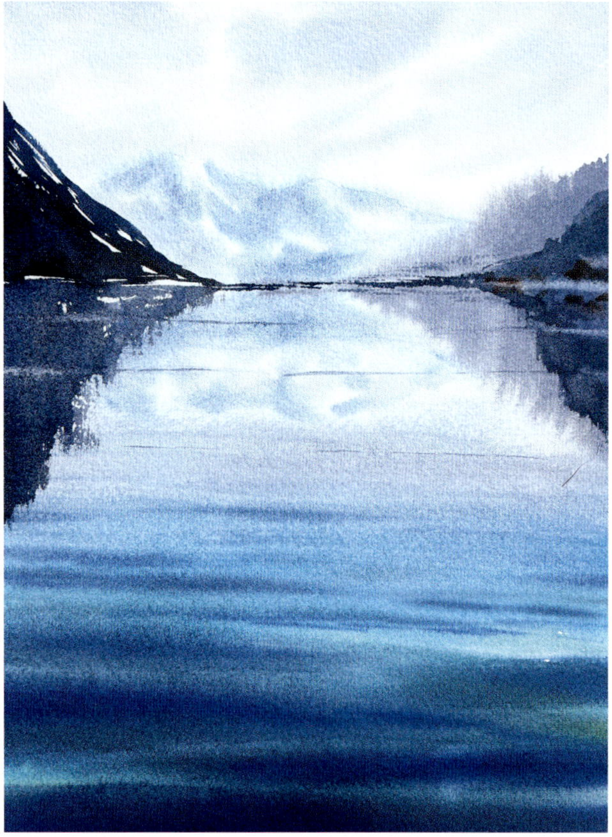

SCHRITT 5

Malen Sie den Hügel links und sein Spiegelbild ebenfalls mit Tiefsee Indigo. Spiegelungen von dunklen Flächen sehen im Wasser heller aus, verdünnen Sie daher die Farbe ein wenig mit Wasser.

Fügen Sie nun noch mit Lasurbraun ein paar Details hinzu: Striche, Punkte, unregelmäßige Flecken. Sie erwecken den Eindruck, dass da „etwas ist“ – Sie brauchen die Häuser nicht zu malen. Das Ufer ist zu weit weg, als dass wir auf die Entfernung Objekte sehen könnten.

SCHRITT 6

Betrachten Sie zum Schluss Ihr Bild als Ganzes. Eine gute Methode ist es, ein paar Schritte zurückzutreten und das Motiv aus einiger Entfernung zu begutachten. Vielleicht fügen Sie noch einige Details hinzu – horizontale Streifen in der Ferne, einige Punkte und Streifen am Ufer.

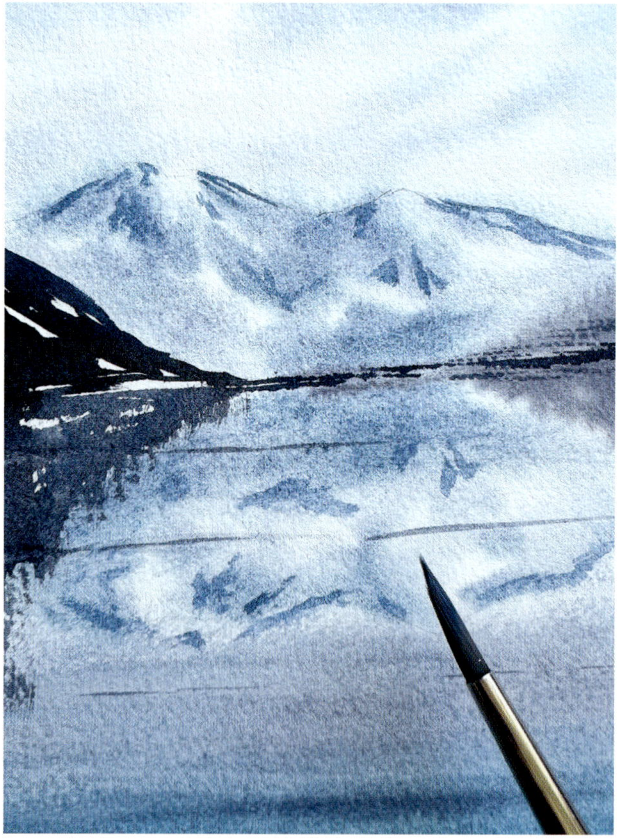

TIPPS FÜR DAS MALEN VON WASSER & SPIEGELUNGEN

- Die Wasseroberfläche setzt sich aus zwei Komponenten zusammen: den vertikalen Reflexionen dessen, was sich auf dem Wasser oder am Ufer befindet, und den horizontal verlaufenden Wellen. Bei ruhigem Wetter sind die Spiegelungen nur vertikal, weil die Wasseroberfläche glatt ist.
- Vertikale Reflexionslinien sind in der Regel stärker akzentuiert als horizontale.
- Im Wasser werden alle Lichtreflexe dunkler erscheinen. Und die dunkleren Teile sind heller. Je weiter die Reflexion entfernt ist, desto weniger ausgeprägt ist der Unterschied. Die Farbe des reflektierten Objekts ist heller als die Farbe der Reflexion.
- Die Farbe des Wassers ist weder blau noch hellblau. Wasser ist transparent. Die Farbe des Wassers ändert sich ständig, zum Beispiel je nach Wetterlage oder der Art des Tageslichts.

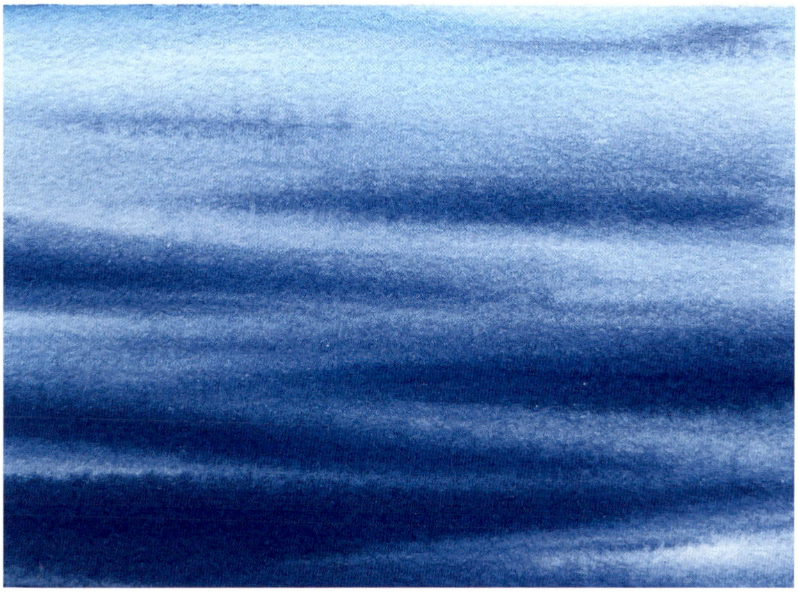

Horizontal verlaufende Wellen

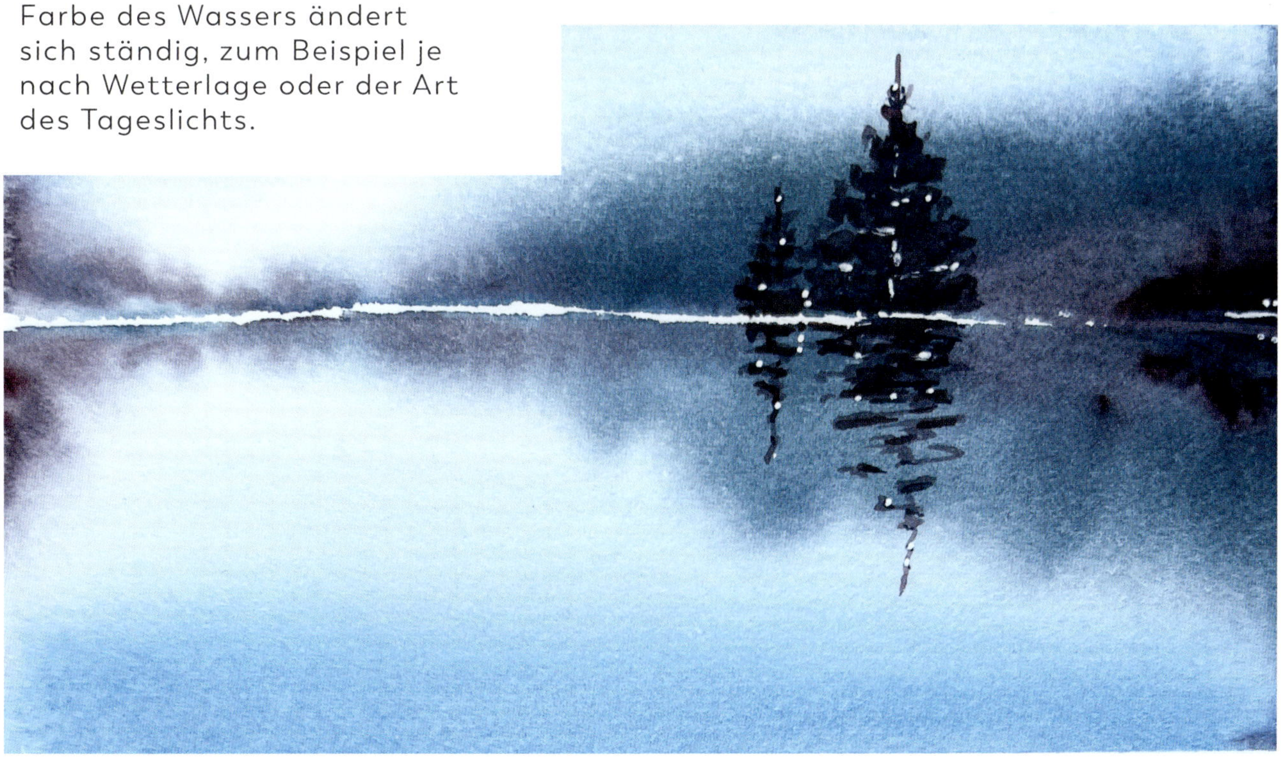

Vertikale Reflexionen

BERGE

Verschneite Berglandschaften im Winter inspirieren mich immer – sie sind eines meiner liebsten Motive zum Malen.

DAS BRAUCHEN SIE:

AQUARELLPAPIER

- 300g/m², 100% Baumwolle, kaltgepresst

AQUARELLFARBE

- Kadmiumorange dunkel, Ultramarin feinst, Heliocoelin, Kobaltblau hell, Sepiabraun rötlich, Galaxie Violett

PINSEL

- Rundpinsel in mittlerer Größe, Synthetikpinsel für Details

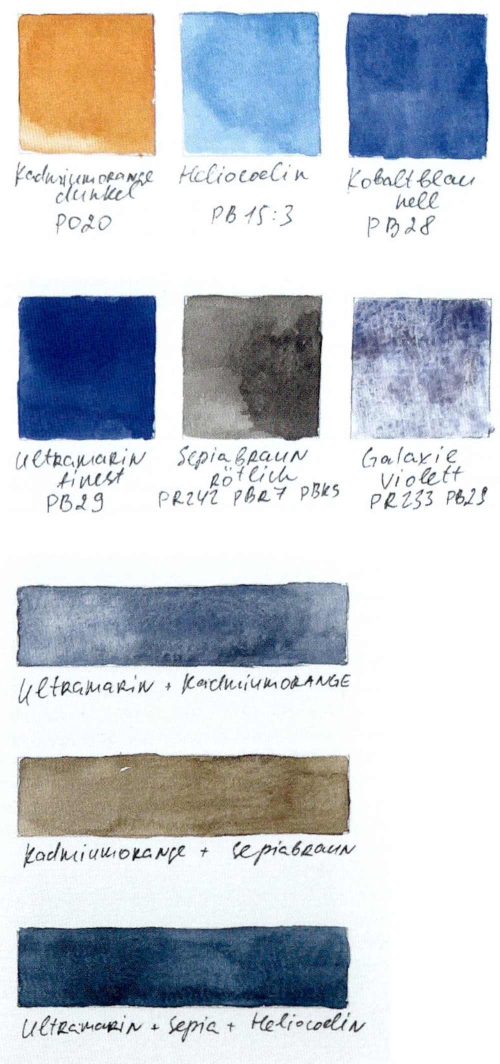

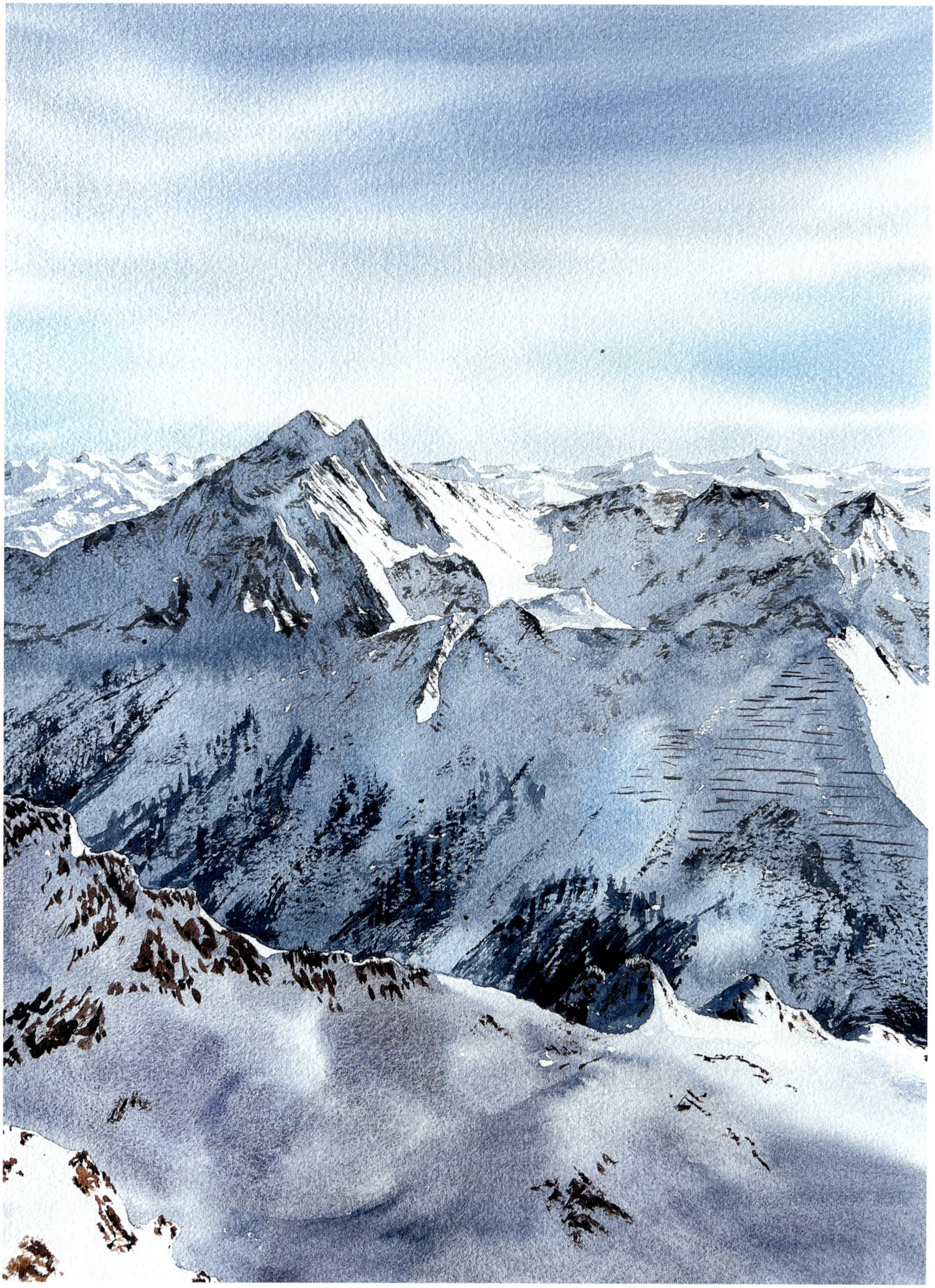

SCHRITT 1

Skizzieren Sie in Ihrer Vorzeichnung nicht nur die Silhouetten der Gebirgskämme, sondern auch, wo der strahlend weiße Schnee auf den Gipfeln liegen soll. Achten Sie darauf, einige der Gipfel im Hintergrund etwas höher, andere etwas niedriger anzulegen.

SCHRITT 2

Feuchten Sie den Bereich des Himmels mit klarem Wasser an und umfahren Sie die Begrenzungslinien zum Gebirge mit dem Pinsel. Malen Sie den Himmel nass in nass mit Ultramarin feinst. Geben Sie oben zu Ihrer Farbe einen Tropfen Kadmiumorange dunkel hinzu, unten hochgradig verdünntes Heliocoelin.

Nach dem Trocknen gestalten Sie die ferne Bergkette mit Kobaltblau hell. Achten Sie auf die Position der Lichtquelle und malen Sie die Schatten ein. Die Mischung sollte klar genug und nicht zu dunkel sein, damit die luftige Perspektive schön zum Ausdruck kommt.

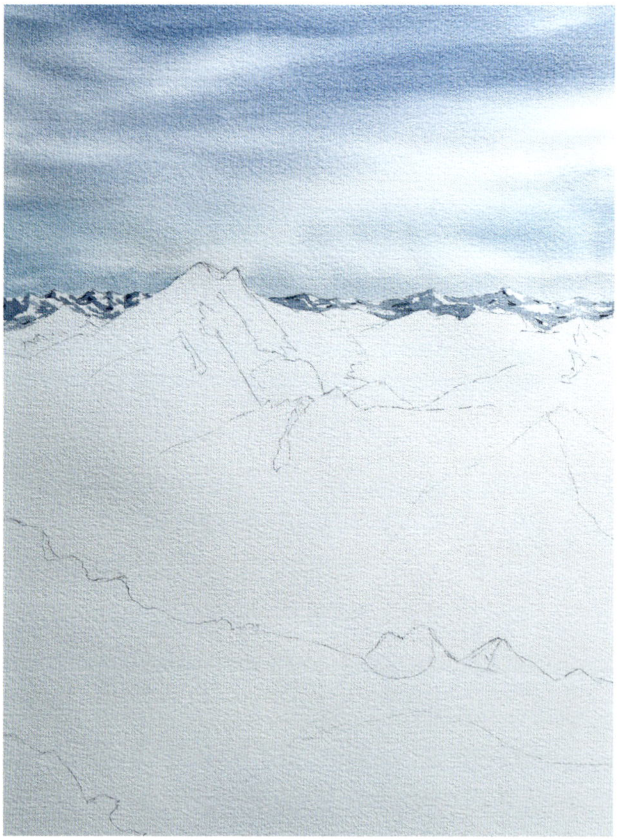

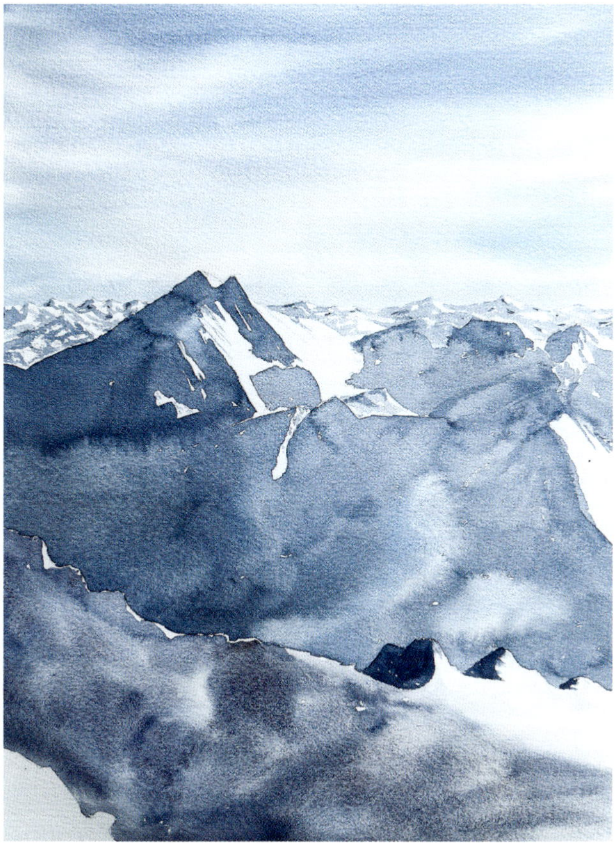

SCHRITT 3

Mischen Sie eine größere Menge von Kadmiumorange dunkel, Kobaltblau hell und Ultramarin feinst an und gehen Sie daran, die Schattenbereiche zu gestalten. Orientieren Sie sich an Ihrer Bleistiftskizze. Befeuchten Sie die Fläche im Vordergrund mit Wasser und malen Sie mit Galaxie Violett einen Schatten auf den Schnee. Die granulierende Farbe wirkt interessant, und das wärmere Violett trägt dazu bei, die Illusion von Tiefe zu erzeugen.

SCHRITT 4

Legen Sie eine konzentrierte Mischung aus Kobaltblau hell und Kadmiumorange dunkel für die Oberseiten der Berge an. Gehen Sie bei der Gestaltung folgendermaßen vor: Tauchen Sie Ihren Pinsel in die Farbmischung und wischen Sie ihn anschließend auf einem Küchentuch ab. Setzen Sie nicht die Spitze, sondern die Pinselseite ein, um eine Textur zu erzeugen.

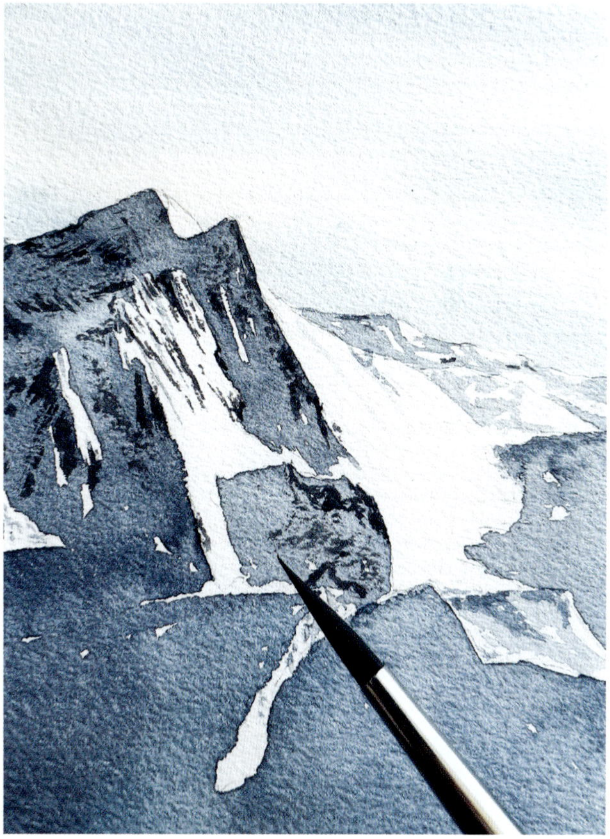

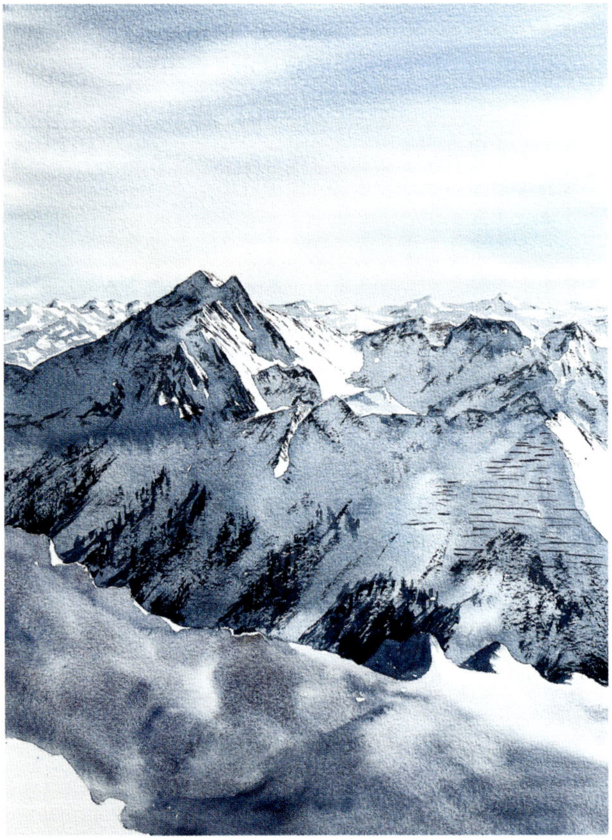

SCHRITT 5

Dieselbe Trockenpinseltechnik setzen Sie nun ein, um den Eindruck dunkler Nadelbäume auf den Flanken des Bergmassivs zu erzeugen. Mischen Sie dafür eine konzentriertere und dunklere Mischung aus Ultramarin feinst und Sepiabraun rötlich. Zeichnen Sie auch horizontale Streifen ein, die Lawinenzäune markieren.

VIDEO 4

SCHRITT 6

Für die Felsen im Vordergrund wird die Farbe zunehmend wärmer und konzentrierter. Verwenden Sie eine Mischung aus Sepiabraun rötlich und Kadmiumorange dunkel. Achten Sie auf die Form und Position der Felsen und die unter ihnen liegenden Schatten. Arbeiten Sie hier sorgfältiger – das ist der Vordergrund, der mehr Details braucht, damit er realistisch wirkt.

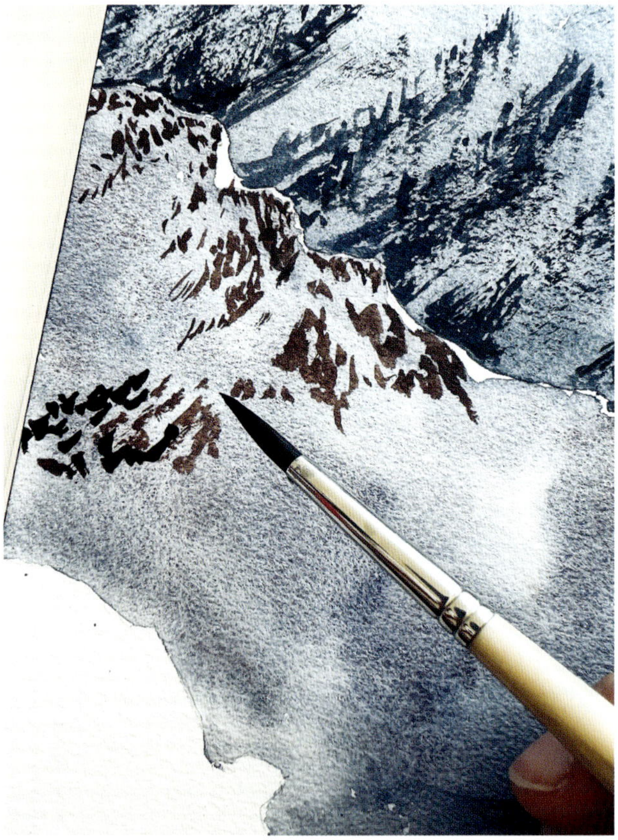

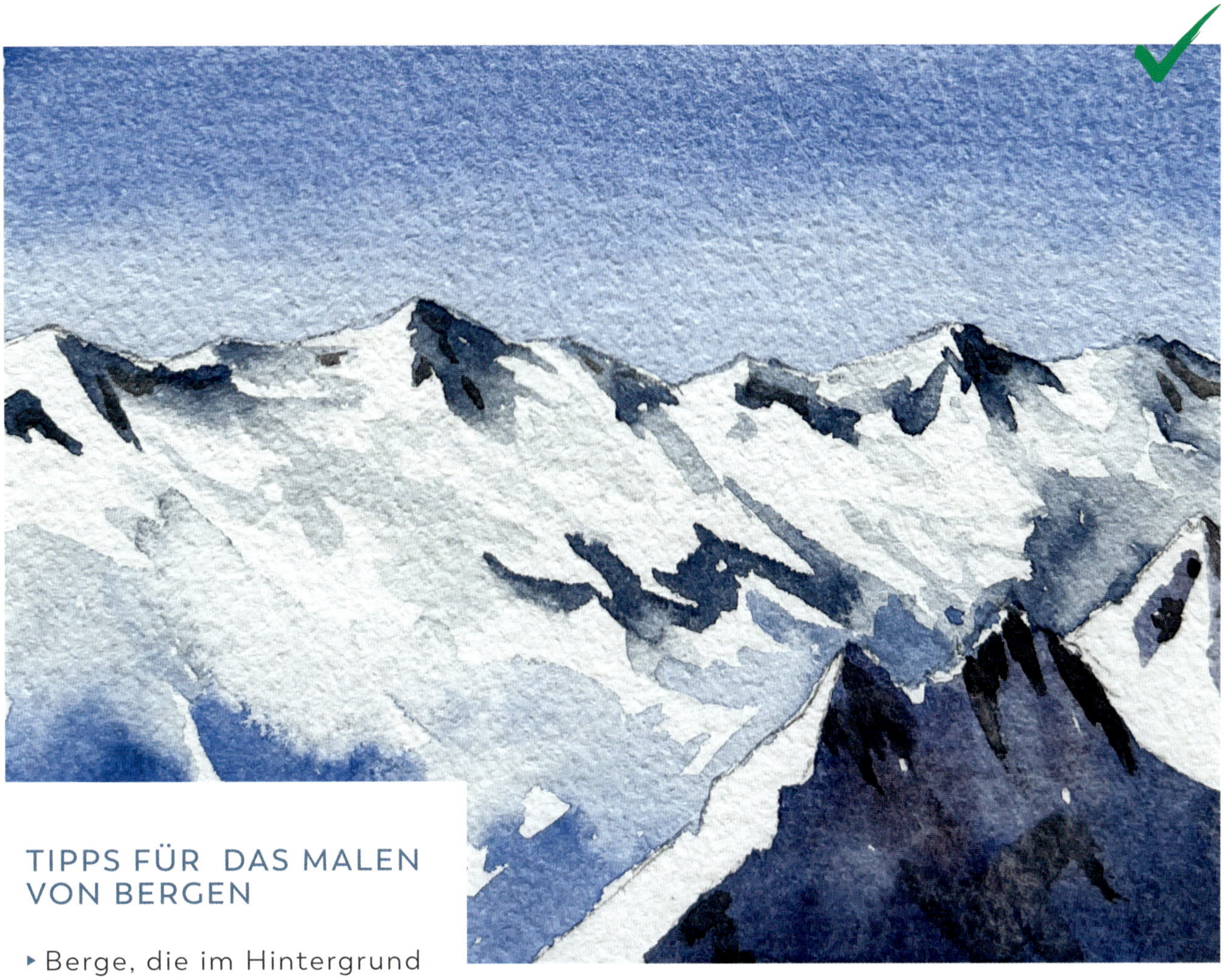

TIPPS FÜR DAS MALEN VON BERGEN

- Berge, die im Hintergrund liegen, sehen nicht aus wie gleich hohe Dreiecke mit der gleichen Anordnung der Schatten. Einige Gipfel können und sollten etwas höher sein, andere etwas niedriger.
- Schnee sammelt das Licht von allem, was ihn umgibt und ist meistens gar nicht richtig weiß, vor allem nicht auf den Schattenseiten. Schlagschatten auf Schnee nehmen bei klarem Wetter die Farbe des Himmels an, während bei bewölktem Himmel die Schatten auf dem Schnee eher grau sind.

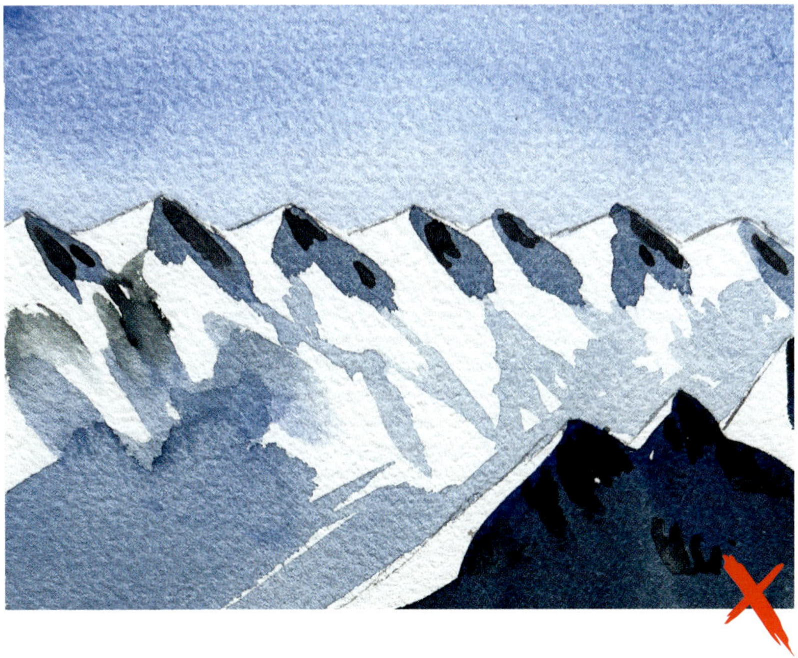

BÄUME & GRÜNPFLANZEN

Eine Landschaft ohne Bäume und helles, üppiges Grün ist kaum vorstellbar. Wie zeichnet man die pflanzlichen Motive so, dass sie natürlich aussehen?

DAS BRAUCHEN SIE:

AQUARELLPAPIER

- 300g/m², 100% Baumwolle, kaltgepresst

AQUARELLFARBE

- Aureolinton, Kadmiumorange dunkel, Kobalttürkis, Ultramarin feinst, Kobaltgrün tief, Sepiabraun rötlich, Titan-Deckweiß

PINSEL

- Rundpinsel in mittlerer Größe, 2 Synthetikpinsel für Details, Schminkpinsel oder Rundpinsel mit weichem Naturhaar, Flachpinsel mit härteren Borsten

- Wassersprühflasche

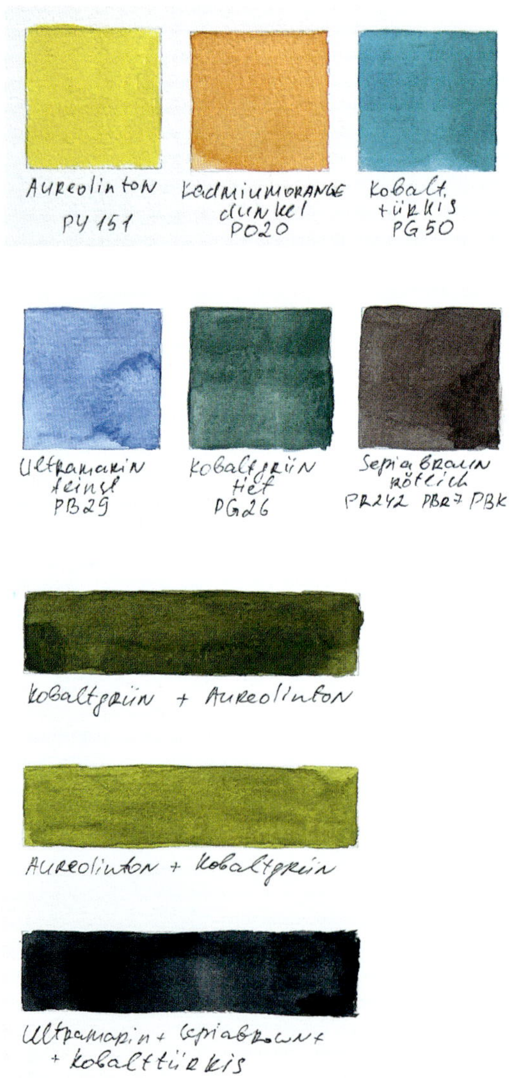

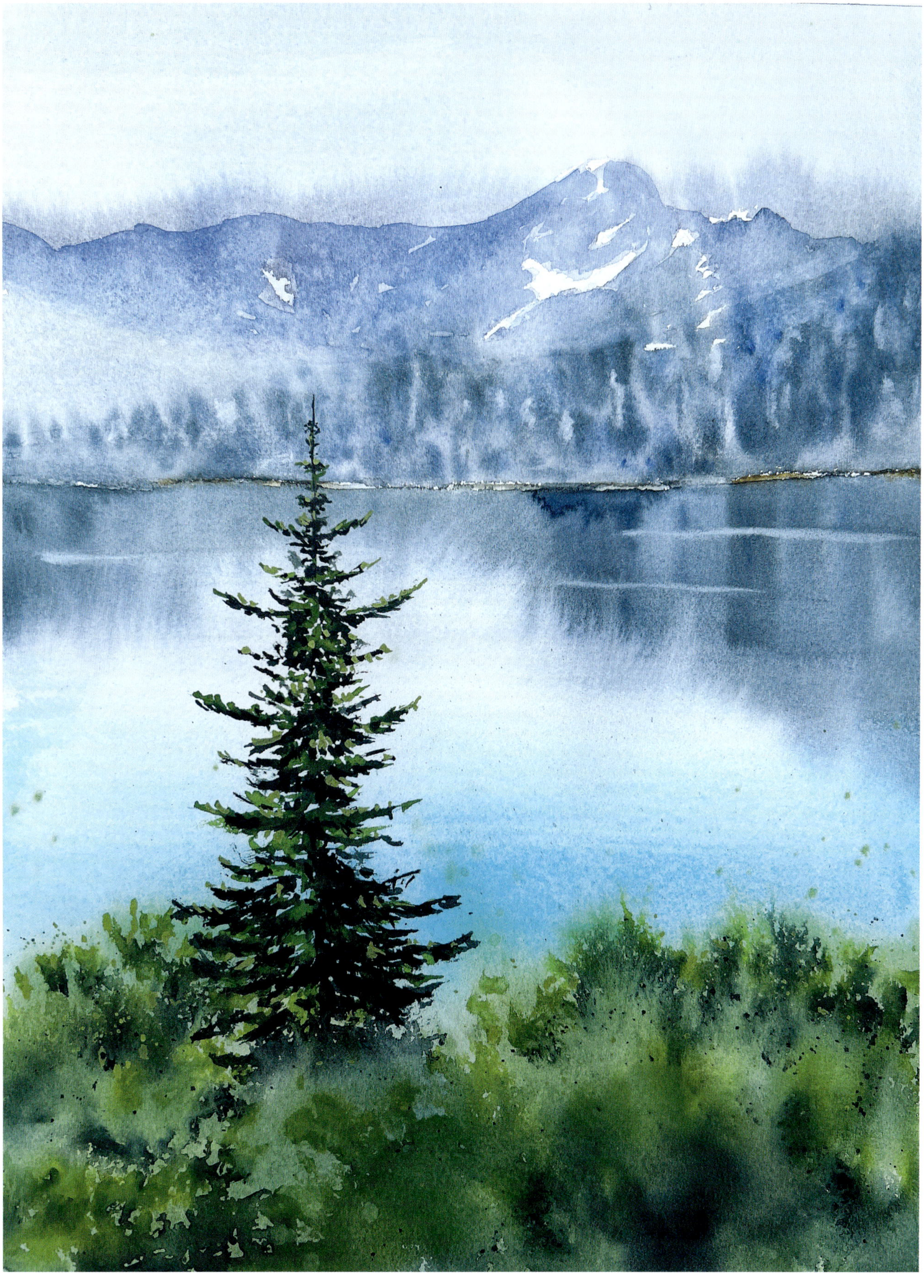

SCHRITT 1

Skizzieren Sie die Silhouette der Berge und markieren Sie die Uferlinie und den Stamm der großen Tanne. Feuchten Sie das Papier bis zur Uferlinie gut an, sparen Sie dabei die Bereiche aus, wo sich die Schneekappen auf den Bergen befinden werden. Malen Sie den Himmel mit einer Mischung aus Ultramarin feinst und Kadmiumorange dunkel. Verwenden Sie dieselbe Mischung, nur konzentrierter, für die Silhouette der Berge. Meine Mischung lief zu sehr aus, also trocknete ich das Blatt und legte mit einer zweiten Schicht transparentem Ultramarin feinst eine klarere Silhouette darüber.

Gestalten Sie mit Abdrücken der Pinselseite und Kobaltgrün tief die Bäume im Hintergrund.

SCHRITT 2

Feuchten Sie nun Ihr Blatt von der Uferlinie bis zum Boden im Vordergrund an. Malen Sie nass in nass die Spiegelung der Bäume und tragen Sie einen Streifen mit reinem Kobalttürkis für das Wasser auf. Den Vordergrund gestalten Sie nass in nass mit einer Mischung aus Aureolinton und Kobaltgrün tief.

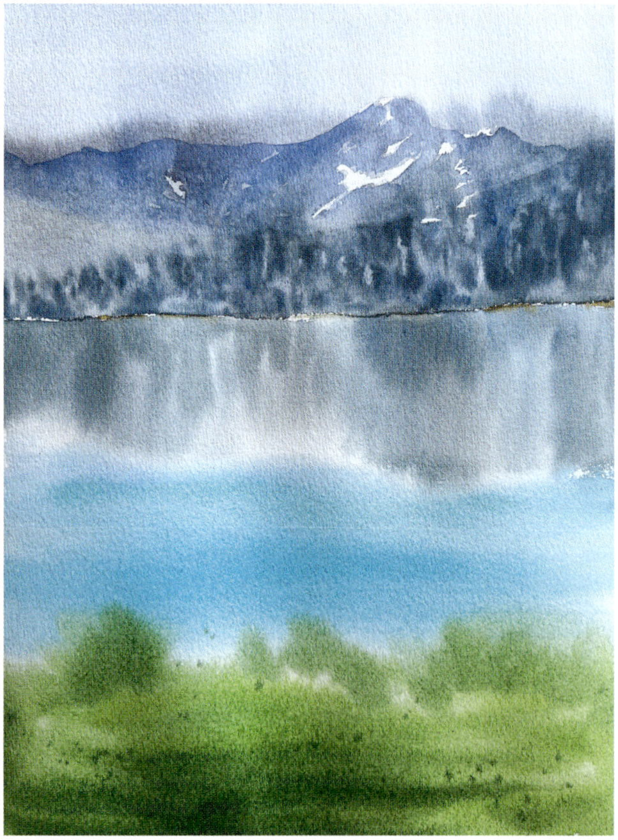

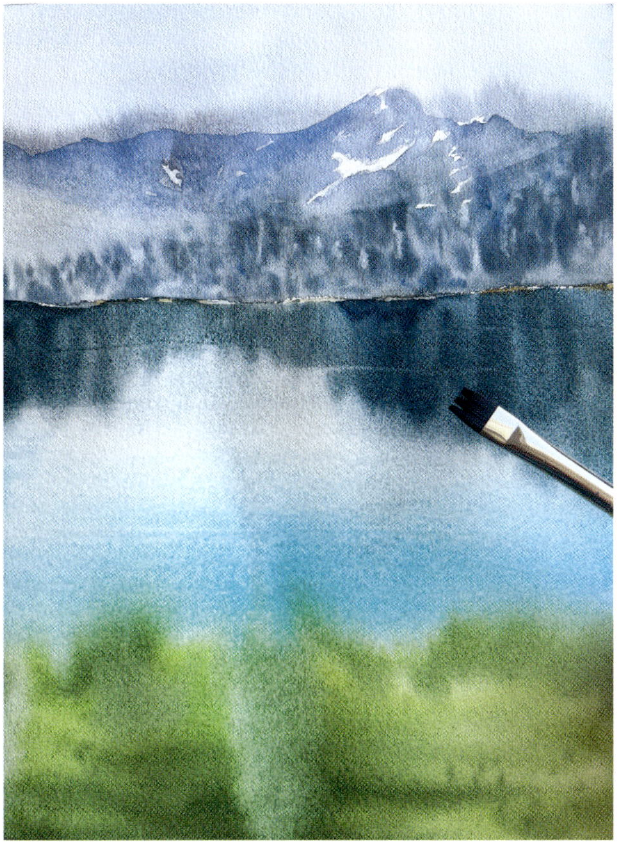

SCHRITT 3

Verstreichen Sie noch einmal die dunkle, vertikale Spiegelung der Bäume, die nach dem Trocknen heller wird, mit einem Flachpinsel. Saugen Sie die Farbe auch in Form horizontaler Streifen heraus, um die Kräuselungen von Wellen im Wasser anzudeuten.

SCHRITT 4

Bereiten Sie für die Vordergrundgestaltung zwei Farbmischungen vor, eine hell- und eine dunkelgrüne, sowie zwei Pinsel mit Synthetikhaaren. Legen Sie mit verschiedenen Pinselstrichen Strukturen an, die wie Laub aussehen. Damit die Farben schön ineinanderlaufen, können Sie Wasser aus einer Sprühflasche aufsprühen.

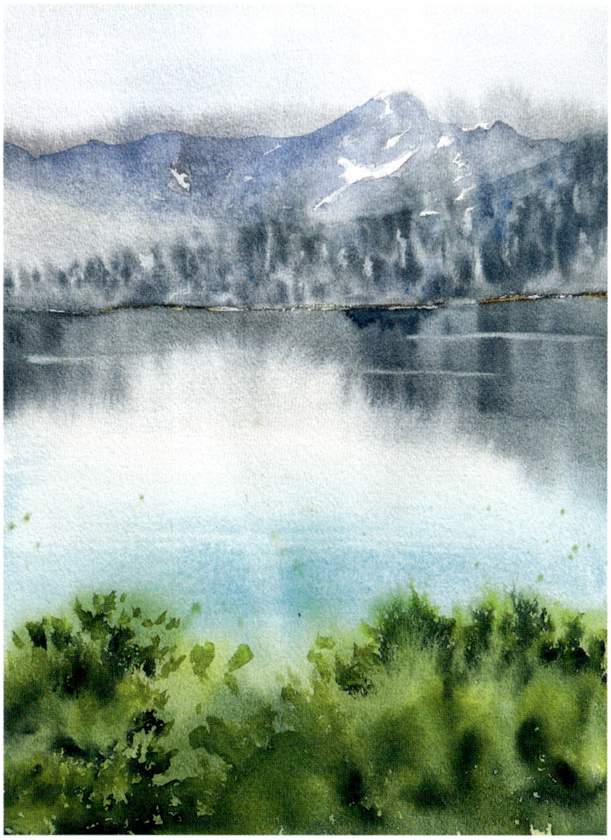

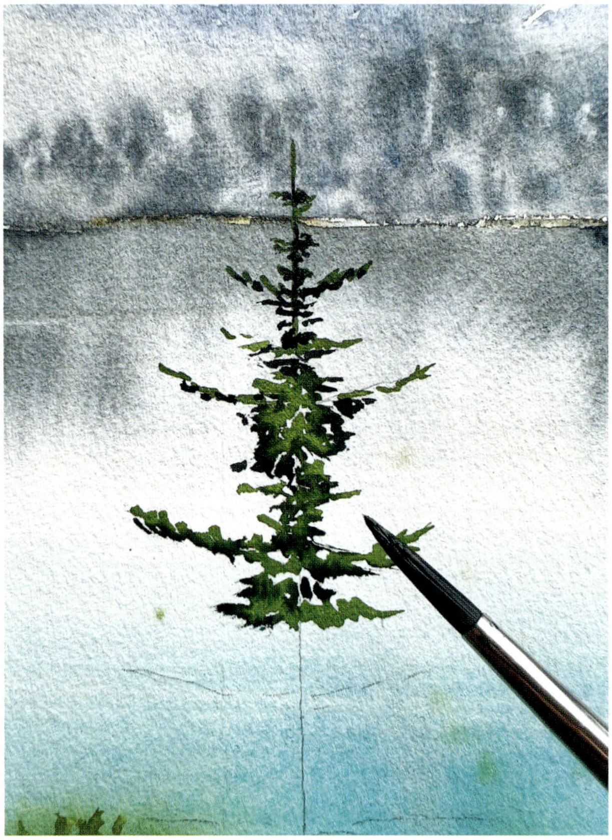

SCHRITT 5

Zeichnen Sie mit Bleistift grob die Äste der großen Tanne ein. Gestalten Sie die Zweige mit kleinen, locker gesetzten Pinselbewegungen. Verwenden Sie zwei verschiedene Grüntöne, um ein Gefühl von Volumen zu erzeugen. Achten Sie darauf, die Zweige nicht genau gleich aussehen zu lassen, sondern sorgen Sie für Farb- und Formabwechslung.

SCHRITT 6

Fügen Sie im Vordergrund durch Farbspritzer zusätzlich Textur hinzu. Bringen Sie nicht nur dunkle Sprenkel ein, sondern mischen sie für hellere Farbspritzer Aureolinton mit deckendem Titanweiß.

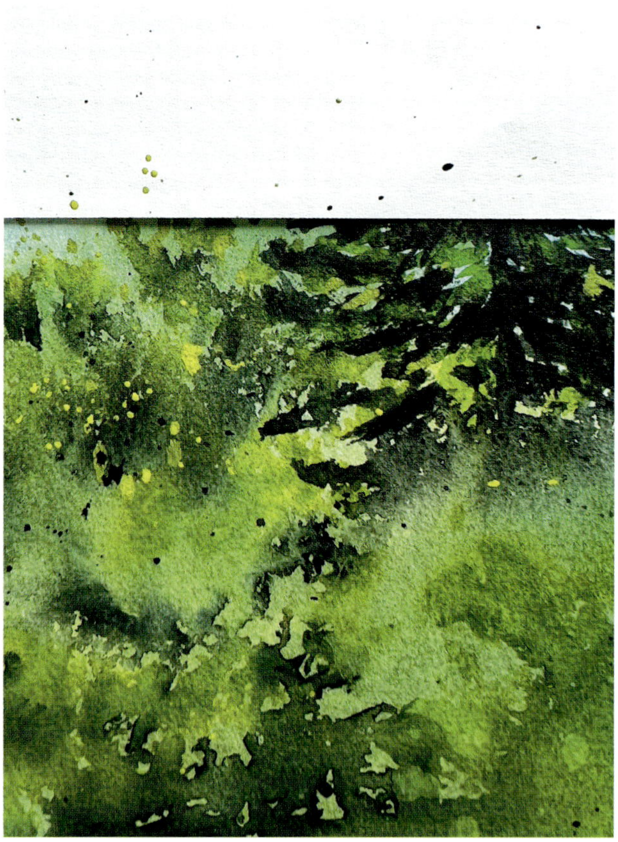

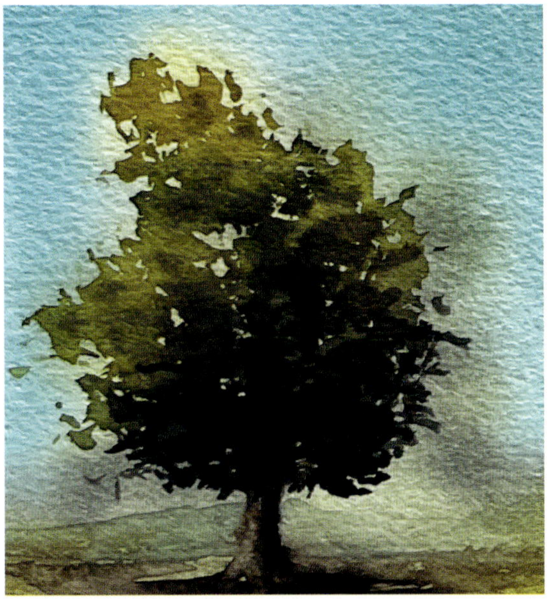

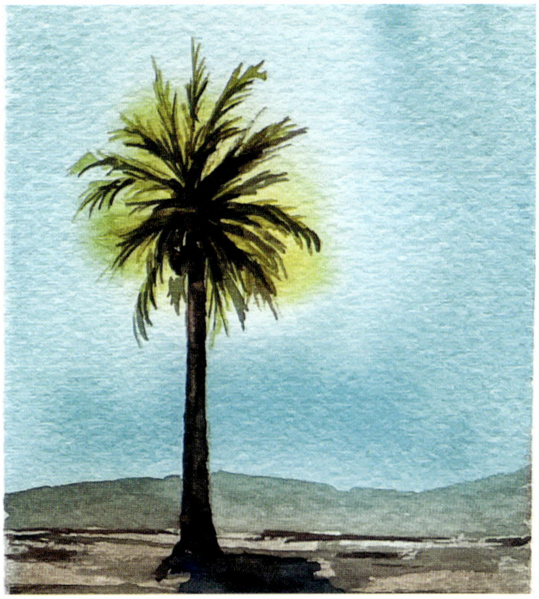

TIPPS FÜR DAS MALEN VON BÄUMEN & GRÜNPFLANZEN

- Das größte Problem beim Malen von Grünpflanzen sind sehr gleichmäßige, wenn auch strukturierte Farbaufträge. Wenn Sie Monotonie vermeiden, indem Sie Mischungen variieren und rosafarbene oder rötliche Töne als Kontrast einsetzen, können Grüntöne natürlicher wirken.
- Damit der Baum realistisch aussieht, ist es wichtig, die Form zu berücksichtigen. Die Kronen von Laubbäumen sind rund oder oval, Tannen sind zum Beispiel kegelförmig und Zypressen sehen aus wie eine Spindel.
- Um Licht und Schatten auf dem Laub zu erzeugen, ist es praktisch, zwei Pinsel gleichzeitig zu verwenden: einen mit einem helleren und einen mit einem dunkleren Grünton.

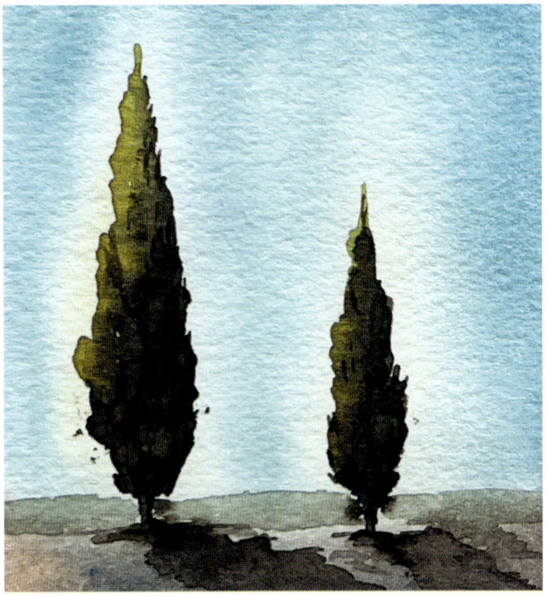

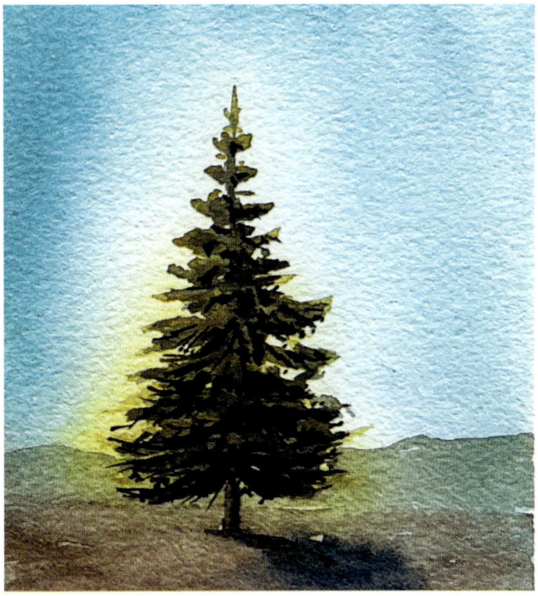

Bäume haben verschiedene Formen. Laubbäume sind rund, Nadelbäume kegelförmig, Zypressen sind spindelförmig.

FELSEN

Steine und Felsen sind sehr dankbare Malmotive: Ihre Textur lässt sich wunderbar und ganz einfach mit Aquarellfarben darstellen.

DAS BRAUCHEN SIE:

AQUARELLPAPIER
- 300g/m², 100% Baumwolle, kaltgepresst

AQUARELLFARBE
- Lasurgoldgrün, Kadmiumorange dunkel, Ultramarin feinst, Perylengrün, Neutraltinte

PINSEL
- Rundpinsel in mittlerer Größe, Synthetikpinsel für Details, Flachpinsel mit härteren Borsten

- Palettmesser oder Plastikkarte

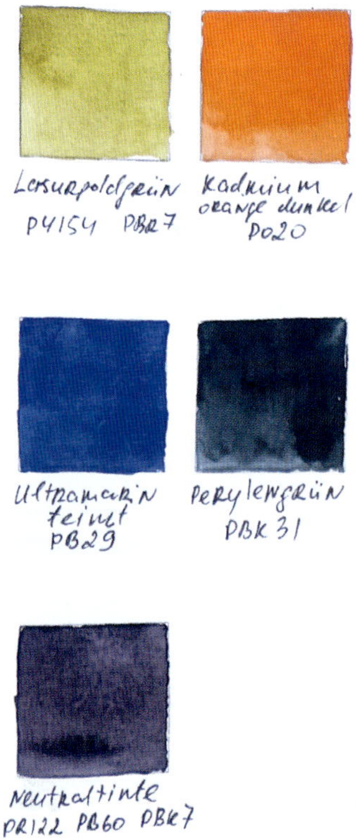

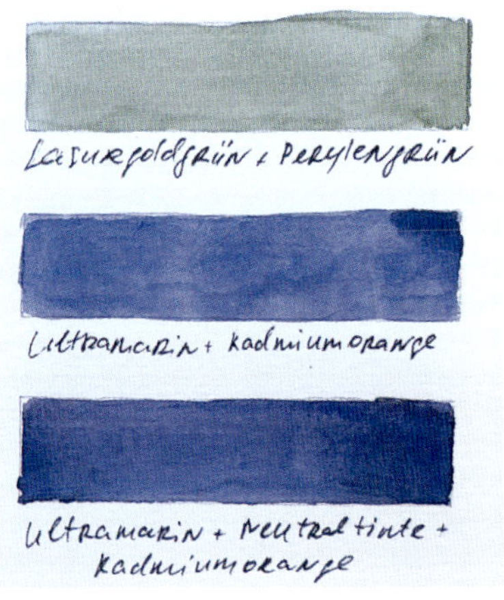

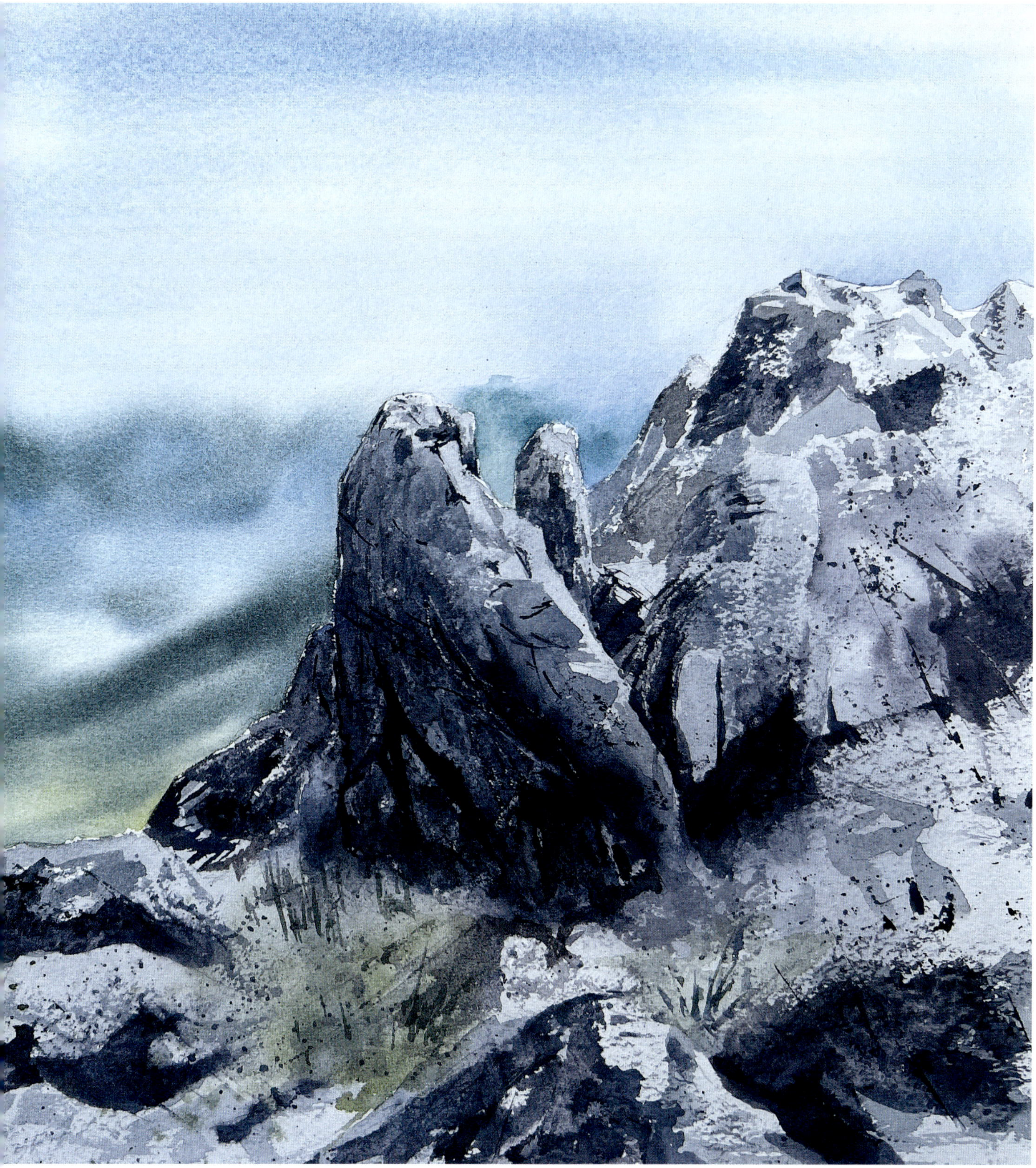

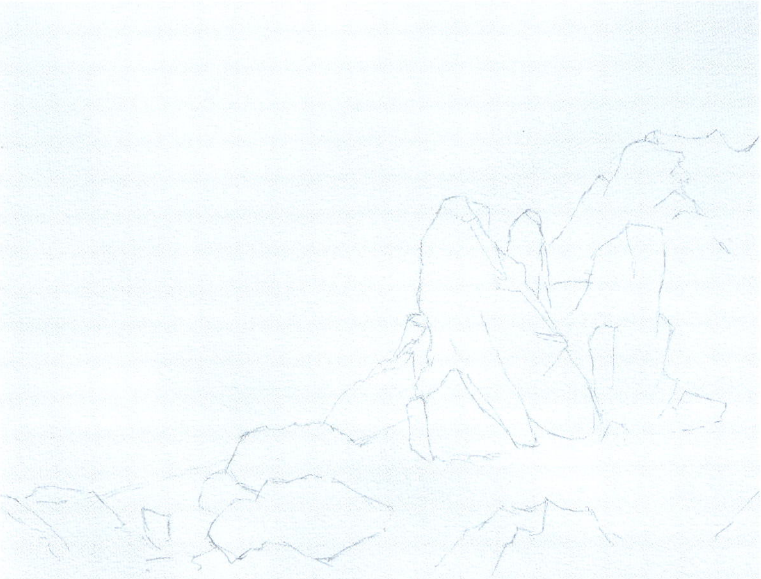

SCHRITT 1

Legen Sie eine erste Skizze an. Sie sollte recht detailliert sein, denn Felsen und Steine haben in der Regel scharfe Kanten, was bedeutet, dass die Grenze zwischen Licht und Schatten klar sein muss.

SCHRITT 2

Feuchten Sie den gesamten Bereich hinter der Felsformation mit Wasser an. Malen Sie den Himmel nass in nass mit einer transparenten Mischung aus Ultramarin feinst und Kadmiumorange dunkel und sorgen Sie für eine luftige Perspektive.

Den Hintergrund gestalten Sie mit einer konzentrierteren Mischung aus Lasurgoldgrün und Perylengrün. Feuchten Sie den Bereich der Felsen ebenfalls gut an und tragen Sie dort eine helle Mischung aus Ultramarin feinst und Kadmiumorange dunkel auf.

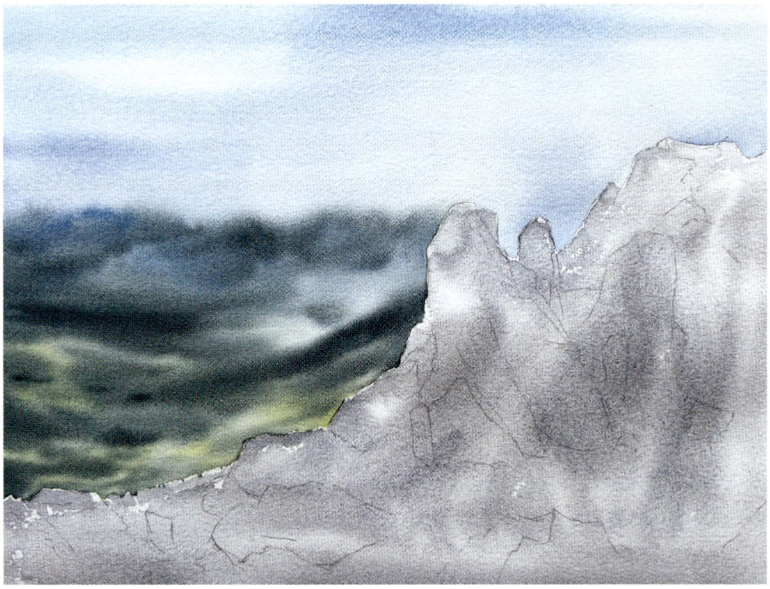

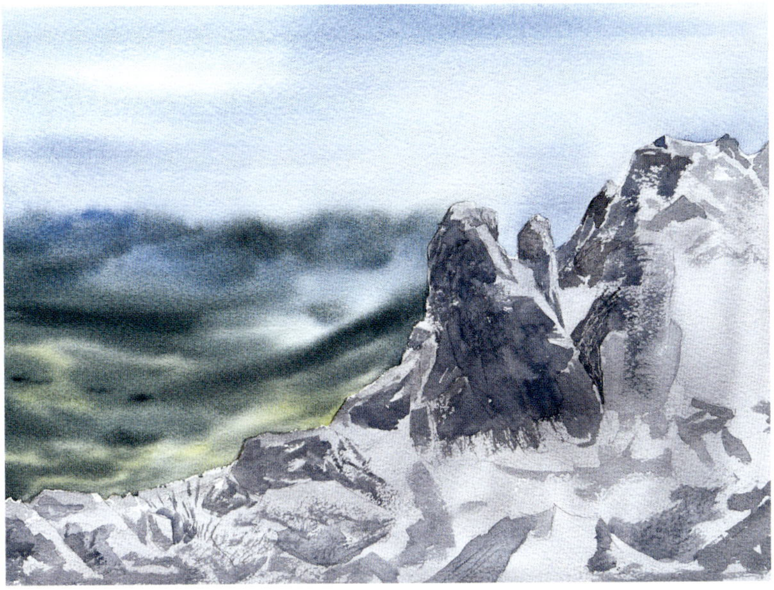

SCHRITT 3

Bearbeiten Sie nun die Schattenseiten der Steine. Sie brauchen dafür einen mittleren Tonwert, und es ist wichtig, dass die Ränder klar sind. Setzen Sie an einigen Stellen einen fast trockenen Pinsel ein und verwenden Sie dieselbe Mischung aus Ultramarin feinst und Kadmiumorange dunkel, nur konzentrierter.

SCHRITT 4

Tragen Sie jetzt den dunkelsten Farbton auf, indem Sie Neutraltinte zu Ihrer vorherigen Mischung hinzufügen. Geben Sie den neuen Farbton direkt mit dem Pinsel auf Ihr Papier und verziehen Sie ihn mit dem Palettmesser. Oder Sie tauchen das Palettmesser direkt in die Farbe und legen es anschließend auf das Papier.

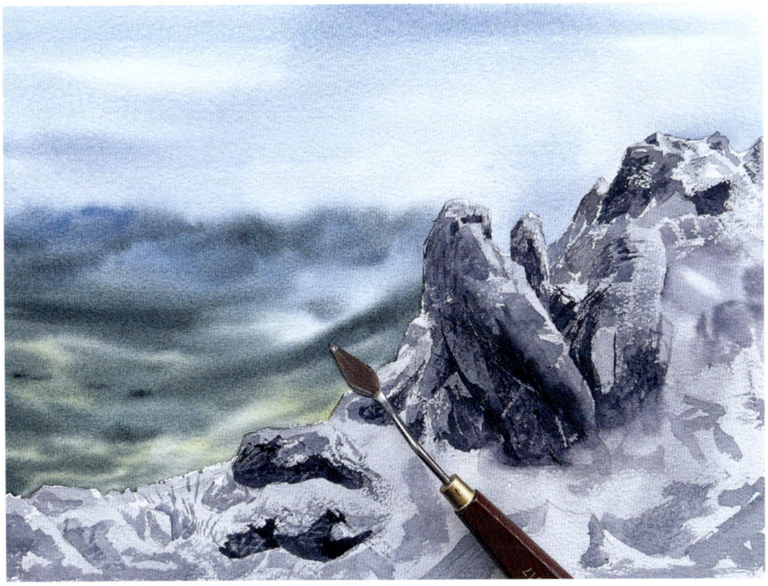

VIDEO 5

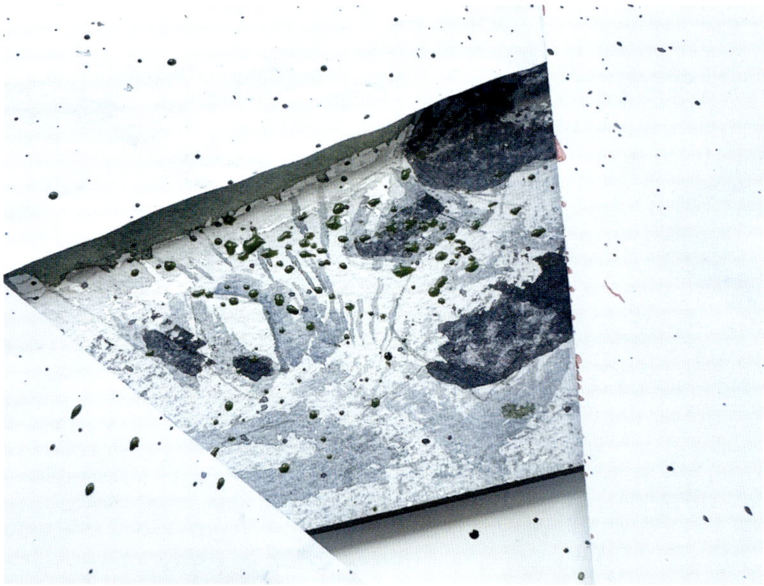

SCHRITT 5

Damit die Felsen etwas abwechslungsreicher wirken, spritzen Sie nun noch dunkle Farbsprenkel auf. Decken Sie zuvor sicherheitshalber den Bereich des Himmels ab.

SCHRITT 6

Tragen Sie zum Schluss zwischen den Felsen im Vordergrund etwas helles Grün auf, um den Eindruck von Gras zwischen den Steinen zu erwecken. Lassen Sie mit einem feinen Pinsel oder dem Pinselstiel in einem dunkleren Grün einzelne Gräser darauf wachsen. Als Gegengewicht zu den großen Formen der Steine fügen Sie im letzten Schritt auf der gegenüberliegenden Seite noch Vögel hinzu.

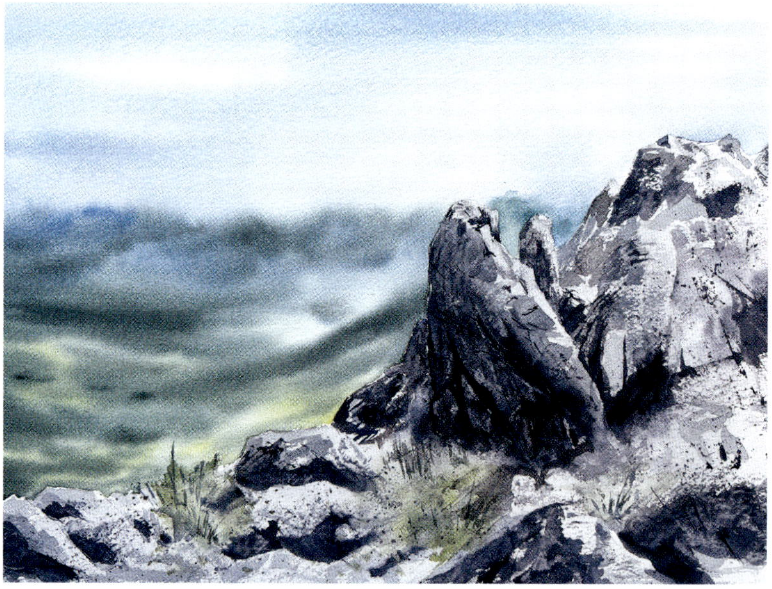

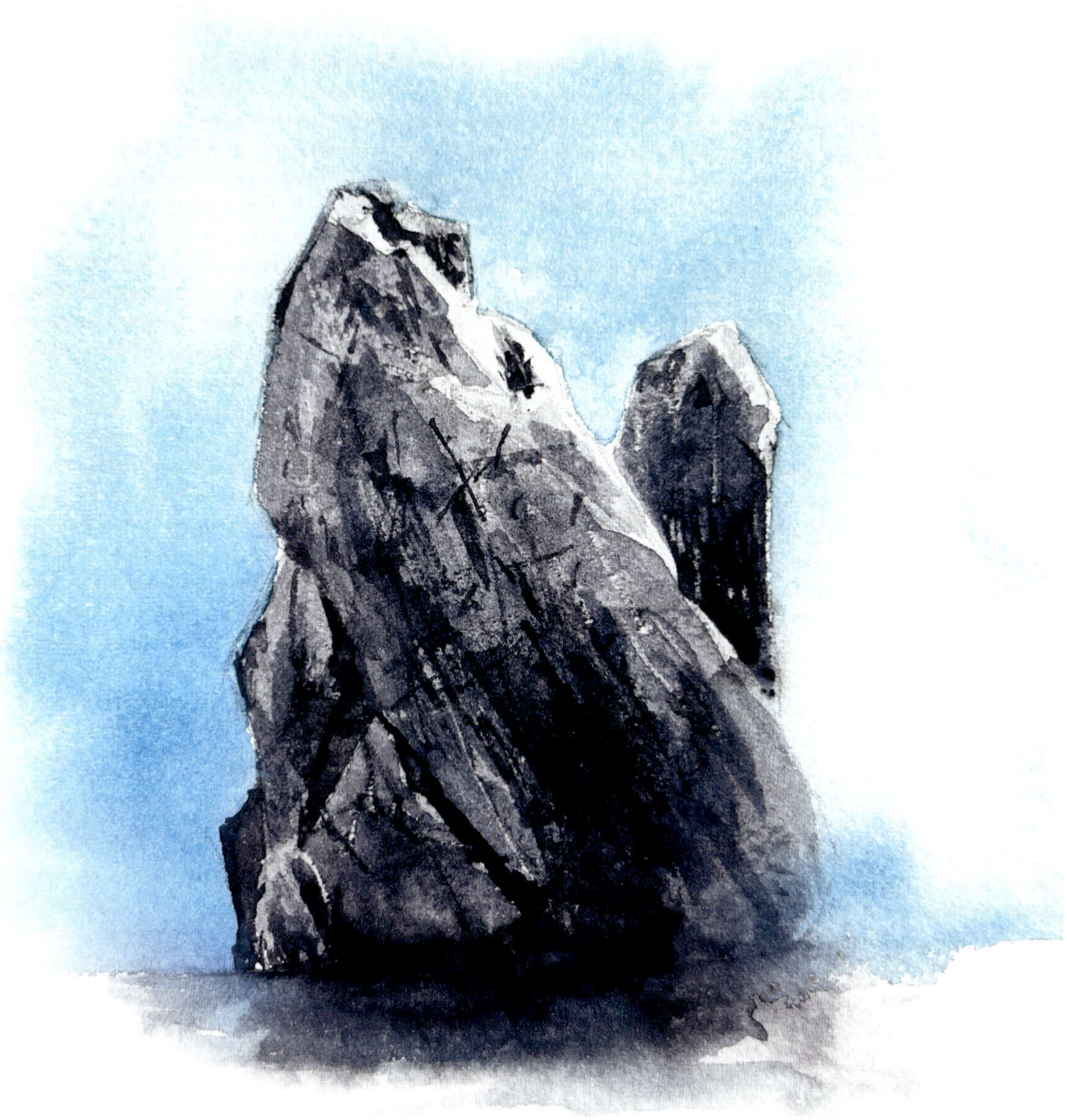

TIPPS FÜR DAS MALEN VON FELSEN & STEINEN

- Felsen und Steine haben in der Regel scharfe Kanten, was bedeutet, dass die Grenze zwischen Licht und Schatten klar sein muss.
- Schatten sind sehr wichtig: Scheuen Sie sich nicht, schwere, dunkle Farbe aufzutragen und die Schatten abzudunkeln, um Tiefe zu erzeugen. Ihre Flächen sind meist einfach geformt – meist ein Würfel oder Kegel. Damit der Stein nicht in der Luft hängt, ist ein dunkler Schatten darunter notwendig.
- Die Diagonalen der Schatten verankern den Felsen im Boden, die der Form folgenden Striche geben die Richtung vor, und die scharfkantigen Kratzer sowie das Verziehen der Farbe mit einem Palettmesser verleihen dem Felsen Präsenz.
- Auf den Felsen befinden sich drei Tonwertabstufungen: helles, durchscheinendes Licht, mittlere Schatten und dunkle Fragmente. Diese Farbe sollte in der Transparenz und im Farbton variieren.
- Beim Malen von Felsen und Steinen eignen sich Spritzer und Stempel gut, um zusätzliche Texturen zu erzeugen.

MENSCHEN IN EINER LANDSCHAFT

Gemalte Menschen beleben eine Landschaft. Dabei müssen sie nicht besonders detailreich gestaltet werden, oft reicht eine Silhouette.

- Beim Zeichnen und Malen von Menschen geht es oft um ideale Proportionen. Die Maßeinheit dafür ist die Höhe des Kopfes. Das bedeutet, dass bei einer ideal proportionierten Figur der Kopf eines Erwachsenen achtmal übereinandergestapelt in den Körper passt. Bei einem Kind sind es fünf Köpfe.
- Anatomische Kenntnisse sind für das Zeichnen von Menschen nicht erforderlich, aber es ist nützlich, die Proportionen zu kennen: Die Breite der Schultern beträgt in der Regel zwei Köpfe, die Hüftlinie liegt in der Mitte der Figur, die Ellenbogen befinden sich auf Hüfthöhe und die Arme liegen einen Kopf unterhalb der Hüfte.
- Es ist besser, die Köpfe der Menschen etwas kleiner darzustellen als sie im Gegenteil übermäßig groß zu machen.
- Realismus in der Figurenzeichnung entsteht eher durch ausdrucksstarke Posen und interessante Silhouetten als durch Details. Es ist nicht nötig, die Gesichter von Menschen in der Ferne zu malen – das wirkt unrealistisch.
- Die Köpfe von Personen, die auf derselben Ebene gehen oder stehen, befinden sich auf der Horizontlinie.
- Es ist notwendig, die Größe einer Figur mit der Umgebung in Beziehung zu setzen – eine Person muss durch die Tür passen und darf im Verhältnis zur Umgebung weder zu klein noch zu groß sein.

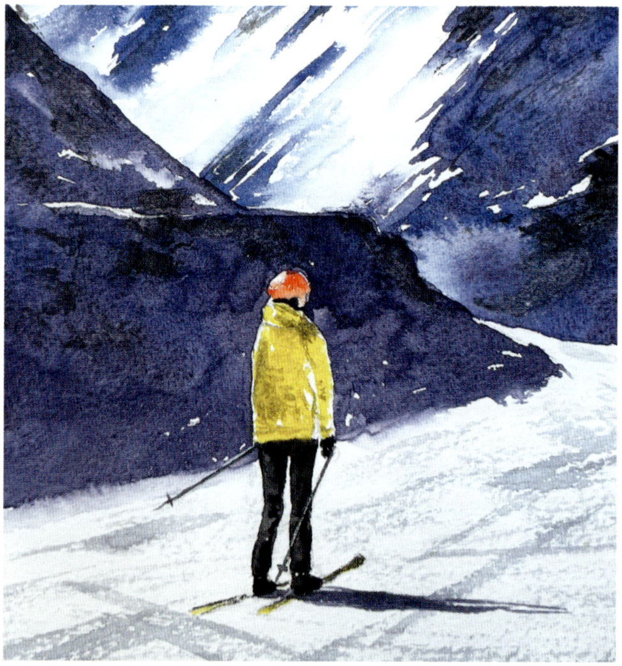

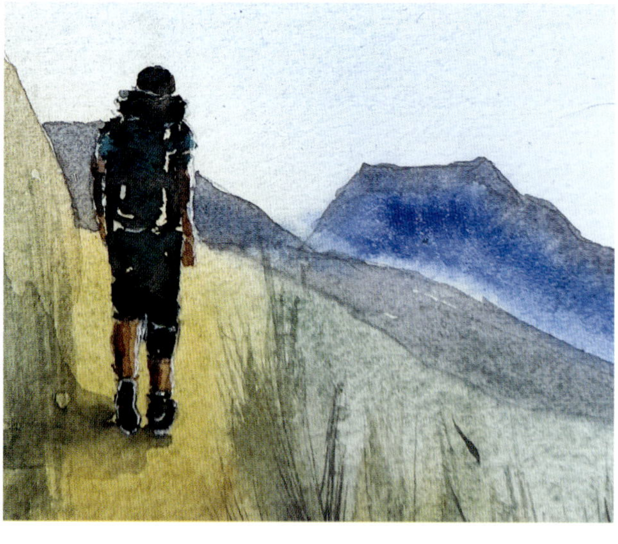

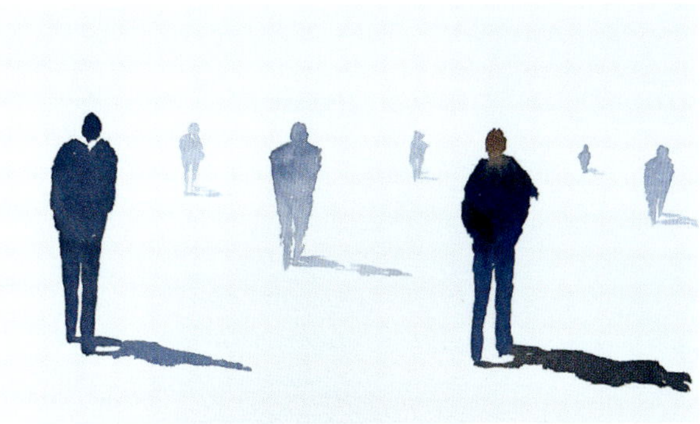

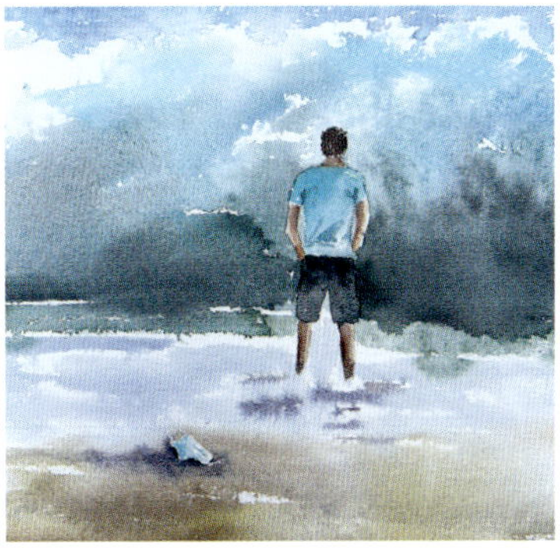

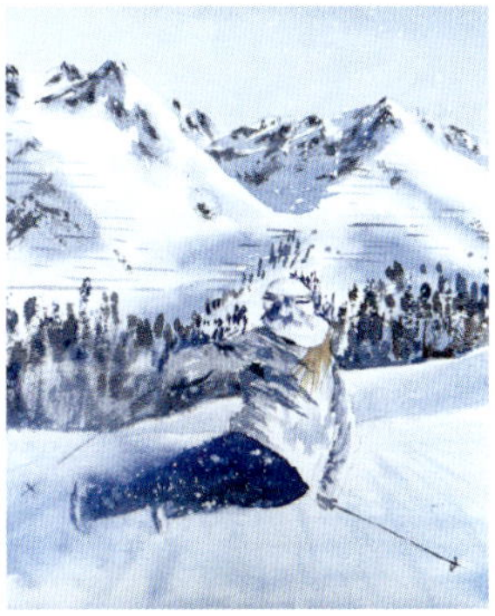

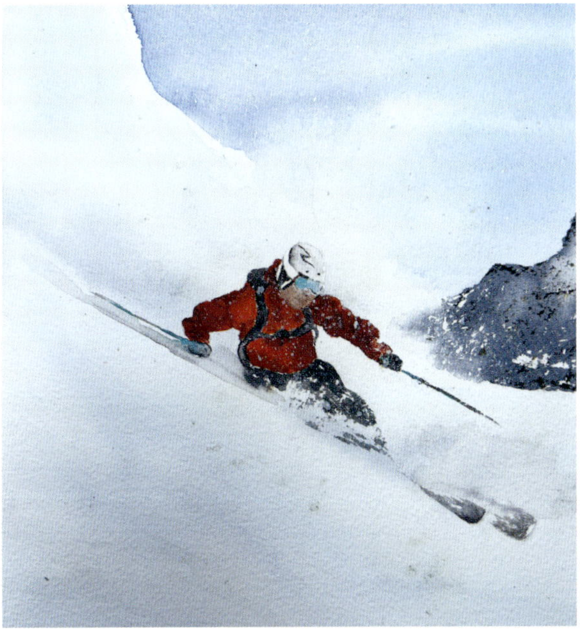

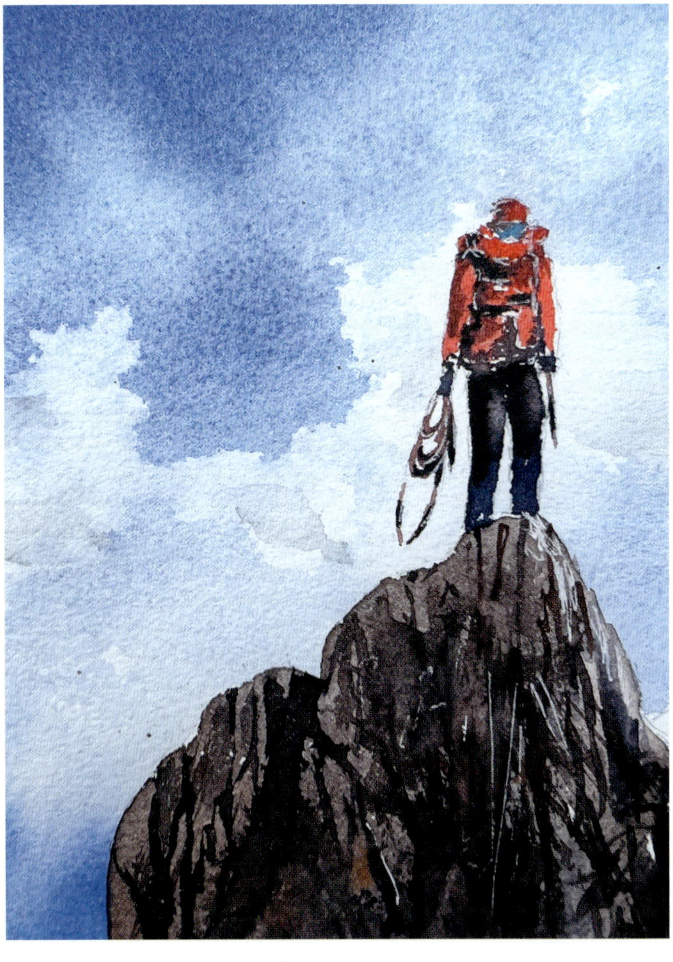

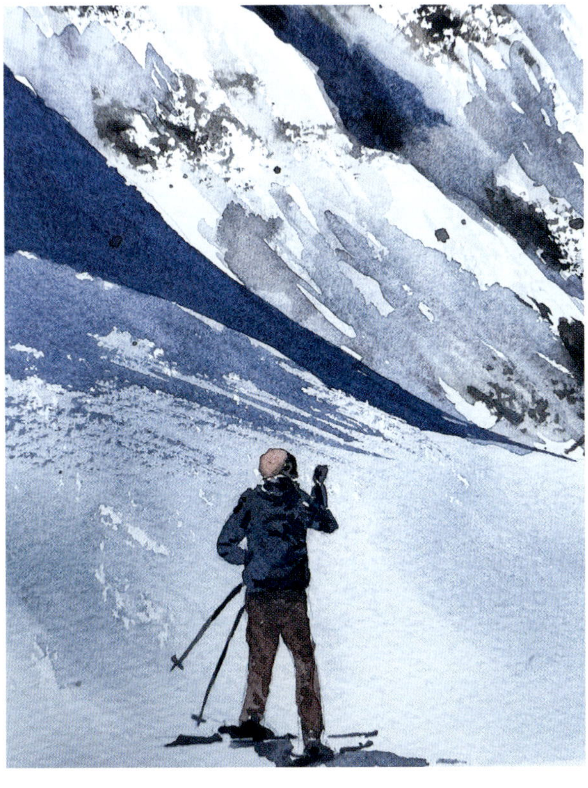

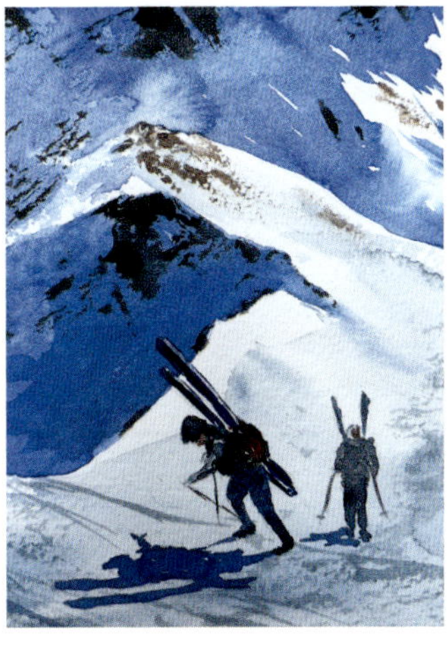

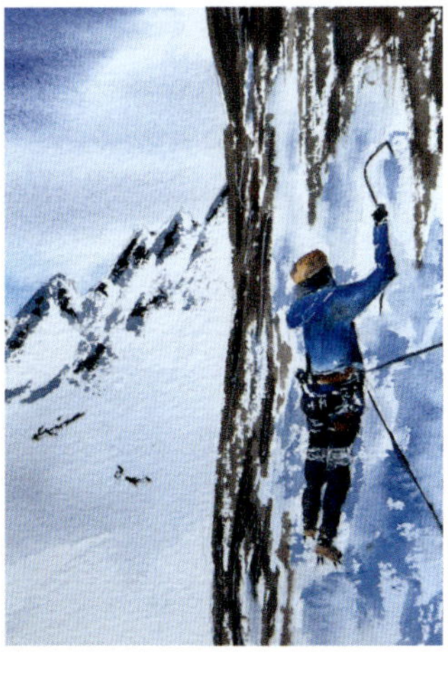

BUCHEMPFEHLUNGEN FÜR SIE

Noch mehr Kreativ-Bücher zum gleichen Thema gesucht?

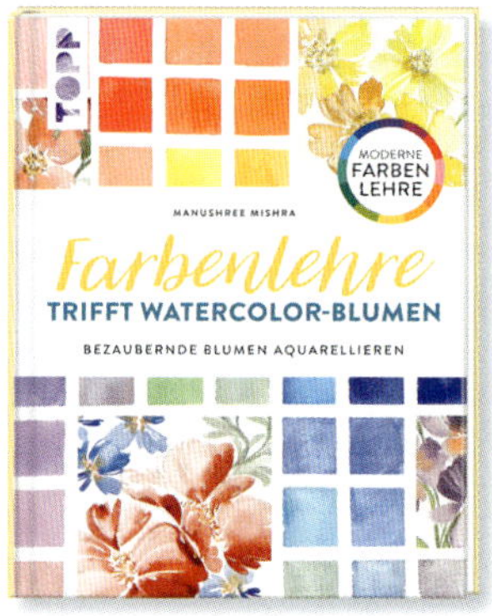

ISBN 978-3-7358-8038-3

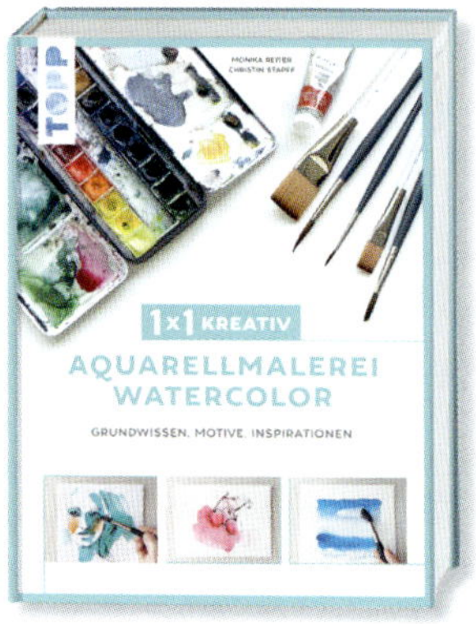

ISBN 978-3-7724-6878-0

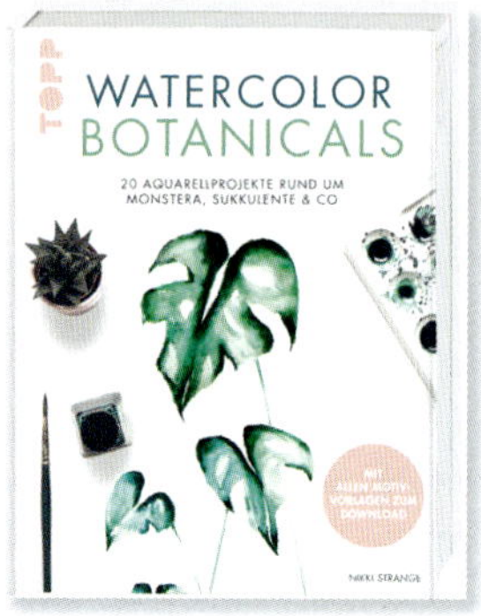

ISBN 978-3-7724-8368-4

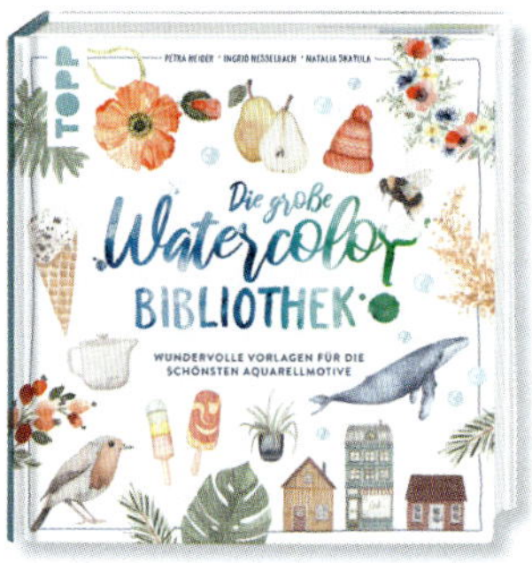

ISBN 1978-3-7358-8020-8

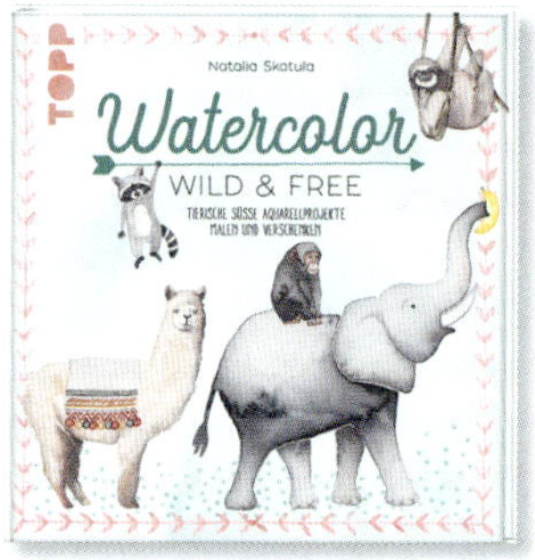

ISBN 978-3-7724-8378-3

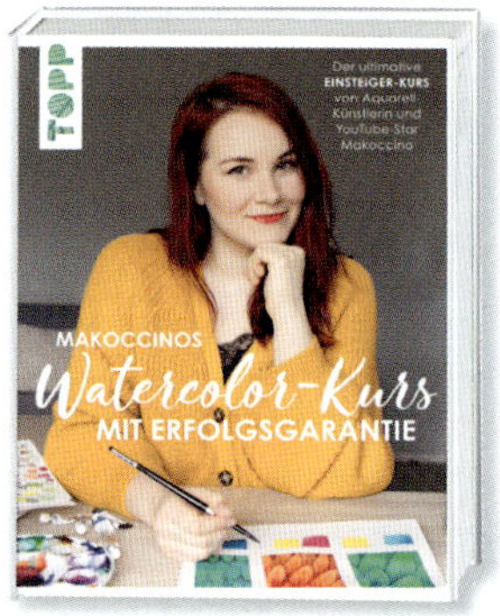

ISBN 978-3-7724-4782-2

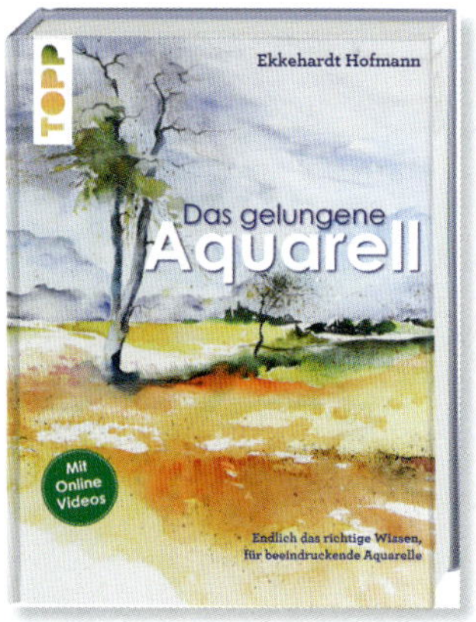

ISBN 978-3-7724-8296-0

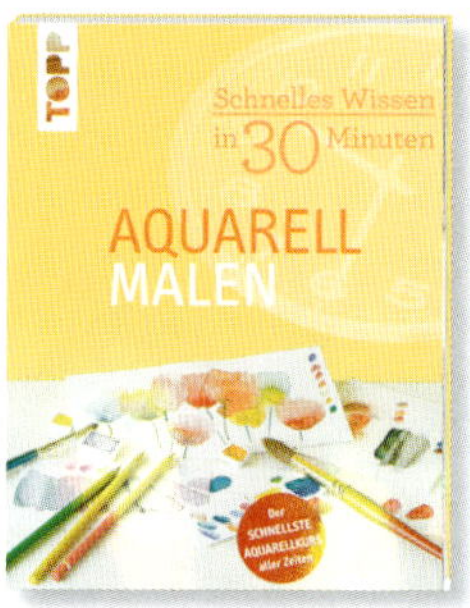

ISBN 978-3-7724-6985-5

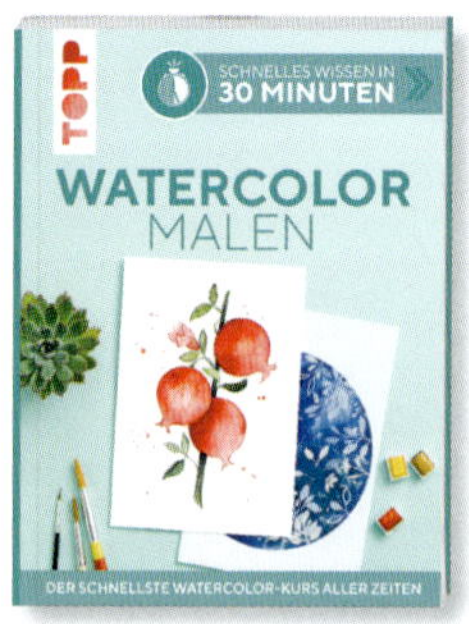

ISBN 978-3-7724-6874-2

Viele weitere Kreativ-Bücher finden Sie auf www.TOPP-kreativ.de

#TOPPPROJEKT

Die eigene Kreativität zeigen: TOPPprojekt mit anderen Kreativen teilen und Teil der Gemeinschaft werden.

DIY-begeistert und auf Instagram? Dann unbedingt mitmachen! Hier gibt's Tipps und Feedback zu den eigenen Projekten. Außerdem verlosen wir jeden Monat ein Überraschungspaket. Um am Gewinnspiel teilzunehmen, einfach ein Bild vom Kreativ-Projekt aus unseren Büchern mit #TOPPprojekt posten und unserem Account @frechverlag folgen. Mehr Infos auf TOPP-kreativ.de/TOPPprojekt

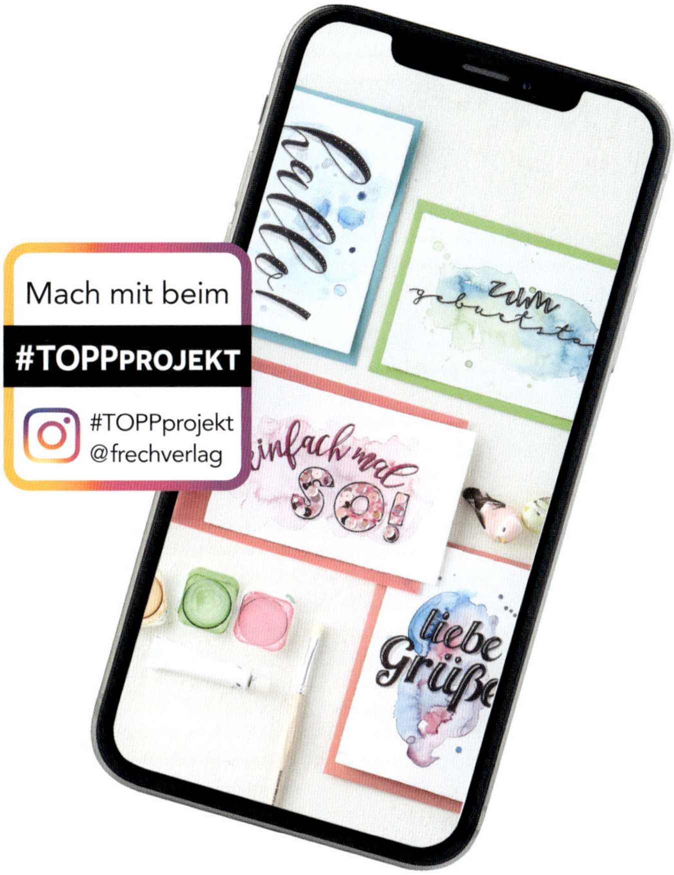

Website
Auf TOPP-kreativ.de können Sie ein riesiges Angebot von über 1.000 Kreativbüchern, Sets & mehr entdecken.

Newsletter
Gleich anmelden unter: TOPP-kreativ.de/newsletter und immer als Erstes von unseren Neuheiten und Sonderaktionen erfahren.

Instagram
@frechverlag

Pinterest
pinterest.com/frechverlag

Facebook
facebook.com/frechverlag

DigiBib
Hier finden Sie zusätzlich zu vielen unserer Bücher digitale Extras, wie Video-Tutorials, Plotter-Dateien, Vorlagen, Übungsblätter & vieles mehr. Einfach im Impressum Ihres TOPP-Buchs den Freischalte-Code nachschlagen und exklusive Inhalte freischalten. TOPP-kreativ.de/digibib

Youtube
youtube.com/frechverlag

ANNA ZADOROZHNAYA

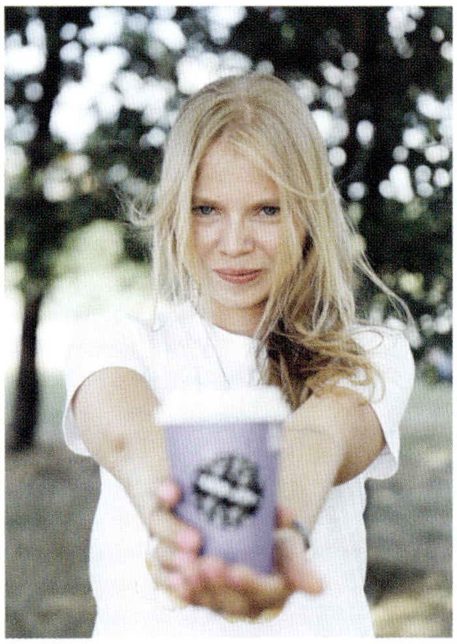

Ist eine Aquarellkünstlerin und lebt in Hannover. Sie hat einen Bachelor-Abschluss in Journalismus und ein Master-Studium in Kunst an der Oxford Brookes University abgeschlossen. Anna ist Autodidaktin – sie hat das Zeichnen und Malen erst als Erwachsene gelernt. Heute gibt sie Kurse für Aquarellmalerei, sowohl offline als auch online und ist offizielle Botschafterin der Marken Schmincke & da Vinci. Für Schmincke hat sie die Set-Cover alle supergranulierenden Aquarell-Serien illustriert. Annas Gemälde befinden sich in Privatsammlungen auf der ganzen Welt.

instagram.com/draw_better
annadrawbetter@gmail.com

Danke

Meinem Mann Andrey Snetkov für seine umfassende Unterstützung. Ohne dich wäre dies alles nicht möglich gewesen.

Meinen Eltern, Olga und Michail Zadorozhniy, und meinem Bruder Sergei, weil sie an mich geglaubt haben und mich bedingungslos lieben.

Meinem Bruder Boris Zadorozhny – es tut mir leid, dass du dieses Buch nicht sehen wirst. Ich widme es dir.

Susanne Goch – für deine Unterstützung bei Neuanfängen und deine positive Einstellung, und für alles, was du für mich getan hast.

Sebastian Müller, Maria Mishkareva, Daria Mirovova, Claudia Möller, Tatiana Korotkevich, Ekaterina Ganzha, Anna Dubinina – für die sachdienliche Unterstützung.

Den Marken Schmincke, da Vinci und Hahnemühle für die Zusammenarbeit, für interessante und inspirierende gemeinsame Projekte und für die Bereitstellung von Materialien.

Meinen Student:innen, Instagram-Follower:innen und Freund:innen, die mich bei diesem faszinierenden Prozess des Buchschreibens unterstützt haben.

Dem Frechverlag für die Möglichkeit, dieses Buch zu veröffentlichen.

DER FREISCHALTCODE FÜR DIE VIDEOS LAUTET: **57308**

IMPRESSUM

KONZEPT UND PRODUKMANAGEMENT: Hannelore Irmer-Romeo
FOTOS: Anna Zadorozhnaya
COVERGESTALTUNG: Tatjana Weiss
LAYOUT UND SATZ: Werbeagentur Rypka GmbH, Dobl-Zwaring, www.rypka.at
DRUCK UND BINDUNG: DZS Grafik, Slowenien

1. Auflage 2023

Dieselstraße 5, 70839 Gerlingen
einem Unternehmen der Penguin Random House Verlagsgruppe GmbH, München

ISBN 978-3-7358-8037-6
Best.-Nr. 28037

MIX
Papier aus verantwortungsvollen Quellen
FSC® C106600

Penguin Random House
Verlagsgruppe FSC® N001967